政治哲學的12堂Podcast

現代國家如何成形？民主自由如何誕生？
性別平等如何發展？一探人類文明邁向現代的關鍵時刻

A History of Ideas

Confronting Leviathan

大衛・朗西曼 David Runciman 著
陳禹仲 譯

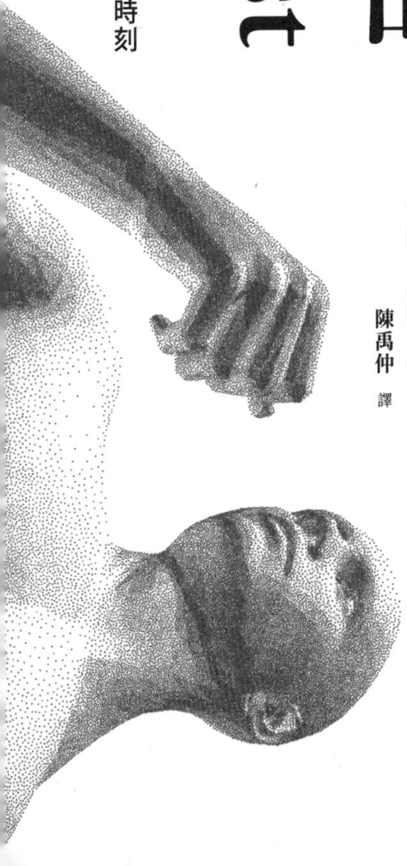

讓思考政治成為理解政治的窗

陳禹仲
（中央研究院人文社會科學研究中心助研究員）

這是一本關於如何思考政治（how to think about politics）的小書。作者大衛・朗西曼（David Runciman）是英國劍橋大學著名的政治學學者。以學術界對政治科學這個學術研究的領域分類來說，人們也許會說他的研究專長是政治理論之中的政治思想史這個次領域。但如果撇除這樣的學科分類不談，也許更恰當的說法，是稱呼他為一個研究人們如何思考政治，以及這些思考政治的方式是否存在著特定的模式

（patterns）的學者，而這點也恰恰表現在他的諸多研究裡。

中文世界的讀者對朗西曼的著作與研究應該不會感到陌生。不過短短數年之前，歐美的憲政民主遭遇了所謂民粹的席捲。英國這個奠基於深遠政治文化的議會民主遭遇脫歐公投、美國這個奠基於憲政建制的民主選出了川普。在當時一片對於自由主義式的民主該何去何從、對於民主是否從此淪為多數暴政無法保障自由的恐慌當中，朗西曼發表了一系列的演講，進而改寫成《民主會怎麼結束：政變、大災難和科技接管》（*How Democracy Ends*）一書出版。在這本書裡，朗西曼以他一貫的、奠基於對現實人們如何習慣性地思考、理解、實踐政治的觀察與分析裡，以平靜到近乎有些冷嘲般的語調指出：我們不用過度恐慌，民主不會因為這些看似不尋常的政治事件就結束，這不過是民主社會的中年危機而已（冷嘲之處在於，就因為這是一場中年危機，所以我們的恐慌全然在情理之中）。

《民主會怎麼結束》也反映了朗西曼對許多政治宣稱與解釋的一貫態度。他對這些宣稱，始終抱持著一種適度的懷疑立場。政治構成了我們的生活，我們的生活也構成了政治。除非發生了徹底使生活斷裂的情況（例如戰爭），政治會持續變動著，宣稱它會如何改變人們的生活、引領更美好的未來。而人們也會不斷地對政治的宣稱投注熱誠、對政治的變動發出警告（有時甚至是近乎歇斯底里的吶喊）、對那個美好的未來不曾到來而感到憤怒與心灰意冷。這都是再正常不過的事。也因此，在他看來，政治哲學或政治理論這個學科所應該做的，並非再為政治規劃出一個美好的理想政治的藍圖（那不過是另一種政治宣稱），更有助於社會大眾的或許是為人們分析、解釋，當人們接觸政治、思考政治時，在表層的標語與議論之下所伏流的是什麼樣的思維與問題。

這本書就是這麼一本著作。它是由朗西曼的另一個系列的podcast講座集結而成，內容同時具備了兩個特質。一方面它是一本政治思想史的導論課程，為人們深入淺出地解釋了從湯瑪斯．霍布斯（Thomas Hobbes）到漢娜．鄂蘭（Hannah Arendt）再到凱薩琳．麥金農（Catherine MacKinnon）這些著名理論家的思想；但另一方面，它是一部考掘人們（尤其是西方）如何思考政治的模式、以及這些思維模式如何仍舊根深柢固地影響著現今人們（至少在西方）對政治的認識的著作，而這些模式尤其體現在人們如何構思那些關於政治的基本問題：政治的本質是什麼？為什麼社會充斥著不平等？國家憑什麼以安全為名干涉我的生活？

也正因如此，這是一本問題導向的著作。以這些著名哲人是怎麼思考政治的這個問題，引領著讀者一步步反思自己又是如何思考政治。這也意味著這本書的特質，在於朗西曼如何重建人們在思考政治時分別認為什麼樣的問題，才是政治的真正核心問題，並從各自的理論立場與政治關懷得到針對這些問題的回應。換句話說，朗西曼的工作，是「重建問題與論述」而不是「整理論點」。誠如朗西曼在原書前言所說的，他並沒有嚴格地依據各個思想家的文本爬梳整理他們的想法。有部分原因在於，當朗西曼錄製這一系列的講座時，英國正因為新冠肺炎疫情封城。這使得他沒有辦法隨手取得這些書籍。他所能做的，是憑藉身為政治思想學者，對這些經典文本的閱讀記憶與對這些理論的專業認識，對應到他所身處的現實政治處境裡，反思在疫情政治中，政府所能做的、所應該做的、所受人讚揚的、以及所引人非議的一切。

它既是一本引領著讀者一同思考政治的著作，也是一本朗西曼將他如何思考政治的過程，攤在讀者眼前的著作。這就是這麼一本關於如何思考政治的書籍。

目錄

這本書的原型，是我在二〇二〇年春季到初夏期間所進行的一系列講座。當時的英國與世界多數地方相仿，都處於嚴格封城的時期。學校與大學都關閉了，多數人被限制在自己家裡。許多人突然有了不少時間。這些演講原本是我從二〇一六年起主持的podcast《談談政治》（Talking Politics）的一個環節。而在這系列的講座中，我希望能做到兩件事情。首先，是為政治系的學生，以及那些突然無法前往學習場域就學的人們，提供一種新的政治思維。第二，則是希望將觀念史與疫情期間產生的重大政治議題產生連結。封城的經歷是一種獨特的政治經歷。為了保障我們的安全，我們被國家脅迫了。我們被告知唯有放棄我們的自由才能挽救自身生命。我們之中有許多人並沒有經歷過疾病大流行，而這種鮮明的選擇在我們看來極為新奇。但與此同時，我也認為這種選擇看來異常熟悉，和過往四個世紀以來思想家們對政治的著作有些相似之處。在這本書裡，我將藉由十二篇這類的著作，來解釋它們在成書當下有什麼意義，以及它們對我們現在又有什麼意義。

貫穿整本書的核心主題，是現代國家的觀念。在第一章裡，我將會解釋在我看來，現代國家的觀念具備什麼特質，解釋它從何而來，以及它的起源如何與我們今天所面對的諸多難題密不可分。之後的每一個章節，都可以被分開來獨立閱讀，但連貫讀下來，這些章節會構成一個故事。這個故事是，從十七世紀中葉到二十世紀末，現代國家這個觀念發生了什麼改變。這本書談論了戰爭與革命、帝國興衰、民主的擴散與共產主義的失敗，與此同時也談論了女性主義與後殖民批判。在過去四百年間，政治相關的一切事物都發生了巨大轉變，讓人們難以辨識政治最早的樣貌。然而在這些巨變裡，政治的核心難題（諸如權力、領袖、責任歸屬與自由）依舊存在。在二十一世紀初期，作為一個現代國家的公民，意味著我們得以享有許多非比尋常的好處，與此同時我們也在面對前所未見的挑戰——我們正在面對面地接觸現代政治的核心悖論：我們創造出來，用來保護我們的國家，將會是我們的救星還是毀滅者？它可以同時身兼兩種身分嗎？

在這本書裡，我盡可能地保留談話的風格。我想要避免陷入學術辯論的泥沼，也想避開專業的技術用語。這本書所代表的，是我對這些經典文本的個人觀點，而我盡可能用我自己的話來講述我的想法。與原本的Podcast相比，我在書裡加入了一些引文。在錄製談話時，我不太可能做到這些，而我當時也盡可能地不去參照太多筆記。在每一章的開頭，都會有附上章主角的極簡傳記。而在這本書的結尾，我將會附上建議的延伸閱讀、聆聽與觀賞節目。關於本書所談論的思想家與他們的想法，存在著大量更為優秀的材料足資參考。現在學校與大學重新開放了，我相信會有一些讀者對我所談論的主題產生不同的理解。這很正常。這本書並沒有要為這些主題提供一個正確或定調的論點。我所希望的只是，對那些持續形塑我們現代政治的重要觀念感興趣的人來說，這本書可以是一個幫助我們思考現代政治利弊得失，一個不錯的起點。

劍橋
二〇二一年五月

第1章

湯瑪斯·霍布斯論國家

《利維坦》

(*Leviathan*, 1651)

湯瑪斯．霍布斯（Thomas Hobbes，一五八八年至一六七九年）出生在威爾特郡（Wiltshire）的馬姆斯伯里（Malmesbury）附近，是一位貧窮牧師的兒子。在叔叔的資助下，他前往牛津大學就讀。霍布斯曾抱怨過，在那裡他無法學習數學。相反地，他學習了古典學，同時也學會了不去喜歡這門學問。離開牛津之後，他前往德比郡（Derbyshire），在富裕的卡文迪許家族（The Cavendish Family）擔任家庭教師。他餘生大部分的時間，都與卡文迪許家族維持著親密的關係。在英格蘭內戰（English Civil War）[1]的動盪期間，他寫了三本著作，分別呈現了他政治哲學思想的三個階段：一六四〇年的《法律的要素》（*Elements of Law*，這是只在私下流通印行的小冊子）、一六四二年的《論公民》（*De Cive*）和一六五一年出版的《利維坦》。霍布斯的核心政治思辨，在這三本書中有著一定的一貫性。然而，隨著政治環境的改變，這些思辨衍生的意涵，也會有所變化。例如，《法律的要素》的內容，呈現了強烈的保皇派（Royalist）色彩，但這在《論公民》與《利維坦》則相對淡薄。在查理二世（Charles II）復辟後，霍布斯寫了一部名為《比希莫斯》（*Behemoth*）的英格蘭內戰史，並在霍布斯死後才出版，在其中，他嚴厲地批評議會派黨人。除了政治哲學之外，他還撰寫了大量關於數學、光學、物理學和法學的著作，並將荷馬史詩《奧德賽》（*Odyssey*）和《伊利亞德》（*Iliad*）翻譯成英文詩歌。儘管患有「顫抖性麻痺」（現在推估很可能是帕金森氏症），霍布斯在晚年依舊多產。他在中風一週後辭世，而他身為無神論者的名聲，讓他能否在臨終前接受聖餐禮成了爭議。他終生未婚。

為什麼從湯瑪斯・霍布斯和《利維坦》開始？為什麼從一六五一年開始？畢竟，政治觀念的歷史，可溯及更古遠的時代，有許多我們至今依然用來理解與認識政治生活的概念，都起源於古代世界、源自於柏拉圖（Plato）和亞里斯多德（Aristotle）等哲學家，以及「民主」、「正義」和「法律」等觀念。古典時期當然是合適的起點，但我想從更晚的時代、從霍布斯開始。而這，有兩個原因。

首先，因為《利維坦》是一部如此令人驚艷的著作。在政治思想的歷史中，真的沒有另一本書能像它一樣。它的出現，就像在觀念漫長平順的歷史中，一次突兀的頓點；它的內容，足以支撐它作為有史以來關於政治最富理性的一本著作；但它也有點瘋狂，因為霍布斯在寫這本書時，可能有點瘋狂。以當時的標準來看，霍布斯在寫作時，已經是年事稍高的人（出版時他已經六十三歲）。在那之前，他曾經病得很重，那場病甚至差點奪走他的性命。寫作期間，他可能仍然被當時稱為「腦熱病」（brain fever）的後遺症纏身。事實上，《利維坦》讀起來還真有幾分像是某個發燒的人寫出來的作品。別忘了，霍布斯

1 編按：為一六四二至一六五一年英格蘭發生的一連串政治衝突與鬥爭，輝格派歷史學家習慣稱呼為清教徒革命，為英國國王查理一世與議會之間的權力爭奪，背後所意涵的即是王權與議會之間的權力拉扯。

還是一名數學家，而《利維坦》的主旨，也是要透過數學與幾何學的原理，來理解政治；但它也是個藝術品，因為它的語言非比尋常，富滿了隱喻、寓言和類比。《利維坦》的標題，指的是《聖經》中的海怪，這是一本受到歐幾里得幾何學和《聖經》意象啟發的書。正如我所說，歷史上真的沒有類似的著作。

但從《利維坦》和霍布斯開始的另一個原因是，它標示了政治思想史上一個特定故事的起點——你可以說這是我們的故事，是我們作為現代人的故事，而不是人類的故事。人類的故事更為古老，也更淵遠流長，可以追溯到古希臘及更遠的地方。但關乎我們作為現代人身分，則是講述現代公民，或現代國家的現代臣民的故事。現代國家，或更精確地說，關於現代國家是什麼的疑問，仍然是構成我們的政治和世界的原則與建置，而這（現代國家的觀念）將會是我用來貫穿這本書的主題。

但我比須先回答一個更真切的問題。在我動筆的時刻，意即在這個新冠肺炎疫情與氣候變遷的時代、在Facebook盛行和人工智慧的時代，我也必須思考，由「現代國家」這個觀念主導政治思辨的時代是否即將結束？也許，那個時代剛開始踏上崩解的路途。我們還不知道是不是如此，而之後，我也將回來討論這個問題。但現在，我想回到最初，但不是在我們人類故事的起源，那應該是十萬多年前，智人初現的粗略時間；也不是政治故事的開始，它可能可以追溯到大約一萬年前，當人類第一次從游牧生活過渡到在特定地方定居的時刻；或者到大約五千年前，當人類開始建造最早的城市時；或者到大約兩千五百年前，當希臘人開始寫下他們複雜的政治思想之時。在這本書中，我所選擇的起點，只不過是幾百年前。那時候，一種非常獨特的政治組織形式出現了。

現代國家，是人類歷史上相對晚近的發展。而這個相對短小的故事，其中一個重要的起源，就是霍布斯的《利維坦》。

但在我開始談霍布斯之前（包含他是誰、他有什麼想法、他的背景是什麼），我想多說一下，我所說的「現代國家」是什麼意思。即便我說，這是我們現代人理解政治的基本觀念，它的含義也依舊模糊。我會盡量簡單地描述，因為「現代國家」這個概念的意涵，以及它怎麼出現的真實故事，遠比我要說的更為複雜，但這在現在並不重要。我想盡可能用非常概括的語言來比較，將我們可能認為是現代人那種環繞著國家這個概念來理解政治的方式，與更早之前，在古代世界用來認識政治的方式（我稱之為前現代的）做個比較。

所有政治共同體，無論身在何方，以何種形式出現，基本上都是由兩種人所構成。當然，我們可以有許多其他的分類法，像是可以用許多不同的方式來區別政治社群的居民。但無論如何分類，在區別組成政治共同體的人群時，都難逃一種核心的分類模式。我們可以將政治社群內的人劃分成那些具有決策權的人（這種決策權包含制定並實施某些規則的能力），以及生活在這些規則下卻也必須承擔決策所造成的後果的人。後者這種為數更多的人，組成了我們可以稱之為國家的主體。相對的，則是前者那種為數更少的人，他們在國家內具有特殊權力。我們可以用很多不同的術語，來描述這兩種不同類型的人：多數人與少數人、大眾與精英、被統治者與他們的統治者。但在現代的政治語境中，我們經常稱他們為「人民」和「政府」。綜觀政治思想史的發展，這些詞彙的使用方式，當然不會是放諸四海皆準，但幾乎所有的政治社群裡，我們都可以分辨出這兩種人：那些我們認為具有某種治理權力的人，以及那些構成被統治者的人。

從各種方面來看，政治的基本問題，都來自這種區別。統治者與被統治者、政府與人民這兩組人之間的關係是什麼？在前現代的政治語言中，這個問題往往以一種選擇題的方式呈現。你被邀請要在兩者之間做出選擇，或至少，你要說你是以什麼方式來辨認你的國家，以及你的政治社群：代表國家的，是它的頭還是身體？是少數的統治者，還是多數的被統治者？有時候，這個問題會變成，你辨認國家的方式是透過國家的富人還是窮人？因為人們似乎認為，富人永遠都是少數，而貧窮的人永遠都是多數。如前所說，這種以少數與多數為基礎的區別方式，可以有許多變形，但歸根究柢，它是一個選擇的問題——而這種選擇，正是霍布斯想要擺脫的，他想提出一種徹底排除了選擇的方式，來認識政治以及政治如何構成。

現代國家的概念之於政治的意義，就在於它是一種專門設置，用來避免我們將政治視為在「多數人」與「少數人」的區隔中作選擇。「政府」和「人民」的關係，不會存在那種迫使我們必須選邊站的對立裡，也不會建立在一種精心設計的平衡上——就像在古代對政治的理解，必須在「多數」與「少數」的衝突中取得平衡一般。在古代世界，政治的衝突，有時可以透過權衡不同派系利益的方式來緩解，你可以試著把它們放在天平上，這樣政治就不會以對某一方特別有力的方式運作。你也可以以一種特殊的方式，建構你的政治社群，讓富人和窮人都沒有辦法撕裂對方，像是使富人有著某些權力，窮人也有某些不同的權力。無論這種作法實際上能否成功，這就是古代對於政治應該如何化解區隔、區隔所造成的選擇，以及隨選擇而來的衝突的理論。

但就像所有的平衡都會面臨的問題一樣，只需要一點點干擾就可以破壞天平的和諧。在霍布斯式（或現代）對政治概念的理解中，我們的國家被以一種特殊的方式建構，使得人們失去了古代政治理解中的選擇。政府和人民仍然是分開的，因為它們不一樣，我們也很容易知道它們不一樣。政府是由具名的個人組成，組成政府的人數相對稀少，而且我們可以名列出他們。但我們無法名列出「人民」的成員。作為人民的我們數量太多，而作為人民的我們，也知道我們不是政府的一部分，因為我們不能做出政府有權力做出的那些決定。在霍布斯式的政治概念裡，政府和人民還是有很大的區別，只是政府與人民這兩個政治的面向，被某種對政治的機械式理解嵌合在一起。政府與人民有別卻相互依賴，如此一來國家這個系統才能正常運作。我們（人民）授權他們（政府）；他們（政府）為我們（人民）行事。這兩個類別仍然是分開的，但在現代國家裡很難將它們抽離彼此：政府與人民有別但不可分梳。

這個觀念的特殊之處在於，它比古代的政治概念更加令人困惑，相較之下古代的政治概念很容易理解。政治確實經常讓人有必須在人民與政府之間做出選擇的感受：你的國家是為人民存在的國家，還是為精英服務的國家？國家是否只屬於少數幸運地擁有「關係」與背景的人，即所謂的寡頭政治？還是國家屬於多數人，人們真的可以對國家施政有所置喙？人們能控制國家的命運嗎？這種選擇在今天的政治理解中仍然有意義，要擺脫這種選擇也往往會讓人感到束縛和不舒適。然而，現代國家的觀念中試圖廢除這種選擇的理論，卻是政治思想史上最強大、最成功的觀念，也是最可怕的觀念——正如霍布斯所表明的那樣，它是統治我們世界的觀念，至少現在是如此，而它的統治也許還會持續很長的一段時間。

讓我舉幾個例子來說明與古代的政治概念相比，現代國家觀念的特別與強勢之處。我將選一本足以作為現代政治觀念起始點的著作，作為理解前現代的政治概念的例子，這本書有時的確被認為是第一本表述關於政治現象的現代書籍：馬基維利的《君王論》（*The Prince*）。這本書比《利維坦》早了近一百五十年出版，但在許多方面，它比《利維坦》感覺更為「現代」。許多當代政治家當然仍在閱讀它。據說托尼．布萊爾（Tony Blair）的新聞官阿拉斯泰爾．坎貝爾（Alastair Campbell）曾經確保每個在唐寧街布萊爾辦公室工作的人，在辦公桌上都備好一本《君王論》。《君王論》是「現代」的，因為它充滿了嘲諷。我們仍然稱一些言行舉止看似嘲諷日常道德的政客為「馬基維利主義者」（而我們幾乎不再稱任何人為「霍布斯主義者」）。

《君王論》是一本關於如何使用以及濫用權力的書，它以一套自己的邏輯來理解政治：政治是一件特殊的無情工作，不受人們所熟悉的日常規範拘束，尤其對馬基維利來說，不受當時約束日常道德的基督教原則束縛。《君王論》指出，政治並不是什麼神聖的事業，而是一場權力遊戲。對許多政治人物來說，《君王論》仍然富有啟發性，就好像它是昨天才完成的著作一般。馬基維利在《君王論》的其中一句是「（對統治者來說）被恐懼遠勝於被愛」，這句話不管在二十一世紀早期還是十六世紀早期，都像是一句對政治人物闡釋如何統治的箴言。然而我不相信你可以用這本書作為起點，講述一部關於現代政治觀念的歷史，因為它不是一本屬於現代政治的書籍。

《君王論》不是一本現代政治論著的證據便體現在它的第一行文字，而這是多數爭相從《君王論》中汲取各種具有話題性的刺激的人常忽略的地方。這本書的開頭並不是它最有趣的地方，也不是你可以找到描述權力核心如何運作的地方，但《君王論》的第一行，為它所要討論的議題設定了框架。它的第一句話說：「所有統治人類的國家，如果不是公民統治的共和國，就是君主統治的公國。」這種「如果不是什麼就是什麼（either/or）」的二元選擇，正是前現代時期將政治現象概念化的方式。它將政治劃分為共和國（即公民的國家）和公國（即君主的國家），而這種理解方式，如果不是將國家等同於公民群體，就是將國家與它的統治者劃一。這同樣是「多數」與「少數」對立的理解，但事實上，前現代世界的公民國家並不包含絕大多數的人：「多數」（many）的意思，與「所有」（all）相去甚遠。除外，前現代國家也排除了，所有被視為能存在於法理「統治」與「被統治」關係之內的人：包括從奴隸到女人再到孩童，他們不存在於統治關係的規則之內，僅作為他人的財產而存在。

古代世界對大多數人來說並不有趣，馬基維利的世界也好不了多少。但這並不是使《君王論》成為前現代政治論著的原因。它是前現代的著作，是因為它從根本上將政治理解成非此即彼的問題。馬基維利認為某些關於政治的指導原則，有可能可以跨越這種二元對立的鴻溝，但有更多政治的原則，只能在這個框架中運作。這是他最著名的著作的第一句話，因為他認為將國家定位成非共和國即是公國，是相當重要的概念。

因此如果政治真如《君王論》所說，是一種非此即彼的選擇，我們需要說明我們是生活在一個公國（本質上意味著由元首統治的國家），還是一個共和國（意味著人民的國家）。如果我們用這種問題來思索現代國家，會發生什麼事情？我們可以回答這樣的問題嗎？並不然。為什麼不然？因為我們是現代人，我們的國家是現代國家，而現代國家並無法被這種「共和國或公國」的二元分類區分。

讓我們以兩個當代的例子來檢視，我們是否真的不能以馬基維利的方式來思考問題。這兩個例子分別是美國和英國。以美國來說，確實美利堅合眾國自覺是共和國，也的確宣稱自己是共和國。用馬基維利的二元區分來說，它確實是沒有君王的國家，因此這讓它成為共和國，美利堅共和國的許多創國元老，也都非常仔細地閱讀過馬基維利。

相比之下，英國並不是共和國，因為這是君主制的王國，英國有君王也有許多王子，甚至可能有點太多了。英國不僅擁有查爾斯王子（Prince Charles），他可能將成為下一任君王，還有許多其他王子，包含了那位選擇退出王室，與他的美國妻子一起定居在美利堅合眾國這個共和國的人。但這些王子都不是馬基維利意義上的「君王」（The Prince）。即使是英國的元首，女王，在馬基維利的意義上也不能算是君王。根據馬基維利的定義，當我動筆寫下這本書的時候，英國人的「君王」是鮑里斯．強生（Boris Johnson）。當然，美利堅合眾國也有它的「君王」：唐納．川普（Donald Trump），或者任何繼任者。在這兩個民主國家裡，這兩位君王各自主導著一種宮廷式的政權，專制而可怕。

事實上，今天英國首相和美國總統所擁有的權力，都遠超出馬基維利所認可，在共和國或人民主導的國家中，治理者所可以擁有的權力。然而，他們也都不是馬基維利意義上的君王，因為馬基維利式的君王，會將他的國家視為個人財產，成為一種所有物或私有財產。強生和川普並沒有這樣占有國家，哪怕他們可能非常希望能這麼做。他們之所以享有權力，必須感謝人民，因為是我們人民不願意自己投身政治，而賦予了他們權力。換言之，他們的權力依附在人民之上；然而，與此同時，他們又擁有超越了真正的馬基維利式共和國所能容忍的權力，使得我們人民對於如何被統治，以及我們的統治者做出了什麼樣的決定，幾乎都沒有直接的發言權。一旦我們讓他們掌權，他們就會對我們擁有真正的權力。因此，我們的國家既不是共和國也不是公國——我們國家兩者兼具，但這也意味著實質上兩者誰都不足以代表我們的國家。

如前所述，這種政府將權力和權威歸功於人民，而人民也因此受制於政府權力和權威的觀念，顯然是現代的政治觀念。這是一種相互依存的關係，儘管我們可能認為很多時候政治依然是一種「非此即彼」的舊選擇，但要將現代政治的現象做出這種二元分立極為困難。這種依存觀念有部分緣起於霍布斯的《利維坦》。我的目標正是要將這種強調依存關係的觀念，在讓讀者看起來熟悉的同時又覺得有些奇異、覺得它有些詭異之時又有些熟悉。我想同時讓我們對政治概念的想像看起來既熟悉又陌生。霍布斯對這個目的提供了幫助，因為他的想法很多時候看起來很奇特，但他的寫作對於理解我們的政治世界又是如此重要。的確，一六五一年是很久以前的事了，從那時起，幾乎所有關於我們如何構建生活的事情都有了轉變，但如果我們從霍布斯開始，我們應該仍舊能在他所描述的世界中，認出一些屬於我們的東西。

湯瑪斯．霍布斯是誰？首先要說的是，我們可以透過一些日期，簡單地描繪出關於他人生的一項重要資訊：這分別是他出生和死亡的時間。他出生於一五八八年，即伊麗莎白一世治下擊敗西班牙無敵艦隊之年；他於一六七九年去世，即九十一年後，查理二世的統治末期。即使以今天的標準來看，這都是漫長的一生，而回到十七世紀的背景下，霍布斯度過了一段極其漫長的人生。更重要的是，霍布斯生活在歷史上最動蕩的政治時期之一。他的長壽，並不表示他有著極為安全的人身環境。恰恰相反。他漫長人生旅途的核心，事實上恰巧是因為他的人生中途經歷了深刻的政治動盪與危險。霍布斯的人生，甚至可以說他人生的核心，被一種政治徹底崩潰的形態所定義。

這種崩潰，對許多與他一樣活在那個時代的人構成了直接的死亡威脅。正是這樣政治徹底崩潰的事態，激發了他寫作《利維坦》。

這一時期有兩大政治災難。其中之一是為歐洲帶來嚴重創傷的三十年宗教戰爭。這場戰爭從一六一八年持續到一六四八年，這段時間正好是霍布斯生命的中年：戰爭開始時他三十歲，在他六十歲那年結束。這是最糟糕的戰爭之一，是一場所有人對所有人的戰爭，遍及了歐洲大陸，讓當時的歐洲人因為宗教、種族、王朝、經濟、階級甚至家庭等等因素而對立，並陷入極度暴力，有時甚至近乎帶來種族滅絕的衝突。這是場可怕、殘酷、無休止的戰爭，也是在政治場域中所能發生的最糟糕的事情。霍布斯沒有親身經歷過三十年戰爭，但他聽說了一切。

另一場政治災難，則與霍布斯的人生息息相關。作為英國王室的臣民，他中年晚期的巨大創傷是英格蘭內戰，或更為人所知的英格蘭革命，大約從一六四〇年延續到一六六〇年（所以是霍布斯五十二歲時開始，於他七十二歲時結束）。這場內戰的核心發生在一六四九年，當時的議會處決了國王，隨後試圖建立一種新的共和國。這個嘗試最終失敗了，英格蘭革命以王室復闢告終。霍布斯的傑作《利維坦》於一六五一年出版，所以如果你將英格蘭內戰的時間從一六四二年戰事爆發開始算起，一直到一六六〇年國王復辟，《利維坦》的出版時間，正好就在這場政治創傷的中間；也正是這場創傷的核心，形塑了這本書的論點。

霍布斯喜歡開玩笑地說，在他出生那一年，當他的母親聽到西班牙無敵艦隊開始駛入英吉利海峽時，她就開始分娩了，因為這種恐懼對她造成極大的創傷。因此，用他自己的話說，他出生時就已經「與恐懼結為一體」。而他出生時的歷史環境，使他終生都極度焦慮和恐懼。在今天，我們也許會說他是一個過度恐慌的人。他經常覺得有人要傷害他，但他也有理由恐慌，因為這是一段危險的時期，各式各樣的錯誤都可能讓人喪命，包含政治、思想、宗教信仰的錯誤。就如俗話所說：你的過度恐慌，並不意味著沒有人會傷害你。

霍布斯害怕政治情境崩潰，也試圖避免這種情況。在英格蘭內戰爆發時，他真真切切地避免了，而這是另外一個關於《利維坦》的關鍵事實：霍布斯並不是在英格蘭寫下這部著作。他在巴黎寫了這本書，而他去巴黎的部分原因，就是為了避開戰爭為他個人帶來的危險。巴黎是一個遠離內戰的避風港，而《利維坦》正是在這麼一個與刺激它的事件距離遙遠的地方所寫成，也許，也只有在這樣的距離下，《利維坦》才可以被書寫完成。但霍布斯人生的悖論之處就在於，即便他聲稱他充滿畏懼，但你永遠不會在閱讀《利維坦》的過程中察覺這點。因為《利維坦》無論在思想層次或在政治意義上，它的論點都無所畏懼，而這正是讓它成為一本令人震驚的書的原因，好像沒有什麼能阻止霍布斯完成書裡的論證。寫作對他來說，其實是一件非常危險的事情，在一六六〇年斯圖亞特王朝復辟後，《利維坦》的論點確實幾乎威脅了霍布斯的生命，因為它是在內戰衝突的關鍵時刻寫成，這讓人們爭論不已《利維坦》是站在內戰兩派的哪一方。部分原因在於，《利維坦》本身就是一部想要避開這種「非此即彼」的選擇的著作，所以當國王復辟後，《利維坦》的「沒有選擇」，讓它看起來像是「不選擇國王」而顯得不忠，而對國王不忠總是危險的。

不僅如此，由於《利維坦》同時試圖將那個時代的宗教分歧問題，納入更廣泛的概念化政治的論述之下，影響了人們對它以及它的作者的印象：這本書的作者不僅反對宗教，甚至還可能反對上帝的存在。這讓霍布斯被當時的人視為一個無神論者。在十七世紀的歐洲，無神論是個足以讓人喪命的指控。因此，要怎麼認識霍布斯？要成為霍布斯，同時要深具恐懼，卻又要絕對地無所畏懼。正是這樣的一個人：無畏、狂熱、偉大的霍布斯，寫下了《利維坦》。

我們也許會好奇，霍布斯這樣的人是以什麼維生？他這一生除了寫書之外還做了些什麼？他做了許多事情，但如果要精確地描述他的職業，我們可以說他是一名家僕。他出生在相對卑微的家庭裡，憑借自己的機智與才華而崛起，為一個貴族家族服務，也接受這個家族的保護與庇蔭，他侍奉的對象便是卡文迪許家族的德文郡伯爵（不久後被冊封為公爵）。他為這個家族提供多種服務，也具備了不同的職業身分。他像是家族中的智識分子，是屬於家族圈裡的名人作家與私人專屬數學家。他擔任伯爵子嗣的家庭教師，並引導他們經歷當時歐洲貴族子女必須經歷的壯遊（grand tours）。所以某個角度來說，他也是這個家族的私人導遊。除此之外，他還擔任通訊員的職務，與當時許多知名知識人物互通書信。他也負責一些卡文迪許家族的商業安排。而作為這一切服務的報酬，卡文迪許家族為霍布斯提供了保護人身安全的環境。這個互惠關係，一直持續到卡文迪許家族無法繼續提供保護為止——因為在英格蘭內戰期間，與顯赫家族過從甚密本身變成了極為危險的事情。但在內戰之後，他們仍儘可能地繼續保護著霍布斯。霍布斯在內戰期間之所以遠赴巴黎，部分原因就是卡文迪許家族無法持續提供保護，而他也無法再為他們服務。

霍布斯的信仰又是什麼？這是一個很難回答的問題，不只是因為這是霍布斯，而是對任何人來說，這都是不簡單的問題。但即便如此，我們還是可以用一個詞來形容霍布斯：他是懷疑論者。懷疑論是一種建立在懷疑之上的哲學立場。這個時期最著名的懷疑論者是霍布斯在法國的朋友：笛卡兒，這位著名的哲學家提出了懷疑論最為人耳熟能詳的名句。

當我們回顧這段關於政治與國家的觀念史時，許多我將討論的人，都會提出流行於後世的哲學錦句。我很快就會帶到霍布斯的名言。但在這裡，我們先說說笛卡兒。笛卡兒提出的口號是：「我思故我在。」（"Cogito ergo sum"）這是懷疑論者對這個問題的回應：「這個世界上有什麼東西的存在，是我可以確切知道並掌握的？」如果我們的哲學立場建立在懷疑之上，如果我們對我們所接觸到的一切都起始於懷疑他們的真偽，那麼當我們想宣稱我們能夠確切並掌握某件事情時，唯一的一件事情就是「我的懷疑是存在的」。這是懷疑論很基礎的邏輯：如果沒有確切地有一個能夠提出懷疑思考的存有存在，懷疑本身便不會存在，懷疑論也不會存在。「我思故我在」這句名言，也許可以有另一種表述方式：「我懷疑故我在。」

這意味著懷疑論是一種思維方法，而不是一種恆常懷疑一切的心態。接受這種思維方法的懷疑論者，試圖藉由懷疑論來確立關於事物真切存在的基礎。笛卡兒便是從他的懷疑論得到了「我存在」的基礎，並以此演繹到證明上帝的存在。從懷疑出發，可能引生知識，而知識的生成也必然有懷疑的要素。對於笛卡兒來說，懷疑論足以重建破除神話與迷思的宗教與科學。

霍布斯的懷疑並沒有那麼深，他試圖重建的事物沒有那麼繁複。霍布斯的懷疑論，只是在一個因為確切的政治判斷基準消失，致使政治社群撕裂對立的時代裡，試圖回答他所認為的關於社會與政治生活之基本問題。在那個時代，古代政治思維的選擇，像是你的國王或是我的議會、你的教皇或是我的教會、你的家族或是我的家族、你的派閥或是我的派閥……等等，導致了無數的衝突與死亡。霍布斯的懷疑論試圖探索，在這些衝突背後，是否能夠有一個跨越二元對立，讓敵對雙方彼此都能確實肯認的共識？是否能找到人類作為理性的生物皆應該接受並同意的共同判斷基準？霍布斯認為這是可能的。而做到這件事的關鍵，便是通過懷疑論的方法，從懷疑出發重新思考政治的意義，直到找到一個確切的基礎作為建立新政治觀念的基石。這個基礎不會在人類分裂與衝突的壓力下崩潰，因為它定錨在這些衝突背後，人類理性應該共同肯認的共識上。

那麼，霍布斯認為我們都可以共同肯認的事情是什麼？首先，我們都知道我們還活著。與笛卡兒對懷疑與存在的思辨相仿，霍布斯認為，要擁有他所經歷的這種無止盡的分歧與衝突的經驗，其中一個前提是我們必須要活著經歷這些衝突。但「活著」又意味著什麼？霍布斯活著的時代，也是所謂科學革命新興的時代。當時人們開始系統性地探索自然界萬物運作的原理。在這個時代的認識裡，「活著」本身就是一種動能運作的表現。生命是一種動作的形式，因為活著的對立面就是無生命的靜止。無生命的靜止，意味著死亡；有生命的東西（the animate thing）因此意味著動作的行使，而這意味著有一個在推使事物動作的能動者（an animator）。在當時的自然神學論述中，這種能動者被稱為阿尼瑪（Anima），意味著某種靈魂一般的存在。但對霍布斯來說，相比靈魂這種抽象的理解，它更像是一台馬達。如他所說：「當一件事定止時，除非有別的事物觸動它運作，否則它將永遠定止，這是不會有人懷疑的真理。」

在這個理解下，活著因此意味著我們被賦予動能以持續活動。如前所述，這是科學革命的時代。當時的科學開始發現心臟像個馬達，將血液送至全身。當時有許多人們開始思考光是如何運動，而霍布斯也花了許多時間思考這個問題。在他們的認知中，世界是由各種運動所構成，而我們則是不斷在運動中的生物。這就是霍布斯對「活著」的定義：成為不斷運動的生物。這個定義不依賴任何先驗哲學或神學。這是我們透過觀察自身就能掌握的道理。活著意味著想要持續存活，在運動中的生物也會想要持續保持活動，因為停止了活動就標示了死亡。當然，有些人並不想要活著，霍布斯對憂鬱症有一定的認識，但以霍布斯的話來說，不想要活著，是一種不理性的心理狀態，他認為，如果你是具備理性思維能力的人，你會想要持續生命的活動。

但霍布斯也明白，這種活動將使人類彼此陷入衝突。霍布斯認為，除了生命會想要持續活著之外，活動使人類陷入衝突是另一件我們應該都要能夠同意的事情，因為同樣的，這是一件觀察生活周遭就能了解的事情。霍布斯有時將生活描述成一場比賽，我們都在這場賽事中奔跑，因為我們都在活動。沒有人知道我們在競爭跑向什麼，但我們可以肯定的是，我們都在爭相逃離死亡。我們當然不可能無止盡地逃離它，但我們會盡可能地逃得愈久愈好。這場逃離死亡的競賽，不像是在整齊的跑道上舉辦的四百公尺賽跑，因為在賽跑中，我們都會留在自己的跑道上，第一個越過終點線的人也會得到獎勵。霍布斯認為，逃離死亡的競賽更像是在格勞斯特郡（Gloucestershire）某些村落，每年會定期舉辦的那種瘋狂賽事，在這些比賽中，參賽者們會在山上追著一個滾動的巨大乳酪。通常開賽不久，乳酪就滾得不見蹤影，但參賽者還是會一股腦地往山下狂奔，因為沒有賽道，在奔馳途中參賽者可能會撞倒彼此，但就算如此，有些人仍持續奔馳著，有些人則可能無法繼續參賽。

這當然不是霍布斯的例子，這只是他的想法讓我聯想到的舉例。在這場追乳酪比賽中，在霍布斯的人生競賽中，我們都在追求同一個目標，儘管我們並不太知道那是什麼。我們就只是一直在競賽中做著參賽者在做的事情：不斷行動著。我們並不太清楚我們的所作所為是否讓我們走在正確或錯誤的道路上。我們在這場賽事中跌跌撞撞，也撞倒了彼此。如果你被撞倒了而沒能站起來，你就停止了活動、在生命的競賽中停止了運動。對霍布斯來說，這就意味著死亡。

讓生命這場賽事中的碰撞與衝突變得如此危險——比在山上追逐巨大乳酪還危險許多——的原因在於，這些衝突與碰撞對我們每一個人都以不同的樣貌呈現。這意味著我們對這些危險的感知方式也會有所不同，如果我倒向你，而你也倒向我，我會對你構成威脅，你也會對我構成威脅。對霍布斯來說，即便我們無法就如何解決單一個別衝突有所共識，我們應該依舊能夠認同，如果條件允許我們最好能避免掉衝突。在生命這場沒有賽道的賽場上，如果我們能盡量減少彼此的摩擦與碰撞，並盡可能以某種方式維持在我們的軌道上，生命應該會變得更好。也許如果這場賽事有遊戲規則，如果有某些指導原則可以引領我們遠離最具破壞性的衝突，我們也許能夠擺脫一種，因為你可能對我構成威脅，所以我必須在你接近我之前，讓你退出生命這場賽事的情境。

霍布斯認為我們可以同意這些規則，他把這些規則稱為自然法。這些規則之所以是「自然」的，是因為這些律則適用於我們這些理性生物。這些律則有許多條，霍布斯在《利維坦》裡列出了十九條自然法，但這些律則可以用一個簡單的原則概括：我們都應該致力於「追求和平，並遵循它」。和平才是我們所追求的，不是戰爭、碰撞或衝突，因為那些都只是活著偶然的副產物。如果我們都努力尋求和平，生命會變得更好。這是最基本的自然法，而我們必須依循自然法而活。所以這才應該是指引我們的事物。但要做到這點便要以和平為依歸，為了規避衝突與戰爭的難題，我們終究需要一種新的政治形態。這是因為自然法是一種權利，一種我們必須採取任何必要的措施以保存自我生命的自然權利。和平預設了我們生命的存續，失去這個前提，任何律則都沒有意義。

這就是根本問題。以我們的自然本能（我們求生的動力）為基礎，產生了自然法對我們行為的約束效力，以及自然權利賦予我們行動的合法性。在衝突的情境中，我們都具備自我解釋自然法的權利，並以此為基準盡可能地保存我們的自然存有（也就是我們的生命）。這些衝突情境可以是任何形式的衝突：宗教、愛情、金錢、稅收、戰爭、美學。我可能會因為不喜歡你的外表而害怕你，這理由聽起來微不足道，但也可能是促使人行兇的殺意，人類有能力因為任何理由而爭鬥。當自然法「尋求和平」的原則，被理解為「你必須竭盡所能保存自身」的自然權利，這將同時意味著衝突的延續——因為隨著視角不同，我們對衝突的理解也會有所改變。霍布斯非常清楚，人類作為理性的動物，儘管深知我們應當追求和平，卻也明白每個人都有權利判斷什麼才是所謂的「和平」。這造成的結果，是理性的人反而會試著先發制人。如果他們看到了某個在遠處的威脅、一個只是隱隱約約察覺到的威脅、某種可能在某天變成危險的威脅，他們會試著在威脅生成之前，先行抹消它落實的可能。也正因為如此，每個人都尋求和平以期自我保存的方案，將變形成一個結果——用霍布斯那著名的、令人不寒而慄的名言來說：「一場所有人對所有人的戰爭。」從許多面向來說，這正是十七世紀前半籠罩歐洲的噩夢。

但霍布斯的推論並沒有停在這裡。除了「追求和平」之外，我們還能就另一件事情達成共識。如果我們掌握了問題的本質，那麼我們應當可以了解「追求和平」之所以會造成戰爭，是因為我們無法就什麼是「和平」達到一致的觀點。霍布斯認為，既然如此，為了避免陷入戰爭，我們應該要能同意將對和平的定義，交到一個人的手中。我們交出在戰爭與和平之間做選擇的權利，而我們應該理性地做到這件事情，也應該心甘情願地去做。當我們交出了這樣的權利，一切的事物都將有所改變。這是這項安排的神奇之處。在霍布斯看來，這是一個機械式的安排，儘管也幾乎帶有些煉金術的色彩：這種讓渡出權利並交予一個人的安排，有效地從無中生有，產生了和平的條件。如果每個人都同意轉換權利，將我們所擁有決定什麼是和平的權利集中在一個人身上，那麼這個人將擁有迫使所有人都必須遵從他（或她／它）的權力。這個人（或物）依然活在自然的狀態之中，他並沒有因此具備什麼特殊的自然能力，但他的決定將代表我們所有人，而這個決定本身將擁有我們所有人的力量。

霍布斯並不天真。他知道我們可能會後悔將這種權利交給別人，我們可能會不喜歡那個人代表我們所做的決定。我們甚至可能認為他做的決定是對我們的威脅，畢竟，如果決策者認為我們的作為在對和平構成威脅呢？為什麼要把你對個人安全的判斷，交給可能讓你嚴重感受到不安全的人？霍布斯的回答是，在這種情況下，你很可能會想退出這場讓渡權利的協議。但是，只要協議還生效，你就無法退出。如果你被視為威脅，那麼其他人將有充分的理由遵從決策者的決定，將你排除在安全狀態之外，這是霍布斯的國家狀態中最可怕的特質。你可以試著逃離這樣的國家狀態，但他也明確指出了，人們為了自保有逃跑的權利，卻仍躲不過決策者的決定。

霍布斯用來描述這種安排的兩個關鍵詞彙，至今仍然滲透在我們日常的政治經驗裡。掌握權力的決策者被稱為「主權者」，而從我們讓渡權利給主權者使之具備決策能力的過程，則被稱為「代表」。主權者在決定關於什麼是和平的時候，也代表了我們做出關於和平的抉擇。對霍布斯來說，這是得以實現和平的唯一途徑。必須要說的是，雖然這兩個詞彙自霍布斯的理論而來，但與我們熟悉的理解來說，它們對霍布斯有略微不同的意義。在霍布斯的理論中，這兩個詞彙的意涵比我們所預期的還要侷限、更技術性、更加簡約，也更令人毛骨悚然。對霍布斯來說，「主權者」是中性詞彙，只是意味著做決定的人，只意味著身為決策者這件事情。霍布斯堅持認為，「需要有一個決策者」這件事情本身，是一件遠比「什麼樣的人應該當決策者」或「當決策者應該具備什麼樣的能力和條件」更為重要的事情。但當然，霍布斯對於後兩者有自己的偏好。他認為最理想的政治，應該是只有一個人擔任決策者，無論這個決策者的性別是什麼。值得謹記在心的是，霍布斯出生時，以及他早年時都是活在一個女王的治理之下：伊莉莎白一世。從許多層面來說，她都是霍布斯所知道的最好的主權者。言歸正題，霍布斯偏愛君主制，但在一六五一年時英格蘭並沒有君主，因為在兩年前，英格蘭國王在內戰中被斬首了。所以對當時的霍布斯來說，宣稱「主權者是不是君主無所謂」是一件重要的事情。但在後來，當被處決的國王的兒子查理二世復辟登上王座時，這樣的宣稱讓他深陷困境。在一六五一年，霍布斯在《利維坦》中論證的邏輯使其宣稱主權者可以是國會。事實上，在一六五一年的英格蘭，主權者的確是國會。根據《利維坦》的邏輯，主權者可以是任何人，也可以是任何東西：可以是一個大社群，一個小群體，也可以是一個人。如果是國會，主權者的最終決策必須以多數決為依歸，真正重要的是必須要有一個最終的決策，而這個決策足以代表所有人的決定。如果決策者是國會，那麼只要國會能夠有效做出決定，即便是支持君主政體的人（包含霍布斯自己），也必須接受國會是有效的主權者。霍布斯非常重視這一點，這也讓他在《利維坦》付梓前最後的手稿中特別添加了附錄說明。這是他在智識上無所畏懼的真誠，但這也幾乎讓他失去心智的平和，甚至險些喪失生命。

霍布斯認為，如果你能接受這個論點的邏輯，你就能獲得真正的和平。如果不能，那你將無法踏上到達和平的道路，你的政治會崩潰。你費盡心思想保住的做出政治選擇之權利，最終將毀了你自己。霍布斯最想強調的是，人們誤以為是真正政治選擇的都不是真正的選擇——無論是共和國還是公國、新教還是天主教、我還是你、我們還是他們。

如果你的「政治」是透過凡此種種非此即彼的選擇歸結而出，那表示你的政治出了問題。在霍布斯看來，唯一真實的政治選擇只有一個：秩序還是混亂。這也是唯一一種政治上非此即彼的選擇：要麼你選擇擁有國家，要麼你沒有國家。而國家，正是通過霍布斯這種緊密、機械、環環相扣構成的代表關係構築而成：沒有人民的授權，你就沒有辦法擁有主權者，但人民沒有權利反對主權者的權力，因為主權者也是最終的裁定者，他的決定代表了人民。你不是擁有這樣的政治安排，就是什麼都沒有。在這種「以國家為核心」之外的政治概念，並不是更好的政治，而是更險惡的政治環境：一個一點也不「政治」的政治形態。要麼選擇國家、選擇這種政治理解，要麼選擇更為險惡的環境，這對霍布斯來說是真正的選擇。

霍布斯提出了一個激進、令人震驚又帶點瘋狂、令人難以置信的有力論點，但這個論點隱含了什麼論述？它隱含的內容容易令人誤解，我們也的確有過許多對霍布斯理論的錯誤認識。其中一個誤會，就是將霍布斯視為極度悲觀的政治思想家。這是因為讓霍布斯聲名大噪的，並不是他對建立國家以後的世界的描繪，而是他在國家出現之前的世界的陳述。這也是他在《利維坦》第一部所論述的內容。在第一部中，霍布斯把這個國家之前的世界稱之為「自然狀態」——在這點上，他和許多其他提出國家之前的狀態的理論家想法一致。自然狀態是指人類創造出得以創造和平的人工決策機器之前的狀態，一個人們創造利維坦之前的狀態。

在近代早期歐洲，有許多政治思想家分別提出他們對自然狀態的想像，而在霍布斯的版本中，最著名的就是他對生活在自然狀態裡的人們慘淡與悲慘的描繪。他對自然狀態底下的人類生命之著名短語是「惹人厭、野蠻、以及短促的」，描述了在自然狀態下、在沒有建立國家的情境下、在一場所有人對所有人的戰爭中，人類生命有著什麼樣的樣貌。這樣的自然狀態論述，讓人們以為霍布斯對人類境況的看法必然是悲觀的。他們認為霍布斯對人性的看法是一種消極的，或者說譏諷的觀點，認為霍布斯不願意看向人性中較為良善的那一面。他們預設了霍布斯只看向人性最低劣的一面，認為他的論述基本上指出，一旦沒有國家的約束，人類將進入一場自相殘殺的困局，因為這就是人性。在這個版本的自然狀態中，人類變成了某種殺戮機器，但這樣的看法並不全然真切。不僅只是因為這樣的看法，混淆了懷疑論與憤世嫉俗，更在於懷疑論者與憤世嫉俗的人是全然不同的。憤世嫉俗的人，會選擇只看人性最惡劣的那一面，他會不斷地嘗試找尋人類所有行為背後的惡劣動機；但懷疑輪者並不會這樣看待人類，他不會只看最壞的一面，就和他不會只看最好的一面一般。懷疑論者只想知道，有什麼事情是我們可以確實掌握的，而霍布斯就是這樣的懷疑論者。

誠然，霍布斯所寫的一些觀點，尤其在《利維坦》中的說法，似乎帶著揮之不去的腦熱痕跡，乍看之下也的確有點憤世嫉俗。他對人類是什麼，以及我們有能力達到什麼樣的願景之類的說法，並不是特別動人。但同樣的，他在對人性的觀察中，也強調了人性可笑的部分。霍布斯著力描寫了許多他稱之為虛榮的人性特質，不僅只是愛慕虛名的那種虛榮，而是貨真價實的，想在生命這場競逐當中，不斷攫取他人對自己的讚賞的自我誇耀。就如他寫道：「虛榮的人透過他人的奉承來衡量自身的能力，而不是透過對自身的真切理解來獲取確切的希望。」用同樣的乳酪競賽當例子，我們在爭相衝撞追逐滾落的乳酪時，仍然會在意我們在這場追逐中的形象。我們想要優雅地跌落，我們精心安排了許多能自我說服的自欺言論，說服自己即便我們所有人都在衝撞競逐，但跟身邊那些滾落山道的人相比，我們至少好看許多。對霍布斯來說，這種虛榮的特質讓人類顯得有些荒誕，因為人類確實就是有著有些荒誕的一面。從這裡來說，霍布斯的看法的確可能有些憤世嫉俗，但霍布斯並不認為人類行動的動機是「惹人厭、野蠻，以及短促的」。霍布斯對所有惡劣情境的描繪，都不是在說人性本身，而是在描述人類在自然狀態中的生命是什麼樣貌。活在那種狀態下的生命是令人不舒服的、是野蠻的（某種程度上甚至不比動物好上多少），更是短促的，因為在那個狀態底下，我們可能遠比我們希冀的還要早停止活動。造成這樣的情境的原因，並不是因為人性低劣，儘管人性有荒誕可笑的一面，但那不算低劣；會造成這種情境的原因，只是因為無論我們如何努力嘗試，我們始終無法相互信任彼此。

「信任欠乏」（diffidence）是當霍布斯描述自然狀態所產生的問題時所使用的詞彙。這種不自信，同時也意味了某種形態的匱乏，當然也意味著缺乏信任的能力。就是因為我們欠缺了可以相信他人可能會做什麼的信任，使得我們擔心其他人可能會做出傷害我們自身的行為，也正因為對這種行為的警惕，使我們選擇採取出於自保而先發制人的行動。「正因為我們對彼此的信任欠乏，使得人們除了預測他人可能造成的傷害之外，更會採取以理性確保自身安全的方式。換句話說，信任欠乏的結果，導致唯一確保自身安全的理性方式，是透過武力或機智讓人們臣服在自身之下，這樣才能避免可能被其他人的行為傷害。」人類並不是天生的猛獸，我們始終只是那單純、焦慮與脆弱的自我，我們永遠無法確定我們將會面對什麼樣的威脅、我們欠缺了什麼，使得我們無法信任彼此。在霍布斯的自然狀態中，我們的生命是孤獨的，但他並不認為人類天生就是孤獨的動物。恰恰相反，我們不斷地在試圖尋求盟友，也不斷在嘗試建立足以擴張成大社群的小團體。我們渴求、希冀和平，我們絕望地想得到和平，我們知道沒有和平的代價會是什麼，但我們永遠無法得到和平，並不是因為人們憎惡彼此，而是因為我們無法信任彼此。

在《利維坦》裡，霍布斯的自然狀態所呈現的，並不是世界裡充滿了孤獨與脾氣暴躁的個人，而他四處遊蕩伺機傷害他人。霍布斯的自然狀態所呈現的，是人們悲慘徒勞的世界。人們不斷試圖以家庭、宗教、財產或商貿為核心建立社群，並試圖藉由這樣的社群，來創造出某種安定的世界，讓我們所珍視的一切得以代代相傳，但我們也不斷看著這些嘗試崩潰失敗。這種建造社群的嘗試，顯示了我們自然而然想要追求和平的選擇、顯示了我們選擇了與價值觀更接近的人來共築社群，但這些失敗也顯示了政治社群的脆弱，這正是古代世界留給我們的重要教訓之一。這些失敗表現的是，如果我們將政治社群建立在非此即彼的選擇上，我們可以創造出令人讚嘆的政治結構，但這樣的政治結構也無法持續太久。自然的一切都是脆弱的，平衡也是脆弱的。在前現代的政治形態中，選擇永遠是不穩定的狀態。如果我們決定不以選擇為核心出發建構政治，我們可能會有一個醜陋的起點，但我們可以確定，我們所構築的政治不會是自然的，而是極為人工的政治。這種人造物、這部精密建構的人造機器，才會是真正得以存續的狀態。這種對政治的觀點，是懷疑論者的觀點，而不是憤世嫉俗之人的觀點。

除了霍布斯的人性論之外，另外一個對霍布斯的誤解是把他歸類成所謂「社會契約論」傳統的思想家，僅因為他建立國家的論點，是建立在人們彼此達成要建立國家的協議上。這是一個明顯早於霍布斯，也在霍布斯之後延續許久的思想傳統。霍布斯絕對不是這個思想傳統的發起者，同樣的，無論我們從什麼角度來闡釋他的論點，他也絕對不屬於這個傳統。他對國家如何成立的論點與這個思想傳統截然不同，而這樣的不同，也正表現出《利維坦》這本書的獨到之處。常見的社會契約論傳統論述指出，從自然狀態中構築國家的過程，必須要有兩個階段，不可能在一次嘗試中就完成。第一個步驟是，居住在自然狀態中的每一個人，必須要先讓自己進入到社會的情境裡。這是因為社會契約必須是存在於社會，且在那個社會中擁有權力的政治實體彼此之間的契約。社會契約論的傳統認為，所謂的社會契約並不能是一個在政府與每一個個人之間的契約，因為這樣的契約將不會有「社會」的面向，而只會是成千上萬個政府與個人彼此達成的契約的集合。所以首先，我們必須要先有一個不同的個體彼此締約構成「人民」，或稱之為「社群」，或稱之為「社會」的集合，然後我們才能有第二個契約，一個政府與人民這個集合之間的契約。傳統的社會契約論因此包含了兩種契約，不是一個契約。誠然，在霍布斯之前的這種社會契約論述，其實蘊含了前現代政治理解那種「政治是非此即彼的選擇」的元素。

這兩種契約都試圖繞開這種選擇，而它們繞開的方式，是透過把選擇轉化成契約協議。但這兩種契約反而構成了政治的兩種極端：人民與政府。這使得傳統的社會契約論裡，依舊留有非此即彼的選擇空間：你要選擇構成人民的契約，還是構成政府權威的契約？

霍布斯有不同於傳統社會契約論的智識目的，讓他必須在理論中消除這種選擇存在的可能性，他必須要將傳統社會契約論的雙重合約整併為一。用霍布斯的話來說，這是一個「盟誓約定」（Covenant）。「盟誓約定」意味著締約的人彼此都同意了對未來的某種願景：我將會做某件事情，如果你也宣誓你會做這件事情；反過來說，如果你將會做某件事情，那麼我也會宣示我會做那件事情——但這種協議必須要一步到位，因為不可能先有社會，然後才有政府或主權者。在霍布斯看來，人類的自然狀態是由一群雜亂無組織、彼此毫無關係的個人所構成，他用的詞語是「雜眾」（a multitude）。這群雜眾必須要同步建構社會與政府，這就是他在《利維坦》中提出的重要論點。他在整本書中最重要的一段話中說：

> 當雜眾被一個人或一個法人所代表時，這群雜眾將被轉化成一個有機的人格，他們雜亂無關係的存在，現在都被統籌在代表他們的那個存在身上。正是這一個代表者構成

了一個人格，而非由被它所代表的人們，畢竟人格的統一性，並無法以雜亂的群集來理解。

這意味著，在我們所有人都擁有一個代表者之前，或者，直白一點，在我們擁有一個代表我們所有人做決定的主權者之前，我們不可能構成一個社會。如果沒有透過「代表制」，我們不可能在雜眾之中尋求統一的人格；而擁有統一的人格，則意味著我們不可能在政府與人民之間做選擇。要麼我們一次擁有人民與政府，要麼我們兩者皆空。傳統社會契約論的風險在於，它允許了前現代「非此即彼」選擇重新出現的可能；如果我們先締約構成社會，再由社會與政府締約，那麼當政府的行為被認為是違反了與社會的契約時，人們大有可能選擇與社會站在同一邊，進而起身反抗政府。以霍布斯的語言來說，這開啟了通往內戰的道路。

對霍布斯來說尤其關鍵的是，在他的理論裡面並沒有與主權者締結契約這回事。唯一的契約、唯一的「盟誓約定」，是雜眾中的每一個個人之間彼此達成協議。我們彼此同意讓某個人來代表我們做出最終抉擇。我們的協議中，並沒有這種與主權者之間的協定，像是「我們同意讓你來代替我們做決定，前提是你同意我們要先完成這件事或做到那件事。」（當然最有可能的是，「我們同意讓你來代替我們做決定，且唯若你同意保護我們時。」）我們的協議是在彼此之間達成：「如果你同意讓其他人來代替你做決定，我也會同意。所以如果我同意讓其他人代替我做決定，你會跟我一起同意嗎？」在這樣的「盟誓約定」中，主權者並沒有任何的義務。在這樣的情境底下，主權者還是在自然狀態之中，而事實上，他成了在那個狀態之中唯一存在的人格。

在主權者的身上留有我們曾經擁有過的自然權利，足以決定什麼才算是和平，並決定我們該如何達至和平。也因此，對和平的理解曾經紛雜，如今只剩下一種定義：主權者所定義的和平。這並不是因為我們透過契約，指導或約束主權者在什麼條件下做到這件事情，僅是因為我們將定義和平是什麼的權利留給了主權者，而這樣的權利便轉化成主權者的權力，因為透過我們彼此協議的「盟誓約定」，我們都同意了要遵從主權者決定的定義。這是霍布斯的社會契約運行模式。誠然，這是一個詭異又令人困惑的想法，一切的一切都必須在像大爆炸的瞬間發生。一開始你什麼都沒有，沒有社會、沒有國家也沒有和平，然後突然之間，你有了社會，也有了透過創建主權者而成立的國家。這些事情的發生是如此同步，使得我們並沒有在其中選擇的能力。沒有政府的社會是不可能存在的，如果你不喜歡你的政府，這只是意味著你將無法保有你所身處在其中的社會，而這也意味著你將不會擁有「政治」。

還有一個關於霍布斯的誤解是，他的理論使得他被視為某種極權主義（Totalitarianism）的先驅，尤其因為霍布斯強調，主權者對我們沒有任何義務，而我們也沒有任何約束主權者行使權力的管道。當權力被極端濫用時，我們沒有對抗的權利，也沒有抱怨的立場。霍布斯的確非常明確地論證了這一點。主權者擁有的權力是絕對的，作為我們的「代表者」，主權者也不需要對我們負責。主權者的職責是做出抉擇，而我們必須與主權者的抉擇所造成的後果共存，因為我們已經授權給主權者，讓她／他來幫我們做決定；也因為我們已經授權給主權者來做出抉擇，如果我們其中有誰因為對主權者的抉擇不滿而試圖逃離這樣的情境，我們將會將叛逃的人帶回這個政治的情境裡。這讓霍布斯的政治看起來像是一種非常殘忍的政治形態，即便在十七世紀，很多霍布斯的批評者也都這麼認為——從霍布斯所說的前現代非此即彼之選擇的政治，過渡到霍布斯理想中的政治，豈不是像從沸騰的煎鍋逃離後，直接跳到爐火裡？誰會想要犧牲自己的自然權利，來換取這種形態的政治？直到今天，這仍然是非常現實的問題。但就算如此，霍布斯的政治理念依然不能被稱之為極權主義。它一點都不像極權主義。

絕對專制（Absolutism）不是極權主義（Totalitarianism）。我們可以用一個簡單的方法來呈現兩者的差別。在極權主義的政治體制裡（例如史達林主義〔Stalinism〕），主權者會試圖決定一切，政治的力量也將滲透到人們日常生活的所有面向，國家首腦（不管是一個人，或是環繞在這個人身邊的特權圈子）做出的決定將會涵蓋一切，人們也沒有任何逃離這些決定的可能。事實上，在極權主義裡，人們不被允許從這種形態的政治中離開，因為政治是全面涵蓋我們生活的一切（politics is total）。與此相對，在絕對專制的政治體制中，主權者並不會決定一切，因為這本來就是一件不可能達成的事情，主權者可以決定任何事物（anything），但不是一切的事物（everything）。這就是兩者之間的差別：極權主義是涵蓋一切的政治，絕對專制是一種關乎任何事物的政治。

在《利維坦》中，霍布斯非常清楚地指出，如果我們以為任何主權者（無論是國王還是議會）可以藉由立法、頒布詔令或行使命令，來涵蓋國家成員生活的所有面向，將是一件荒謬的事情。這是十七世紀中葉，即使是掌權的主權者，無論是國王或議會、無論在白廳或西敏寺，仍幾乎不會知道五英里外的世界發生了什麼樣的事情。那是個訊息流通的方式極為困苦的時代，交通的情況也糟糕至極。資訊的取得更多只是仰賴人們的臆測。你所掌握的新聞與最新消息，在你聽到它們的時候都已經成為過時的往事。你根本無法掌控距離你五英里之外的人們的生活；更別論五十英里之外的人們，幾乎像不存在一般；三百英里之外的人們過著什麼樣的生活，對你來說根本只是謠傳。在這個時代，極權主義的邏輯只是一個可笑的念頭。為什麼會有主權者、會有擁有決定權這個自然權利的人認為，他們的工作是要制定可以管理所有事情的法律？這個念頭很可笑，不僅只是因為這無法讓我們達到和平，而是如果我們冀望這種涵蓋一切的政治，我們將會產生太多試圖規範所有事物的法律，反而使得對於和平的定義變得模糊不清、難以理解。在這種情境之下，主權者的職責依然是要讓人民的生活過得更好（儘管除了上帝之外沒有人能賦予主權者這樣涵蓋一切的職責，而霍布斯到底相不相信上帝存在本身便是個問題），但要全面涵蓋生活的一切，使得人民的生活從所有面向看來都過得更好，這本身是一件荒誕的事情，同時也是一件不可能達成的事情。就如霍布斯所說：「這個世界上沒有任何的邦國，具備足夠的規則來約束人們一切的言行，因為這是不可能的事情。」

霍布斯認為，在沒有被法律涵蓋的地方（生命的多數面向都沒有被法律涵蓋），人們應該要能自由的做那些「他們自己的理性認為最符合他們利益的事情」。「對人們有利」這個詞語讓霍布斯招致許多批評，有些批評他的人，也將會是本書後續章節的主角。這些批評認為霍布斯是原初資本主義者（proto-capitalist），認為霍布斯這麼說，是在為牟利的人們辯護。但對霍布斯來說，「對人們有利」單純只是人們做出最好的選擇，尤其是我們作為有生命的能動物，我們被會吸引我們的事物所吸引，也會想與排斥我們的事物保持距離。換言之，這僅只是生命本身運作的方式而已。我們所有人都會做類似的事情。我們都會以某種方式做出對我們有利的事情，這不僅只限於追求經濟利益，而是我們都希望今天的生活能比昨天來得更好。霍布斯認為我們必須要有追求這種利益的自由，而這也是霍布斯的政治情境底下，必然會賦予人們的自由。因為在他的政治情境中，生命的多數面向都不會被法律涵蓋。在霍布斯的政治裡，真正關鍵的是，主權者得以決定有哪些事情不會被法律所涵蓋。

這會造成一個關鍵的問題：你永遠無法確信主權者不會突然決定，某些在你看來是不被法律涵蓋、只關乎你個人的事情，已經構成對國家的威脅。你可能活在一個有限度立法的霍布斯式國家，但就算在這樣的國家裡，有些事情幾乎肯定需要仰賴主權者的決定，包含關於戰爭與和平這種再明顯不過的問題。主權者會決定我們什麼時候要參戰，也會決定我們應該如何負擔戰爭的開銷，因為主權者會決定如何徵收稅賦。霍布斯指出，所有國家都一樣，主權者需要管理貨幣供應。他同時也說，主權者必須要照看國家最弱勢者的基本福利，他認為對任何國家來說，讓無法自給自足的人們自行打理生活會對和平構成威脅。除了這些之外，有趣的是，對於影響十七世紀歐洲所有衝突最劇的議題——宗教，霍布斯的看法有些難以捉摸。他並沒有明確指出，為了避免宗教引發衝突進而威脅和平，主權者應該嚴格控管人們在公共場合表態信仰還是局部控管即可，又或者是應該採取宗教寬容的政策。他只說，如果人們的信仰不會對和平構成威脅，那就讓人們以他們喜好的方式選擇信仰；甚至有可能的話，讓他們用想要的方式敬拜神明。這部分的原因是，無論如何，規範信仰本身是另一件不可能達到的事情，因為沒有人能知道其他人心裡真正相信的是什麼。

綜上種種看來，儘管《利維坦》有諸多惡名，但這其實是一本擁戴寬容的主權者與支持廣義的自由國家的著作。霍布斯從來不希望主權者徒勞無功地試圖掌控一切，但同樣的，霍布斯也指出我們永遠無法確定主權者會做出什麼樣的決定。也許有一天，主權者會決定你的個人行為、信仰，甚至性生活種種，這些你認為生命中無關政治、發生在私領域（你的家裡、床上、房間裡或只是在腦海中）的事情，會對國家構成威脅或在某種意義上破壞公共秩序。這種可能會一直存在著，而一旦進入了霍布斯的政治，我們將沒有辦法再從這種可能中撤出。這是霍布斯的《利維坦》駭人的地方，可怕之處並不在於我們生命的所有面向都被控制了，而是我們永遠無從確切得知，我們生命中的哪些面向會突然被控制住。

這種政治的不確定性，正是使霍布斯式政治獨特的地方。霍布斯並不想要這種不確定性，因為他是一個充滿恐懼的人，不喜歡不確切的感受。他是試圖追求穩固基礎的懷疑論者，但他同時也認為，為了安全我們要付出的最終代價，是要認知到我們必須允許主權者決定什麼算是威脅，而這也同時意味著不確定性。這是所有現代國家都必須承受的風險，即便是像我們的國家有許多防範不確定性的措施，也必須面對這種風險。現代國家永遠都存在著國家主權突然決定你是威脅的風險。

這種政治的概念有兩個非常深刻且緊密相連的意涵，因為在各種面向上，前現代政治那種非此即彼的選擇仍舊存在。這種曾經是政治基礎的選擇，被內化到政治體當中，也被內化到在國家生活的人民的日常當中——無論這些人是在階級的頂端或是在底層。因此，人們為了避免做出這種前現代政治的選擇，開始過起一種雙重的生活。這種雙重性，貫徹了霍布斯式的政治概念，也貫徹了我們對政治的理解。這就是為什麼即便我們與霍布斯的時代已經相距甚遠，我們仍舊活在霍布斯的政治世界裡。

主權者將成為一種雙重存在。要成為霍布斯理論國家中的主權者，意味著你將同時擁有超凡與平凡的兩種權力。還記得最初的安排嗎？透過「盟誓約定」建構的國家，並不會賦予主權者任何在自然狀態中不存在的權力，只是讓主權者成為唯一一個擁有權力的人格。這種足以做出決定的權力曾經屬於我們所有人，我們曾經可以決定什麼才算和平，而現在只有一個人格可以做出這樣的決定。但如果只有一個人格得以做出決定，這也意味著從今而後，這個人格將與我們所有人都不一樣。

這彷彿是只有主權者還保留著某種自然狀態底下的生命樣態。然而就如霍布斯所說，主權者是一種全然不自然的生命，因為它是由人工形塑的角色，是被機械式地創造出來的生命。藉由國家的機器，主權者必須以恐懼與恐怖來治理國家，以便當國家的成員們在思索要退出彼此同意的選擇時，主權者得以將有二心的人，匡限在國家的範疇之內。霍布斯說：「主權者得以使用諸多人們賦予他的權力與力量，讓他得以透過恐怖，將紛雜的意志集結起來。」與此同時，主權者存在的目的是要建造和平。除此之外，主權者也應該要創造得以舒適生活的環境，因為正如霍布斯所說：「安全不僅只是基本生存而已，而是包含各種生命的滿足。」這才是主權者的工作。主權者這個角色的雙重性在於，他既要是確保安定的人，也要是製造恐懼的人；他既要提供舒適的環境，又要營造坐立難安的氛圍。

至今，這依然是現代國家中主權者的工作，因為主權總會包含這兩種要素。擁有主權的政治家仍然有些駭人，但他們的角色是要讓我們覺得更加的安全，讓我們的生命更有保障。霍布斯想把恐懼從政治中抽離開來，而他的做法並不是讓恐懼從政治中消失。恰恰相反，他把恐懼集中在一個我們至少可以明確知道它在哪裡的位置。在他的理想政治情境中，如果我們清楚知道恐懼在何方，也許假以時日我們可以逐漸忘卻恐懼的存在。恐懼會慢慢減弱，安全感則會持續存在。這是霍布斯對政治的願景，而這不是一種空想。

乍看之下，霍布斯式的主權者，擁有超乎常人的權力，但是如果我們仔細深思，我們將發現要成為霍布斯式的主權者，是一件極其困難的事情。有時候這會是令人極度困惑的工作。作為人民的代表，主權者應該要盡可能貼近那些賦予我們權力的人民，還是應該要與人民有所不同？

如果我們回到霍布斯理論的起點，回到那個懷疑論的源頭，我們會發現他的政治概念核心是一種眾生平等的概念：我們都是平等的，因為我們一樣脆弱。就是因為這種脆弱的一致性，使得自然狀態下的安全成為一個謊言。的確，我們生來各有不同，有些人就是比較聰明，有些人就是比較強壯，也有些人天生比較容易熟悉環境；有時候也許你比我更狡詐些，有時候也許我比你更加機智；有時候有些人就是長得比較好看；在這場追逐滾落乳酪的下坡競賽裡，有些人就是跑得比較優雅。但就算有這些差異，我們都還是平等的，因為我們一樣脆弱。在自然狀態裡，即便是最柔弱的人、即便是最不機智的人，都具備能力得以了結最強壯的人的生命。這也代表著，我們從來都不曾真的安全過，而正是為了逃離這樣的情境，我們創造了主權者，而這個主權者並不是我們選出來的。主權者未必比我們聰明也未必比我們強壯，主權者只是另一個和我們一樣柔弱的人（或一群柔弱的人）。如果主權者是議會，這個議會仍然是由那些曾經和我們一樣軟弱的人所組成，但從國家創建之後、從有了那超乎尋常的人造權力之後，一切都改變了。我們並不清楚同時具備超凡權力卻又同時與我們一般脆弱的主權者，究竟有多麼像個人類。

霍布斯留給我們的另一項重要分歧，是留給那些不是主權者也不是政府的人——留給那些因為知道這是能從政治衝突中拯救人們的唯一途徑，而活在這麼特殊的國家概念當中的絕大多數人。在霍布斯政治論述的核心是一種悖論：這樣一種極端的政治說法、這麼一種極端的政治權力，卻是唯一能從政治之中拯救我們的事物。如果霍布斯式的國家運作良好，那麼漸漸的我們會愈來愈不需要在意政治。法律會存在我們日常生活的背景裡，只要我們不違反它們，我們可以自在地追尋對我們人生最有益處的事情。我們可以繼續朝著山坡下奔馳、追尋著滾落的乳酪，而有些人可能會真的成功追到它，甚至有些追到乳酪的人還會願意與其他人分享所得；很多人可能會發現，比起追逐乳酪，可能可以把時間拿來做更有意義的事情。我們每個人都被賦予了把時間拿來做其他事情的權利，因為我們現在有了和平的環境，不用再一味追求安全的選擇。我們的國家保護了我們，它讓我們安全，也讓我們不用再擔心太多。霍布斯式的國家，是一個以恐懼排除恐懼的計畫。但在這樣的政治之下，我們將會有一種分歧的人生。因為我們永遠不知道恐懼什麼時候會回流，我們也知道那個把恐懼帶回來並做出攸關生死決定的權力，已經不存在我們身上。我們授權了其他人來做這個抉擇，而這意味著在每個現代國家的公民，在靈魂深處都將存在著這種分歧。如果我們不斷思考這種分歧的存在，將會讓我們徹夜難眠。這就是現代國家的難題：唯一可以從政治中拯救我們的是這種形態的政治，而這也意味著我們永遠無法從政治中被拯救。

這個難題、這個困境，現在仍舊在我們身邊。我們的國家與霍布斯一開始的國家概念距離愈來愈遙遠——是什麼造成距離愈來愈遙遠，將會是後續章節的主題。但我是在二十一世紀的一場全球大流行的疾病中寫下這本書，而在這場疾病裡，我們見證了世界上許多國家為他們的公民做出生死攸關的抉擇：為了我們自身的安全，我們被迫要閉鎖在自己家中；我們發現自己的生命受到其他人（政客）的判斷所擺布。這些人與我們並沒有太大的不同，但他們得以擁有影響我們生命的權力，而我們有時候也認為這個現象本身令人費解。這些代表我們做決定的人，事實上與我們並沒有太大的差別——這會令人放心嗎？還是反而令人恐懼？

第2章

瑪麗・沃斯通克拉夫特論性別政治

《為女權辯護》

（*A Vindication of the Rights of Woman*, 1792）

瑪麗．沃斯通克拉夫特（Mary Wollstonecraft，一七五九年至一七九七年）出生在倫敦東區的斯比塔菲爾德（Spitalfields），她有六個兄弟姊妹。她的父親揮霍家產，對她母親施暴。她十九歲離家，成為一名仕女的伴仕與家庭教師，最後與姐妹們一起創辦了一所學校。當學校失敗後，她開始擔任翻譯和評論人，結識了當時倫敦的許多激進思想家。她在一七九二年出版了《為女權辯護》之後，踏上前往巴黎的旅途並在十二月抵達，就在法王路易十六被處決的幾週之前。在那裡，她與一位名叫吉爾伯特．伊姆利（Gilbert Imlay）的美國人開始了一段充滿激情的戀情，他們沒有結婚，但他們育有一個女兒。她在法國大革命後的恐怖統治（the Terror）期間受到懷疑，但最終幸免於難，並於一七九五年返回倫敦。她嘗試和伊姆利復合，而當他拒絕她後，沃斯通克拉夫特自殺未遂。康復後，她前往斯堪地那維亞（Scandinavia），並將她從瑞典、挪威、丹麥寫給伊姆利的書信彙集出版。最終，她愛上了記者與激進的政治哲學家威廉．高德溫（William Godwin），兩人最後成婚。在她們結婚五個月後，她死於產後併發症，留下了一個女兒：瑪麗。

這一章的主角，和許多書寫政治這個主題的書一樣，是另一本出自政治動盪時期的著作。促成《為女權辯護》這本書的事件，是法國大革命。然而，這並不是一本由法國公民所寫的著作，因為瑪麗．沃斯通克拉夫特是一位英國人。儘管她經常行旅歐洲各地，但她大部分的人生都在英國度過。雖然她去了法國、參加了法國大革命，但她並沒有經歷整段法國大革命的發展，而是在革命最危險的階段留在巴黎——所謂的恐怖統治時期。法國大革命這個事件，將她與霍布斯政治思想的遺產產生了聯繫。

要說革命與霍布斯的政治哲學之間產生聯繫似乎是很奇怪的事情，因為革命正是霍布斯極力想避免的事情。霍布斯被稱為支持政治秩序的哲學家，嚴格說起來，在霍布斯的論述裡，即使主權者並沒有善盡職責、即使主權者腐敗瘋狂，人們也不應該推翻主權者；如果你的政治體系還在運作，人們就應該繼續在這個體系生活，而非將君王斬首。既然如此，霍布斯式的政治概念要怎麼啟發革命與弒君？

在法國大革命期間以及在之後，都有許多思想家借鑑霍布斯的理論，嘗試提出論據，以成為他們建構新政治的基礎。這是因為他們認為霍布斯和他們一樣，都是一個理性主義者，嘗試著從第一原則（first principles）[1]來思考政治。除此之外，另一個原因是霍布斯以他自己的方式，象徵了某種新政治的開始。霍布斯知道他的理論絕對不僅只是為現狀辯護。在法國大革命之前的政治現狀，就是前現代政治那延續至十七世紀混亂的遺產。霍布斯想要創造一個合理的新政治與合理的新政治世界。霍布斯究竟是什麼樣的政治哲學家，其實端看你認為你正活在秩序或是混亂當中。如果你和一些法國大革命時期的思想家一樣，認為你正活在一個混亂、無法理性治理秩序的國家，那麼霍布斯式的新政治可能就會是你所追求的目標。也是因為這樣，讓霍布斯的影響出現在最令人意想不到的地方。

然而，瑪麗・沃斯通克拉夫特對霍布斯並不那麼感興趣。她是在反對另一種截然不同、為政治秩序辯護的觀點。這個觀點來自她同時代的一位英格蘭—愛爾蘭政治家與政治思想家：埃德蒙・伯克（Edmund Burke）。伯克在法國大革命發生不久，就迅速且冷淡地對革命做出回應，並呈現在一七九〇年出版的《法國大革命的反思》（*Reflections on the Revolution in France*）這本書裡。在這本書中，伯克試圖扼殺人們對革命所抱持的熱情，也將這場革命定調為一場隨時可能爆發的災難。他對法國大革命的攻擊奠基於他的觀點：如果你想從純然理性的原則，像是幾何學式的、非人性化的、人工的、冰冷的、機械的、理性的原則，來發展出新形態的政治，最終你只會得到混亂與暴力。這是因為這些原則都過度抽象且不近人情，離人們的真實生活太過遙遠與陌生。伯克認為這樣的政治沒有溫情，最終這樣的政治也只會引入人性中最糟糕的一面：那種在政治轉型期間，隨時可能爆發的殘酷與不受約束的暴力。比起純然理性的政治，他更傾向認為政治運作是奠基於社會中人們的情感、社會風俗與各種不成文的通則，而這些恰恰是精細審議、人工形塑的一致性與無法在生活中被落實的規則的對立面。對伯克來說，生命就是一種傳統，而不是一種延續的活動，因為一個社群的生命是否延續，與曾經活在這個社群中的逝者、正活在這個社群中的人們，以及將會活在這個社群中的來者都緊密牽連。[2]這是一個有著小寫「c」的保

1 譯註：所謂的第一原則，指的是一種思維方式，認為任何理論都會有最根本的核心概念，這些核心概念既是理論的基礎也是前提，也是理論有效的最基本原則。以歐洲啟蒙時期的政治理論來說，用第一原則來理解政治所表達的，是指「人類是理性的，故人類必須應用理性來落實政治」這樣的思維。

2 譯註：以一個柏克式的語言來說，這表示像英國這樣一個政治社群的延續，不僅只是制度上確保國家主權的獨立運作而已，而是關係到這個國家的政治文化傳統（議會主權的君主憲政）與社會經濟文化傳統（從喝茶的習慣到文雅的社會禮儀等等）的延續。這是因為每一個身在英國的英國人，他們的生命歷程與生活與這些傳統都存在著相互依存的關係。我們活在由傳統構成的社會裡，而我們的行為也都確保了傳統的持續。柏克對法國大革命的批判，就在於革命破壞了法國這個政治社群既有的政治文化與社會經濟文化傳統。而他認為這樣的破舊立新，將會使得人民失去長期以來支撐著生活的文化脈絡，進而使得人民失去歸屬。

守派（conservative）觀點，將政治社群視為某種有機體的延續以及這個有機體所存有的遺產，並珍視這個有機體勝過理性與革命——而這也是沃斯通克拉夫特絕對厭惡的觀點。

在與伯克的辯論裡，沃斯通克拉夫特站在理性這一邊。她希望政治是理性且可以掌握的；她不希望政治和政治生活的存續與運作，仰賴那些無法被掌控也無法被改革、無以名狀的預設，以及各種隱蔽的價值與傳統。她希望政治是具備理性思考能力的人可以掌握的，她也認為我們都能夠進行理性思考。這個想法本身就是霍布斯政治思想的遺產。與霍布斯相似，沃斯通克拉夫特在智識層面也無所畏懼。《為女權辯護》撼動了當時的讀者，因為它提出的論點是如此新奇，就像當初的《利維坦》一般。這本書的論點，就好像作者身負追尋自己思路的責任，無論這樣的思路會將她帶向何方。她不會因為害怕論點冒犯人而畫地自限；她也沒有因為害怕她的論點太過激進而約束自己。為了達成她的目的，只要這些論點是必須的，她就會詳實呈現，哪怕有些論點對當時而言的確太過激進。但與霍布斯不同的是，她並不是一個在生活中充滿恐懼，只是剛好在智識上無所畏懼的人。終其一生，沃斯通克拉夫特都是無所畏懼。當然，說她無所畏懼並不是要說她從來不曾害怕過。她經常感到害怕，也度過了非常駭人的一生，包括她曾經在恐怖統治時期的巴黎生活過。在她的生命裡有很多事情讓人感到害怕，但她不會被這些恐懼嚇阻。即便充滿恐懼，她還是前往巴黎，參加了法國大革命。霍布斯旅居巴黎，是為了逃離他那個時代的革命，可以說他去巴黎是為了遠離革命；瑪麗．沃斯通克拉夫特去巴黎，則是為了親眼目睹並親身經歷革命，她具備最真切的勇氣。

沃斯通克拉夫特過著充滿勇氣且不平凡的一生。她不只在寫作中，甚至在行為上都挑戰了傳統。沃斯通克拉夫特有過婚姻之外的兩性關係，這些關係讓她未婚便產下一子——這在十九世紀英國是駭人聽聞的事情。她不僅探索了人類理性的本質，也在她的生活中探索人類情愛的本質。她經常熬受痛苦，有些時刻甚至非常抑鬱；她曾經嘗試自殺，這在十九世紀歐洲的基督教信仰文化裡也十分駭人聽聞；她面對極端貧困與生活的不安全感。從各方面看來，她的經歷和霍布斯那種以確保自身免於危難為主要目標的人生截然不同；她的人生景況與霍布斯恰恰相反。

最重要的是，這是一段理性與激情交織的人生。沃斯通克拉夫特在她生命的結尾才結婚。在《為女權辯護》一書中，她提到了時至今日仍偶爾會出現的古老論點：一個真正深刻的思想家往往不會結婚，因為婚姻生活會妨礙思想家沉思。根據這個論點，要成為深刻的思想家、真正的哲學家，就得像故事中的賢者那樣，過著獨居不婚的理想生活。沃斯通克拉夫特把這個論點與思緒，和一位十七世紀初期的哲學家與科學家連在一起：

弗朗西斯・培根（Francis Bacon）。年輕的霍布斯曾短暫地擔任過培根的秘書和助理。培根確實有結過婚，但那時他已四十五歲，而他的新娘年僅十四歲。不管在當時還是今天，這都是一場備受議論的婚姻。有些人認為，這是假結婚，培根很可能是同性戀。

在今天，我們偶爾也會看到有人提出同樣的觀點。如果你列出現代西方傳統中常見的一些偉大哲學家，你將會發現，他們的共通點都是未婚（另外一個共通點是他們都是男性，所以無論如何這都不應該是最終確定的名單）。這些人名是：笛卡兒、霍布斯、洛克（Locke）、萊布尼茨（Leibniz）、史賓諾莎（Spinoza）、休謨（Hume）、亞當・斯密（Adam Smith）、康德（Kant）、邊沁（Bentham）。這個由未婚男性組成的偉大哲學家名單，甚至可以一直延續到沃斯通克拉夫特的時代之後，像十九世紀後半的尼采（Nietzsche）和二十世紀初期的維根斯坦（Wittgenstein）。未婚男人太多是巧合嗎？並不是。這是一個糟糕的觀點，沃斯通克拉夫特也認為這是一個糟糕的論點，因為她不相信人類在缺乏試圖建立起深厚持久的關係時，還有辦法過一種完全理性，卻同時也完全富含人性的人生；這同時也是一個愚蠢的觀點，因為實際上，這些哲學家是因為各種不同的原因而沒有結婚。維根斯坦是同性戀，所以在二十世紀上半葉，結婚對他來說不是一個選擇；尼采則是出於個人健康（據傳他患有梅毒）和個性的原因明白婚姻可能不適合他；我們幾乎可以肯定邊沁有自閉症，也非常害怕各種情感糾葛；康德是個對生活一切都吹毛求疵的單身漢，他的鄰居們會依照他準時的散步時間來校正自己的鐘錶；休謨是一個有自己生活情調的單身漢，他白天喜歡探究哲學問題，晚上則喜歡和淑女一起玩雙陸棋；至於霍布斯，正如我所說的，他是傭人，他已經有了家庭且他必須為這個家庭服務，他終生都在尋求保護，而他並不確定擁有另一個、屬於自己的家庭，且分裂他對主家的忠誠，是他得到保護的方法。從這個意義上來說，霍布斯極度厭惡風險，把自己的安全置於愛情之上，但沃斯通克拉夫特並不尋求安全。她的著作，以及它所包含的激情與對理性的深深依戀，都反映了她的生活方式。

她對人類的理性以及政治中的理性的辯護，與霍布斯完全不同。沃斯通克拉夫特的論點仰賴不同的原則，也沒有霍布斯論點的那些限制。一個可以快速定位霍布斯政治思想的描述，便是：這是試圖藉由理性，來探索政治中理性的侷限在何方的理論。如果我們的思路正確，我們就應該理解，在政治的情境裡，我們的理性唯一能告訴我們的，就是我們應該將政治判斷交給第三方來決斷。除此之外，我們的理性沒有辦法確實掌握什麼。這個第三方可能是理性的人，也可能是傻子，但這並不重要。重要的是我們選出了一個主權者，而主權者會為我們做決定。理性對霍布斯來說，只告訴了我們：我們需要政治，但它並沒有告訴我們應該擁有什麼樣的政治。

沃斯通克拉夫特並沒有像霍布斯這樣限制理性。她並不認為現代政治是一個試圖避免理性以安全與和平之名，引入非理性衝突之可能的計畫。對於沃斯通克拉夫特來說，比起如霍布斯所言的定錨設計，理性更像是一段過程。理性不是數學練習，理性、思考、對事物有正確的認知以及常識，這種種蘊含理性的層面，都是我們生活經驗的一環，它們一直都與不同形態的激情和情感共存，也與一些單看事物本身可能極不合理的生活經驗共存。也因此，對政治與對生活最核心的挑戰其實是一樣的：尋找一種組織社會的方法，讓理性與激情得以共存且相互支持、豐富彼此，讓人們得以在這之中發展和成長。對沃斯通克拉夫特來說，這是生命旅程的一部分，而生命是一段旅程，不是一場競賽。在這趟旅程中，理性與情感必須始終共存，生命不能自情感抽離。

沃斯通克拉夫特對伯克的第一個回應以《為人的權利辯護》（*A Vindication of the Rights of Men*）為名，於一七九〇年出版，緊跟在伯克的著作之後。這是對伯克論點的批評，也是對法國大革命及其理性精神的辯護。但這同時也抨擊了，伯克的著作中對於英國的一些隱含論點。英國是他們兩人都共同生活的國度，而伯克的論點暗示了，英國的政體是比革命的法國更好的政治。沃斯通克拉夫特想告訴伯克也告訴她的讀者，伯克在著作中對英國政體的論述站不住腳，因為伯克對理性的批評以及他為情感的辯護，都是充斥上層階級色彩的論點；他想辯護的那些情感、那些他真正重視的情感，也是所謂上層階級的情感；他認為最好的政治形態，是人們成功從那些冷酷無情又主張暴力，並以理性主義者自居的革命分子手中，保留下所謂的高貴情操。伯克想要從革命派手中拯救那些關於仁慈、有愛、傳統、高貴與騎士精神的理念；但沃斯通克拉夫特注意到，在這些伯克所謂富有高貴情操和騎士精神的國家裡——不僅是被革命掃蕩的舊制度時代的法國，還有英國王室統治下的國家——幾乎沒有任何跡象表明，這些國家的政治是由他所說的高貴情操來運作。所有的證據都表明，這些國家是被人類更基本的感受主導。高貴情操，尤其這些情操確實源自某些貴族社會的遺緒時，並沒有以騎士精神的方式被落實，它被呈現的方式反而是偏見。高貴情操不是以仁慈或慈善的形式出現，它所表現的反而是裙帶關係與政治貪腐。如果你讓有特權的人隨心所欲，你會發現他們的心思充滿偏見：他們偏愛他們最親近的人；他們這樣做不僅僅是因為他們愛那些親近的人（很多時候他們根本不愛他們），而是因為人類是非常偏私的動物，他們更喜歡支持那些最接近自己，也是自己最熟悉的人事物。在這種被偏私主導的國家中，安全並不存在，因為它不僅僅是極度被某些人的私人情感所駕馭的國家，也是不理性和腐敗的國家。

關於伯克極欲從革命熱情中挽救並保護的那個英國，沃斯通克拉夫特的想法是，在這樣的國家裡人們會失去展開新政治的可能性；在這樣的國家裡，人們沒有任何理性的基礎，足以為這個國家的政治正當性辯護，因為每一個國家都會留有過往的深刻遺緒，而這些遺緒正是從頭開始一個新形態的政治所必須屏除的因子，這就是為什麼創造新形態的政治會需要一場革命。在沃斯通克拉夫特看來，伯克所捍衛的國家並不合理，因為它只讓極少數人有能力掌控自己的命運。這讓活在伯克理想的國家中的人們，受制於特權精英的專斷決定，而這些精英並不關心人民。他們對人民的看法不是出於仁愛和騎士精神，而是冷漠和蔑視。那個有著數百年謊言和虛偽遺產的國家，無法被霍布斯的理性原則拯救，因為這個國家是腐敗的。如果這樣的國家是有生命的存在，它的生命在某種程度上已經腐爛了。這樣的國家不是一台可以被調整修復的機器，它沒有壞，它病了。

沃斯通克拉夫特不相信人們可以為政治開闢一個獨立的空間，讓所有政治的恐懼與危險封存其中，並讓人們得以了解並且從此不用再擔心政治的恐怖之處，進而得以放心做其他事情——這是霍布斯的思維。霍布斯認為人們可以將政治定錨在這種理性的恐懼之中，並且將我們的社會存續定錨在這種理性的恐懼所提供的安全網裡。他認為如果這麼做成功了，這種安全感，會讓我們得以將被定錨的恐懼拋諸腦後，然後開始過著對自己更加有利、更為自由，甚至也許永遠不用再恐懼政治的生活。霍布斯開啟了這樣的一個關於政治的承諾，而沃斯通克拉夫特關閉了這個可能。她不相信這種隔絕政治的做法有可能存在，因為她不相信你可以擺脫這種政治的任意性，你不可能永遠將恐懼拋諸腦後，恐懼的重量永遠都會存在在生活中。在沃斯通克拉夫特對社會生活的理論裡，政治無處不在，政治就存在於我們的日常生活，我們的生活裡並不會有一個空間屏除了權力、排除主權者任意專斷決策，甚至排除了腐敗統治的可能。在日常生活裡，你有太多完全不同的方式來體驗到這種權力任意運作的結果。也許是作為主人工作的傭僕、作為生活在父母管理下的孩子、作為嫁給男人的女人，或者是作為一名未婚的女人。在這樣的圖景中，我們大多數人在多數時候都是脆弱的，這不僅只是在政治上，而是體現在我們生活中、那些霍布斯認為政治應該忽略並交由我們自己主導的所有層面上。

從許多方面看來，沃斯通克拉夫特的論點中最深刻也最令人吃驚的一個見解（同時是迄今為止最有影響力的），便是重新省思男人與女人的關係，這是沃斯通克拉夫特在對伯克的第二個回應（不是第一個）中所提出來的。在《為女權辯護》一書裡，沃斯通克拉夫特認為兩性之間的關係，具現化了政治問題最根本要面對的挑戰。必須要指出的是，在沃斯通克拉夫特看來，男人與女人的性別差異是生理性別（sexes），而非社會性別（genders）。她認為，發生在男人與女人身上的事情，便是兩性被以理性和感性區隔開來：理性屬於男人，而感性屬於女人。這種區隔正是沃斯通克拉夫特想跨越並橋接的事情，她想要縮小這種區隔之間的距離，使得人們最終不必在理性與感性之間、在男人與女人之間做出選擇。她認為這被區隔開來的兩端，卻是維持社會與政治安定必要的組合。當然，理性與感性還是不同，也不應該被混淆，就如同政府和人民是不同的，兩者不應該被混淆一樣，但她認為兩者應當並存。在沃斯通克拉夫特看來，我們所生存的世界根深柢固地擁抱了這種男人應該是理性的，女人應該是感性的分歧，這是因為這種分歧不僅僅被政治，甚至被政治以外的因素（包含道德、宗教、家庭生活乃至教育）所影響、刻畫。但為什麼會如此？這並不是因為男人沒有感情。男人當然也有情緒與情感，只要身為人就應該都有這些。這僅只是因為男人被預期要壓抑自身的情感、運用理性來超脫感情的影響。在當時的人看來，沃斯通克拉夫特更極端的論點是，她同時也堅持這種分歧之所以如此根深柢固，不是因為女人沒有能力使用理性。在十八世紀末期，有許多思想家仍舊認為女人是沒辦法使用理性的，但沃斯通克拉夫特認為這是荒謬的言論。真正的問題是，女人被預期以情感來表現自己，就如同男人被認為應該要以理性來自我呈現一般。沃斯通克拉夫特堅持這種認知有嚴重缺陷，「為了讓女人得以適當實踐任何屬於她們的職責，理性是絕對必要的。而我必須重申，感性絕對不是理性。」

沃斯通克拉夫特認為，前述這種思維的結果，導致男人必須要將他們的情緒偽裝成是理性的反應，而女人則被迫要將她們的理性思維偽裝成情緒。也就是說，男人會利用理性與論辯這兩種只屬於男人的手段來運使權力，他們會宣稱這種權力（包含政治權力）只屬於男人。這種現象並不會只發生在伯克試圖辯護的那種傳統家父長式的政治體系裡，也會發生在號稱以理性作為基礎原則運作的政治體系之中——也許在這種體系中，這種現象會尤其明顯。法國大革命宣稱它是理性的，但與此同時，這場革命也剝奪了女人的權利，賦予男人更多的權力。男人會以理性為名宣稱自己的權力，並將通常只是他們的慾望或情緒，甚至僅是難以克制的感受，都偽裝成是理性權力的展現。女人則必須利用情緒或感性的語言，來表達她們對權力、控制、自主權，與自我管理生活的能力的追求。

沃斯通克拉夫特認為，這種以男女區別為核心來建置人類社會的方式，完全是一場災難。不管對男人或女人來說，這種方式都腐化了人性。然而，沃斯通克拉夫特並不認為男人和女人應該為這樣的結果承受同樣的責罵。男人更應該為這樣的結果負責，因為在這個體系中，他們享有權力，也因為他們的情感往往更為野蠻。在《為女權辯護》中，沃斯通克拉夫特指出，如果你要找到埋藏在既定的兩性關係這場災難背後的核心問題，那必然會是男性的慾望。是男人將慾望偽裝成某種更為理性的事物，進而迫使女人必須退守名節，並以感受與情感來回應這種慾望；是男人在追求肉體慾求的同時，對愛的感受展開嘲弄。但儘管男人要負起更多的責任，這種「男人就是理性、女人就是感性」的關係，對雙方都會造成侵蝕，因為在這場關係裡，沒有人可以誠然面對自我。男人很難從這種已經內化、堅決扮演一種不屬於真我的假象中解放出來，這使得男人直覺性地會堅持自身是理性的，卻也造成了人們始終無法正視自身情感；而在這種女人被剝奪以理性思辨表達自身、被剝奪身為理性動物的權利的情境裡，也幾乎沒有女人有能力坦然面對自我。

在沃斯通克拉夫特看來，即便如此，男人與女人終究必須共存，這是自然秩序的一部分。男人與女人必須要建立關係，這種關係主要但也不完全以婚姻的形式呈現，但就因為這種假象的性別關係，使得婚姻也很容易淪為災難。在這個情境下，男人與女人都無法真正的了解彼此的處境。再基於所有的關係都是某種權力關係，使得在這層關係裡，相互不了解彼此的結果，便是男人與女人往往相互施暴。大多數時候，這種施暴是男人對女人的暴行，但也有些時候，女人也會濫用她們的權力，尤其是那些有吸引力的女人。沃斯通克拉夫特指出，這些有吸引力的女人得以透過「專斷的美的力量」來役使其他人。沃斯通克拉夫特同時也非常清楚地指出，當男人與女人的權力結合在一起之後，他們都極有可能濫用這種權力來對待孩童：男人藉由將情感包裝成理性，使得男人轉化成冷漠疏遠的父親；女人則以她們唯一的抒發權力的管道（情緒性的語言）來展現權力，使得女人成為過度黏著與情緒化的母親。

在沃斯通克拉夫特的分析中，這種虛假的男女關係，造就了虛假的性別道德。其中一個代表，就是關於貞操的虛假道德：在這個男人必須將情慾偽裝成其他東西的社會裡，女人如果失去了自持與美德，就意味著女人失去了應有的社會地位。這將女人置於一種近乎難以生存的處境之中。在這樣的社會裡，女人一旦失去了所謂的美德，她們將只剩下一種謀生之法：賣淫。沃斯通克拉夫特直白地指出這一點，哪怕這使得她同時代的讀者感到震驚不已——讀者會震驚並不是因為他們不知道這個面貌，而是因為他們雖然心知肚明，卻不喜歡看到這個殘酷的面向被赤裸裸地暴露在大眾面前，尤其還是被一個女人揭露出來。一個腐敗的社會，是從頭到腳都徹底腐敗，你不能夠希望將腐化的事物隔絕在政治裡，然後再將政治獨立開來，使得社會餘下的部分能蓬勃發展，因為不好的事物總是會傾溢而出。

但《為女權辯護》的傑出之處在於，它不僅犀利地剖析了當時社會中已然成為某種道德災難的性別關係，它將男女之間的關係視為某種更深刻的政治問題的表現。這不僅是一本關於男女關係的書籍，它涉及所有形式的社會關係。在這之中，其中一方宣稱掌握了理性和權力，而另一方則必須透過感受與感性的語言，來行使這種語言所能掌握的權力。沃斯通克拉夫特指出，所有形式的政治關係，都可以看到這種「男人／女人（理性／感性）」的界定模式。舉例來說，這就像是暴君與廷臣的關係，而暴君並不一定是男人，儘管多數時候他是。在任何一個只有單獨一人享有專斷權力，而其他人的生活必須依循著這個人打轉，並試圖在專斷權力之外的狹小空間中展開私人生活的處境中，涉及這個關係的雙方，都會被這種關係侵蝕腐化。沃斯通克拉夫特明確指出，暴君會被自己的暴政腐化，就像男人與女人被各自的權力腐化一般。這是在現代政治思想史上不斷出現的論點：儘管總地來說，奴隸主的處境比奴隸好上許多，但奴隸制度中就是一個對所有人（包含奴隸主）都有害的制度。權力會腐蝕一切，而絕對的權力最終絕對會腐蝕所有人：

如果這個世界（可以再細分成王國和家庭）被純然由理性推演出來的法則治理，那麼女人與暴君都將同時享有比現在更多的權力。但與此同時（如果我們延續這樣的類比），女人與暴君的人格都將被貶低，而罪惡將在整個社會中蔓延。

沃斯通克拉夫特還有另一個令人訝異的論點，即這種腐化的權力關係會在國家及軍人的關係中反覆出現，且不僅僅是暴君專政的國家，而是所有國家，包含英國。或許在《為女權辯護》這本書裡，沃斯通克拉夫特最挑釁的論點是指出，軍人本質上是女性化的。那群持有槍支軍火，得以合法殺人的人，在權力關係中無疑地處於女性化的位置。他們僅是國家達成目標的工具而已，他們不被允許擁有獨立思辨的理性、他們沒有辦法參與決定他們行動的決策過程。相對於國家來說，他們沒有權力。然而，所有人都會渴望以各自被允許的方式來表現自我。除了軍人定期必須執行不受控制的暴力行為之外，還有什麼因子讓他們與眾不同？承平時期的軍人是怎樣的？沃斯通克拉夫特說，他們是嬌媚的。她說，看看軍人那華麗的猩紅色大衣與擦拭得發亮的鞋履，看看他們打扮成如此並出現在舞會和遊行上，看看軍人必須時時注重他們的髮型與儀容、必須致力維持俐落的身形。沃斯通克拉夫特說，在權力關係裡，軍人就是女人。當然，不是字面意義上的女人。軍人象徵了她對腐化的權力關係分析中，女人所代表的意義：不被允許獨立理性思考。她說，「軍人就像淑女一般，一生志業就是吸引欣慕的視線。他們被教導要去取悅他人，也為了取悅他人而活。」因此軍人的一生，基本上在殘酷與風姿的轉換中度過，這就是在這種腐化的關係中會發生的事情。在沃斯通克拉夫特對男女關係的剖析中，這是一種對她所熟知的社會的全面批判。《為女權辯護》因此是一本激進的著作，與法國革命期間發表的任何著作相比都毫不遜色。

那麼，沃斯通克拉夫特認為，我們該如何解決這種會腐蝕所有人的權力關係呢？從某個角度來說，答案顯而易見，儘管這個答案其實比乍看之下更為激進許多。沃斯通克拉夫特終其一生都在思索與擔憂教育的問題。成為一名教師，是十九世紀時女人可以就任的少數職業，而《為女權辯護》也對教育的問題提出全面性的討論，尤其是反省當時的女性教育。在那個時代，女性教育被化約成教導女性如何恰當的感性。在當時的教育體系下，女人的心靈被框限閉鎖，使得女人失去接納生命中多樣化選擇的能力。沃斯通克拉夫特希望能為女人提供一種教育，將她們視為具備理性思考能力的個人，並促進女人得以學習歷史、科學、哲學，同時也兼顧藝術、感性與情感。她認為全面的教育不會單純只是理性的教育，因為你不能只學習數學與幾何學；但它也不能是片面的感性教育，因為感性的教育是將人拖進這種腐化關係的陷阱。

沃斯通克拉夫特並沒有單純說，完整的教育是女人需要也是應得的權利。她說的是完整的教育是「所有人」都需要也應得的權利，因為在那個時代也不是所有男人都能獲得良好的教育。她書中最令人震驚也最嘲諷的內容，有些是關於男子公學（尤其是那些在英格蘭名為「公共學校」的私校，例如伊頓公學（Eton College）與哈羅公學（Harrow College））。在這些學校裡面，男孩被教導要怎麼成為男人。她將這些學校描繪成腐壞人性的籠寨，將男孩教導成為男人，意味著教導他們要如何隱藏情感，包含他們對兩性的情感，並強迫男孩們以一種隱匿卻又不受控制的方式表達他們的性慾（沃斯通克拉夫特對此有非常生動的描寫）：在基督信仰道德與公共道德的包裝下，隱藏著這些私校男孩們相互為彼此手淫的秘密社交圈。沃斯通克拉夫特說，這是一種野獸的生活，這並不是真正的教育，而是一種使人腐化的教育，符合了嘗試將男孩轉化成男人的腐化國家。對在意孩子（無論是男孩還是女孩）的家長來說，這並不會是他們願意選擇的教育系統，因為「兩性都應該培養節制慾望的美德，否則這將會是一株病態的溫室植株。」

這表示沃斯通克拉夫特的思想，是藉由改善女性的教育以期改善所有教育的方案。單獨改善男孩們的教育並不合理，因為這意味著未能受教育的女孩仍舊將任憑男孩擺布；但反過來說，改善女孩們的教育幾乎保證你可以改善所有人的教育——同理而論，如果你能改善女人的命運，你也將能改善社會的命運。沃斯通克拉夫特在論及政治參與時，也有類似的論點。她暗示女人應該也要能夠充分參與決定國家命運的過程，女人應該也要能夠成為國家的公民。她沒有明說，但正如她所寫的：「如果我在此留下一些暗示，關於那些我在未來某一天想追求的事物的暗示，我可能只會激起嘲弄的笑語。然而我真切地認為，女人應該要有屬於她們的政治代表，而不是只被獨斷地統治，沒有辦法參與政府的決策。」這也許是她無畏的智識追求的極限。但在那個時代，留下這樣的暗示並不是懦弱的表現，因為她暗示的方式，非常接近她的受眾所能接受的理性論述。她的論點明確：如果公民的身分包含政治參與、包含參與決定形塑社群命運的過程的權利（甚至包含投票的權利），那麼讓女人擁有參政權也是合理不過的事情。

與她對於教育的論點相仿，這也不單純只是一個為女人爭取投票權的論述。在那個法國大革命的時代，沃斯通克拉夫特寫作時的英國並不是民主國家。那是個與民主相去甚遠的國家，投票的權利只限於極少數人，且建立在嚴格定義的財產權前提上。同時，投票也是極度腐化的過程，當時有許多選區已經是人煙稀少的自治市鎮。當然，當時的英國國會已經是由政治代表構成的代議政體機構，英國的憲法也從內戰時期發展成更像現代國家的制度（不是在政府與人民之間做選擇，而是將兩者合一）。但即便如此，當時的英國仍舊不是民主國家，絕大多數的人（女人以及多數的男人）都沒有辦法參與政治。當時的男人選擇從軍的一個理由，是因為這是讓那些沒有辦法參與政治的人，能夠有機會參與政治行動的少數管道（哪怕這也只是在政治權力結構的邊陲），而這也是沃斯通克拉夫特認為軍人在當時的政治權力結構中實質上扮演了女人角色的原因。

沃斯通克拉夫特藉由暗示女人應該要有投票權，實質上是在做一件更為激進的事情。如果女人可以投票，那麼窮人當然也要應該可以投票。由此推演，我們可以繼續追問，為什麼不讓所有人投票呢？如果每一個人都開始具備獨立思考的能力之後，為什麼不這麼做？換句話說，一旦女人能擁有投票權，當時的英國也將不再有理由拒絕讓所有受制於專斷統治的男人也能參與政治。這是一個為政治平等辯護且毫不妥協的論點，同時也是比許多法國大革命最為激進的參與者（無可避免的全都是男人）還要更不妥協的論點。這發生在十八世紀末期，在人們探索新的政治可能的時期，然而對今天的我們來說，這個論點完全合理。

儘管提出了這麼合乎理性的論據，《為女權辯護》仍然是一本充滿激情的書。這不僅僅是一本勇敢的著作，也是一部真正令人振奮的著作。它對性和身體機能的運作描寫非常直白。沃斯通克拉夫特所描寫的某些社會的腐化層面（她幾乎從不掩蓋這些），是她認為極為腐敗的性行為，包含了她只稍加掩飾的對肛交的描寫。在某些地方，這本書顯得相當現代，但在有些部分又不然。沃斯通克拉夫特並不是性開放者，她也很可能會被我們這個充滿色情產業的世界所驚嚇。她對性的觀點非常高雅，尤其是她對理想婚姻的看法。她不只一次提及，任何建立在激情之上的關係，都需要激情以外的要素才能維持長久。這無疑來自於她的親身經歷。激情（包含性的激情）會在一、兩年後消耗殆盡，在那之後你需要的是理性與互重來彌補。如果你只想要藉由激情來維繫一段關係，這段關係最終將會同時腐化彼此。她理想的婚姻是一種雙方心靈契合的婚姻，建立在兩個理性動物的理性溝通上，而這非常困難；但與此同時，這樣的理性動物也保有對彼此的情感與激情，絕非只是純然的理性。只是在這樣的關係裡，雙方都知道情感是短暫的，關係的長久仰賴某種受過教育且懂得平等對待彼此的性格。這有時候聽起來有些冷酷。這種冷酷，有可能是沃斯通克拉夫特不想讓她的論點太過超出當時人們所能接受並尊重的界線；但同時，這也可能是因為沃斯通克拉夫特熱切地堅信，理性與激情的結合是維繫一段健康關係的唯一之道。

沃斯通克拉夫特的著作，讓十八世紀末的時代顯得遙遠。即使對今天的讀者來說，這也是一本試圖療癒社會創傷的著作。《為女權辯護》終究是一本關於理性與感性之間、良好的理智與健全的情感之間如何結合的著作。沃斯通克拉夫特認為，失去了理性的感性是一場災難、失去了感性的理性不過就是謊言，因為我們所有人都擁有情感——這意味著我們終究必須在政治、家庭、公共生活、家庭生活之中，找到結合理性與感性的方式，而不是只能在理性與感性之間做出非此即彼的選擇。理性與感性不是截然二分，我們必須要找到一種能讓男人與女人共存的方法。

沃斯通克拉夫特於一七九七年去世。同年，珍．奧斯汀（Jane Austen）完成了一部小說的初稿，便是《傲慢與偏見》（*Pride and Prejudice*）。那之後，她又寫了另一本小說，名為《理性與感性》（*Sense and Sensibility*）。珍．奧斯汀很可能讀過瑪麗．沃斯通克拉夫特的著作，儘管沃斯通克拉夫特沒有機會閱讀奧斯汀的小說。如果她有機會去讀，也許會減少她對那個時代裡花時間閱讀小說的女性的一些蔑視（畢竟沃斯通克拉夫特曾說，「我相信糾正女人對小說的喜愛的最好方法就是嘲笑她們」）。奧斯汀的小說在某些方面與我們的世界相去甚遠，因為它們總是圍繞著財產、婚姻和繼承等殘酷的事實，並以它們為圓心，展開對那個時代的禮儀的細膩描寫。然而，人們仍能在讀珍．奧斯汀時，深感她的小說仍舊在描繪某些現代社會的縮影，彷彿這些小說不過是在昨天寫完似的。瑪麗．沃斯通克拉夫特的著作也是如此，沃斯通克拉夫特經常被描述成一名政治思想家，但她的著作不僅涉及政治；奧斯汀有時被描述為將政治排除在外的小說家，因為她的小說裡找不到奴隸制的描寫、找不到對拿破崙戰爭的描繪，她的角色從來沒有激烈地爭辯法國大革命的後果。但奧斯汀的小說自始至終都極具政治性，就像沃斯通克拉夫特一樣。奧斯汀了解政治，知道政治可以出現在任何地方、可以出現在生活的所有角落。感性與理性之間的問題，其實是關於權力的問題，而這個問題關乎到兩性同時腐化的風險。奧斯汀對軍人風姿的描繪，恐怕是所有文學作品中最令人難以忘懷的：想像你進入了小說裡的世界，當軍人造訪你居住的城鎮時，看看他們如何打扮自己，並同時為你的女兒、也為這些軍人所處的權力世界感到畏懼。珍・奧斯汀是瑪麗・沃斯通克拉夫特世界裡的小說家。

瑪麗・沃斯通克拉夫特最後在她生命的最後一年結婚了。她的丈夫是威廉・高德溫，一位與她一樣，有著許多政治激情的政治激進分子。他們兩人育有一個女兒，與她在婚姻前的孩子一同生活。產後不久，在一七九七年夏末，她死於產後的併發症。這是她的世界裡許多自然的不平等之一，身為女人意味著要活過一段充斥著危險與不安全的生命，因為分娩就是如此的危險與不安全。分娩殺死了三十八歲的沃斯通克拉夫特，即使在當時也是相對早逝。她的女兒名叫瑪麗・沃斯通克拉夫特・高德溫（Mary Wollstonecraft Godwin），後來她嫁給了詩人珀西・雪萊（Percy Bysshe Shelley），在婚後改名成為瑪麗・雪萊（Mary Shelle）並以此為筆名，完成了《科學怪人》（*Frankenstein*，又名《法蘭肯斯坦》）。

現代英語文學中，有兩個早期關於機器人的重要形象，不約而同地表現出我們如何使用不完全了解的力量來創造出某種類人類生物，並賦予它們生命。其中之一是霍布斯的利維坦，霍布斯的利維坦並不是《聖經》中的海怪，霍布斯在那本書的開頭非常明確地說，他建造的是一個「自動機器」。這個機器人是具有超人力量的人造人：擁有國家的力量。另一個最令人難忘的人造人形象，是名叫法蘭肯斯坦的怪物，由瑪麗．沃斯通克拉夫特的女兒構思而成。自此，現代思想的車輪轉動了。

第3章

班傑明・康斯坦論自由

〈古代人的自由與現代人的自由〉

（**'The Liberty of the Ancients Compared to the Liberty of the Moderns'**, 1819）

班傑明．康斯坦（Benjamin Constant，一七六七年至一八三〇年）出生於瑞士洛桑，來自一個相對富裕且信奉喀爾文教派的家庭。在他出生的八天後，他的母親不幸離世。他接受了嚴謹的家庭教育，經歷不同家庭教師的指導，直到他父親將他送到愛丁堡大學就讀（在嘗試讓他到牛津大學就學失敗之後）。在一七八八年到一七九四年，適逢法國大革命最糟糕最暴力的時期，康斯坦旅居日耳曼地區，在布蘭茲維宮廷（court of Brunswick）裡就職，並有過一段短暫的婚姻。在一七九四他遇到了德．斯戴爾夫人（Madame de Staël），成為她眾多情人中最知名的一位。康斯坦隨著德．斯戴爾夫人返回巴黎，被捲入革命後的政治，也成為法國公民。於一八〇二年，在他致力推動以他為代表的一系列溫和改革政策被翻轉過後，他陷入了某種半流放的狀態，旅居歐陸各國，並於一八〇八年再婚。但也正是在這段旅居時期，他寫下了人生大部分的重要著作，包含了小說《阿道夫》（*Adolphe*）。此外，儘管他曾經激烈批評拿破崙，在一八一五年拿破崙的百日統治期間，康斯坦曾短暫地成為拿破崙憲政事務的顧問。隨著波旁王室復辟，康斯坦再次流亡。但很快地，他重新展開政治生涯，成為反對黨的自由派議會成員的領袖。在一八三〇年逝世前不久，他達到了政治生涯最巔峰：被任命為法國最高行政法院（The Council of State）的一員。

我在過去兩章所談論的作者（霍布斯和沃斯通克拉夫特）可能會對他們在今天的名聲感到驚訝。在今天，他們主要以「政治思想家」的身分廣為人知，而這並不足以體現他們廣博的智識興趣。這一章的主角康斯坦也是如此。他最為人知的也許是他的政治思想，但終其一生，他所做的可不僅只是思考政治。他的著作涉及藝術、宗教、文化與法律，同時也是一名小說家。我將會用他的其中一本小說作為本章的結語，而那本小說，仍然是他寫過最美好的作品。

在這一章我想要聚焦討論的，並不是他所寫作的諸多書籍之一；恰恰相反，這是一篇短文。康斯坦在一八一九年受邀至巴黎皇家學院發表講座。這篇短文是依據講座的講稿寫成。當時講座的名稱是〈比較古代人與現代人的自由〉，這也許不是最吸引人的標題，然而迄今這篇短文仍舊是我們思考自由的本質為何時最重要的文本，這將會是本章的主題：現代自由（freedom or liberty）的觀念。[1]

1 譯註：作者在這裡的原話是「the idea of modern freedom or liberty」。在西方政治思想的傳統中，自由在英文的兩種表述可以存在著細膩的差異。「Freedom」包含了做什麼的自由（free to do something）與不被什麼影響的自由（free from something）。「Liberty」則更直接指向自由作為一種政治權利，這個政治權利很可能可以包含了「Freedom」所蘊含的兩種意涵。

我們可以透過一些標籤來幫助我們認識康斯坦，包括他是什麼樣的人，以及他擁有什麼樣的興趣。其中一個標籤是，他同時是一個大寫的，也是小寫的浪漫主義者（a 'Romantic' and a 'romantic'）。說他是一個「大寫的」浪漫主義者，意味著他與觀念史上在十九世紀盛行、被稱為「浪漫主義」（Romanticism）的思想風潮息息相關。在某種程度上來說，浪漫主義的風潮是對霍布斯所代表的科學革命的反動，同時也是對隨這種機械宇宙觀的科學革命而來的工業革命的反動。大寫的浪漫主義者強調感受、情緒、與自然的直接連結、對崇高的美的理念和對自然的敬畏，與霍布斯式的科學革命者對機械的敬畏成了尤其鮮明的對比。大寫的浪漫主義者藉由音樂、繪畫、文學與小說來表現自我，康斯坦就是這樣的浪漫主義者；但同時他也是在一般日常用語上，更常提及的浪漫主義者：小寫的浪漫主義者。他是愛上追求戀愛的感覺的人，而他的人生也始終在追求這樣的浪漫戀愛。

康斯坦結過兩次婚，比霍布斯整整多了兩次。然而，他畢生摯愛卻不是他的妻子。康斯坦的摯愛是名叫德・斯戴爾夫人的女人，在康斯坦結識她時，她已經和其他人成婚。德・斯戴爾夫人是當時最著名的公共知識分子之一，當然也是當時最著名的女性之一。瑪麗・沃斯通克拉夫特在《為女權辯護》裡，對德・斯戴爾夫人討論詳盡：德・斯戴爾夫人是《為女權辯護》最主要的抨擊對象之一，因為她始終堅持女人的教育應該與男人有別。康斯坦近乎瘋狂地愛上她，但這也是一段不太尋常的關係，幾乎是一段有著虐戀元素的感情，而德．斯戴爾夫人則是主導者。康斯坦似乎是那種，在被人支配時會得到滿足的浪漫主義者。與此同時，康斯坦也是一名更為一般的戀人。換言之，他一生都在追求愛戀，也似乎很享受追求伴侶的一切事物：寫情書、寫詩、哭泣、生悶氣、爬進和爬出寢室的窗口，乃至偶爾威脅鬧自殺。他就是這樣的浪漫主義者。

與康斯坦相比，霍布斯無論如何都稱不上是浪漫主義者。不是大寫的浪漫主義，因為這本身是一種時代錯置（霍布斯比浪漫主義的思潮早了兩個世紀）；也不是小寫的浪漫主義，因為他就不是這樣的人。霍布斯的人生一點也不浪漫。相比之下，沃斯通克拉夫特的確有著足以稱得上浪漫的人生。我們可以找到一種講述沃斯通克拉夫特生命歷程的方式，讓她的一生得以符合某種浪漫故事的理想模式，包含準備好跟隨內心的衝動捨棄一切。但沃斯通克拉夫特厭惡浪漫這個標籤，她尤其厭惡男人以「浪漫」來形容女人對事物的觀點。在《為女權辯護》裡，她明確表示她不希望有人會說她的思想是浪漫的，因為在沃斯通克拉夫特看來，浪漫意味著一廂情願、意味著一種追求虛無飄渺的心態，而這種心態隨時會被現實的寒風吹散。沃斯通克拉夫特認為浪漫的愛情不會長久，在進入感情一、兩年之後，你會需要更為堅實的基礎來支持一段感情，而非只仰賴浪漫；但康斯坦則不然，他持續著追求這種浪漫的愛情。如果在開始一段感情一、兩年之後，你需要找到比激情更為堅實的基礎來支撐感情，康斯坦的選擇，會是拋下這段感情另覓新的關係。這就是康斯坦追尋的人生。

然而，康斯坦不僅只是浪漫主義者，他還是一位憲政理論家。他除了書寫愛情之外，也書寫法律。除了浪漫主義者，另一個可以用來認識康斯坦的標籤（而這將會是一個非常不同的標籤），是稱康斯坦為自由主義者：小寫的自由主義（liberal）。說康斯坦是一名自由主義者，並不是說他是當代北美政治語言中常見的那種自由派。他不是這樣的自由派，因為他相信福利國家（welfare state）或某種國家干涉的理念（哪怕福利國家的觀念其實是二十世紀才出現）。[2]他的自由主義是更接近現代歐洲的古典自由主義，是那種出現在十九世紀、出現在世紀之交的自由主義。康斯坦是這種自由主義早期的擁戴者，這樣的自由主義核心是自由、自主，以及在國家主權的專斷權力影響中保護個人。如果你是小寫的浪漫主義者，成為這樣的自由主義者也很誘人，因為你會需要這樣的保護來確保個人空間。儘管自由主義與浪漫主義有極大的不同（而且並非所有的大寫的浪漫主義者都是自由主義者），但如果你想跟隨你的內心，你必須要確定你至少要有自由追隨內心的空間；如果國家持續干涉你的個人生活，要跟隨自己的內心便極為困難。

有些人會試著把霍布斯描繪成早期或原初的自由主義者，因為霍布斯的國家觀念確實把許多事情都屏除在「政治」的範疇之外，也讓我們不用掛心政治得以自在生活。但康斯坦非常清楚地表明，霍布斯壓根不是自由主義者。他認為在自由主義的政治理念上，霍布斯的思想只做到了一半。對康斯坦來說，霍布斯的思想充其量只對了一半。康斯坦認為，霍布斯正確的部分，是以「代表」（representation）為核心重構國家的概念。在現代世界中，政治必須透過人們將政治權力委託給他們的代表的方式來運作，換言之，政治運作的方式必須仰賴代表來為人們做出決定。康斯坦有一句名言，雖然沒有霍布斯的那

2 譯註：這裡有兩個細節必須補充。首先是，作者在此對「自由主義」這個概念做了細微的區分，他把「自由主義」先區分成當代北美政治語言中常見的自由派，以及康斯坦所代表的、歐洲十八至十九世紀對政治自由的理解；其次是作者把康斯坦所代表的啟蒙政治自由論述，與今日我們所習慣的自由主義的語言（如自由主義、新自由主義等等）做了區隔。先就前者來說，今日北美政治語言中常見的自由派（Liberal）是一個很模糊的詞彙，它可能表示了一個人擁戴平權、機會平等與正義政治，這通常會與政治哲學家羅爾斯（John Rawls，一九二一年至二〇〇二年）聯繫在一起；但與此同時，這種自由派又可能是進步的自由派（Liberal Progressive），為這種自由派提供思想資源的，卻可能是對資本主義經濟、對私人企業侵犯人權與環境權有嚴重批判的左派論述。作者在此要強調的是，康斯坦所代表的自由主義並不是今天他的英文讀者可能會立即聯想到的那種自由派。而是一種更古典的思維，但這種思維也不是第二種區隔中，當代政治與社會科學從「市場－政府」關係切入去理解何謂自由主義的思維，因為這種古典的自由主義思維在強調自由作為一種個人權利的同時，也強調了政府對於弱勢、對於貧窮皆有一定的責任。

麼出名，但仍舊精要地點出了這點：「有錢的人總會僱用管家。」在這句名言裡，有錢人就是我們現代人，我們過著相對安逸舒適的生活；而管家就是代表我們的政治家，我們僱用了其他人來為我們做出抉擇。就像有錢人僱用管家來管理宅邸事物一般，我們僱用了其他人來為管理國家，因為我們沒有時間、沒有興趣，或沒有意願管理。但與此同時，康斯坦也同樣明確地指出，那些僱用了管家並讓管家主導事務卻毫不關心家政的有錢人，很快就會淪為窮人。

這點出了霍布斯對政治的理解的問題：霍布斯賦予了管家絕對的權力。「絕對」（absolute）這個詞尤其重要。如康斯坦所說：「在『絕對』這個詞的影響下，任何政治制度都無法享有自由、和平與幸福。人民主政的政府會淪為某種暴力的暴政，君主專政的政府則會成為某種極權的專制。」康斯坦認為我們所需要的政治，是一種可以確保我們不會被那些被賦予權力的代表濫權的政治，這意味著我們需要一個確保自由的憲法，這個憲法將會限縮國家主權的權力。康斯坦花費了許多時間（在法國大革命時期及革命結束之後）試圖為法國制定這種憲法，儘管最終他還是失敗了。

康斯坦確實認為這樣的政治可以借鑑某些模型。在康斯坦的時代，有許多國家足以作為思考更好的政治形態的靈感，這是霍布斯無法擁有的，因為對霍布斯來說，在那個滿是戰亂的時期，除了他自己腦海中構思的理念之外，沒有地方足以作為改善他的國家的借鑑對象。康斯坦的視線跨過了英吉利海峽，在不列顛找到了他心中自由國家的某種模型。在康斯坦看來，這個模型並不是一個民主國家，但是一個自由國家，尤其在以法治與一系列的憲政俗成來侷限主權權力這個意義上。在這個時期的英國，英國的主權存在於某種奇怪的混雜體制之中，既不屬於國王也不屬於議會，而是以「國王居於議會之中」（the king-in-parliament）的形式存在。專斷的權力在這樣的系統中難以恣意行使，因為這個系統有太多的制衡機制，而對康斯坦這樣的自由主義者來說，對權力的制衡使得公民得以享有自由。當然，康斯坦眼中的英國，正是沃斯通克拉夫特筆下那個腐化的國度，沃斯通克拉夫特視革命後的法國為理想政治的啟發，康斯坦則視英國為啟發，顯然對這些政治思想家來說，外國的月亮總是比較圓一些。

除了英國之外，康斯坦心中還有一個自由國家的模型。美利堅合眾國的誕生，幾乎與法國大革命同時發生。當康斯坦在一八一九年發表講座時，美利堅合眾國已經是一個運作越趨成熟的國家。在時人眼中，這個國家已經歷了幾個世代的政治輪替，看來穩定的政權也足以作為一個可靠的政治實驗。美國的政治模式有一個尤其吸引康斯坦的新理念：政治分權。這提供了一種保障自由主義者眼中的自由（那種個人不被政府權力干涉的自由）的方式：讓管家們彼此相互監督，讓不同的政府部門之間相互制衡。如果我們真的因為太過忙碌或太不在意政治，將政治交給其他人來處理，我們至少可以要求我們的代表彼此監察政務，藉此來確保當其中一個代表踰權時，這個國家裡總會有另外一個代表將踰越的權力置回原處。這是明確屬於現代的政治觀念，我們不應該把這個觀念和古代政治的「混合政體」或「均衡政體」（a 'mixed' or 'balanced' constitution）混為一談，因為這種古代的理想政體往往過於不穩定。美國的政治能不能夠熬過南北戰爭是另一個問題，[3]但政治分權仍舊是個新的政治觀念，而康斯坦認為這個觀念非常值得納入法國的政治安排。

康斯坦人生的核心事件是法國大革命及其後果。他活得夠長，足以見到後果的全貌：從恐怖統治時期到拿破崙崛起、從拿破崙帝國在歐陸的擴張到入侵俄羅斯的崩壞、從拿破崙於一八一五年的短暫回歸到滑鐵盧戰敗，最後，再到了波旁王室的復辟。革命的經驗是康斯坦人生的核心，如同霍布斯與沃斯通克拉夫特。但這三個人的經驗，在他們各自的人生故事裡，有著不同的意涵。有一種思考革命的方式，是將革命想成一個不停轉動的巨輪（這幾乎就是「革命」這個詞的字意），[4]而這意味著社會不斷圈轉。在他們經歷的兩場革命裡，社會底層的人突然成為上層、上層的人則成為底層，君王被送上斷頭台而平民展開統治——哪怕只是一小段時間。但在多數（不是所有）的革命裡，這個巨輪會不停地轉動下去。當霍布斯寫作《利維坦》時，英格蘭革命的巨輪已經轉了一半：國王已死、議會掌權，但巨輪繼續轉向；在書成的十年內，英格蘭回到了君主政體，然後對許多人（包括霍布斯）來說，事態突然間變得極為不同。對沃斯通克拉夫特來說，法國大革命在她相對短暫的生命即將告終時發生了。她身歷革命，包含革命最血腥的時期，但她沒能看到革命的後果。就康斯坦而言，當他發表講座時，法國大革命的巨輪已經轉動完成：經過二十年的動盪，法國從國王被處決之後，再次回到君主政體。比起霍布斯與沃斯通克拉夫特，康斯坦得以享有某種程度的後見之明。在一八一九年，他已經知道法國大革命的終末，並得以用革命的結局為基礎，反思這件人生中的核心政治事件所帶來的啟示。

就如同霍布斯寫作《利維坦》時一樣，康斯坦早期一些作品深受政治的偶然性困擾。

3 譯註：南北戰爭又被稱為美國內戰，而在戰爭時期，有許多輿論認為美國這個聯邦政體會就此分裂。事實上在內戰時期也是如此。

4 譯註：「Revolution」的拉丁文「Revolutio」的原意有「轉動」的意思，也因此拉丁文的「Revolutio」同時也是英文「Revolve」的字根。直得一提的是，哥白尼的《天體運行論》也正是以「Revolutio」這個詞彙來指涉星體的運轉。

在霍布斯心中，他最大的不幸是在極度的偶然時期——在革命的巨輪快速轉動時期——出版了《利維坦》。在那個時刻，他論述的邏輯，迫使他必須做出他後來深悔不已的權宜論點：議會是得以正當統治。當康斯坦發現自己也身陷情勢變化快速的時代時，他也有了類似的悔悟。身為自由主義者，他既不認同拿破崙的統治也不認同拿破崙本人。然而當拿破崙在一八一五年重返法國政治時，康斯坦認為（或也許他害怕）拿破崙仍舊足以代表法國政治的未來。這讓康斯坦決定嘗試與重返帝位的拿破崙一同制定一部足以限制皇帝權力的憲法。這是一個致命的錯誤，因為一百天後拿破崙戰敗並遠去，而這讓康斯坦看來像是個對權勢妥協的人。這是康斯坦吃盡苦頭才體悟的啟示：政治的偶然性變化無常，只有當結局到來，事態才會明朗。

到了一八一九年，當康斯坦反思過往三十年的一切，他想要得到更為廣泛的啟示。這個啟示無關他個人的親身經歷、無關法國與英格蘭或法國與美國的政治對比，也無關革命與帝國、革命與反動，或革命與改革的對比。這個啟示是關於政治現象一個更為基本的對比，也是我在本書開頭所描述的：關於現代政治與前現代政治，或者借用康斯坦的話來說，關於現代政治與古代政治的對比。對康斯坦來說，法國大革命及其後果的核心啟示，是它教會了現代人（像他這樣的人，像我們這樣的人）關於自由的本質。這個啟示是現代政治的自由，不能與古代政治的自由混為一談。

康斯坦認為，古代和現代的自由觀念足以構成鮮明的對照。事實上，它們非常不同。在古代的政治世界，像是雅典或斯巴達，或羅馬共和時期的世界，一個人享有自由，意味著他要成為擁有自由的國家的成員。所以古代的自由在本質上是集體性，你與他人共享你的自由，也一起捍衛這個自由。在這個意義下，自由被扼殺的情境並不是你個人變得不自由，而是你所屬的國家變得不自由：你的國家被扶持了、被征服了，或者被殖民了。由此來看，對古代自由的根本威脅是，國家在軍事上嚐到敗績。這意味著古代的自由帶有軍事性，因為自由必須以戰爭和自衛的形式實踐。古代的自由需要政治群體來共同捍衛，而不是由個人捍衛自身的自由，因此如果你和其他人共享了自由，你同時也與他們共享你所試圖捍衛的價值。所以在古代的政治理解中，一個自由的國家，意味著公民通常對他們的公民身分，以及他們應該享有什麼樣的公民生活有共識。最重要的是，在古代的政治世界裡，自由最主要的特質是公共性。正如我們現代人可能會說，自由必須在公共領域實踐，且傾向將公共領域與私人生活視為對比，但這種公共與私人的區別，在許多古代國家無法成立，當時公共和私人之間幾乎不存在任何有意義的差別。成為古代的公民，就是必須完全居住在政治的、公共事務的（res public）世界裡，而過著這種公共領域中的生活就是體現自由的方式。在這樣的世界裡並不存在私領域。

值得一提的是，雖然康斯坦認為這種自由的觀念是古代的，但他並不認為這是一個原初或落後的觀念。這個觀念之所以逐漸消失，並不是因為它是一個愚蠢或錯誤的觀念；恰恰相反，康斯坦認為即使對現代國家的公民來說，這個觀念仍富有英雄氣質，也依然是崇高且極為吸引人的觀念。法國大革命的口號是：自由、平等、博愛。博愛（fraternity）指的是男性公民之間的情感，是兄弟之間的情感。這在現在聽起來有些性別歧視的意味，而沃斯通克拉夫特在當時並沒有足夠的時間來批判這點。但公民之間要有兄弟情誼，正是古代自由觀念的表現。我們渴望這種團結的感受，或我們認為藉由共同參與革命而成功重現了這種特質。然而，誠如康斯坦所說，這其實不是現代人能夠享有，或根本不是現代人想要的生活方式。

作為現代人，我們的自由最基本的表現方式，體現在我們擁有能夠過上與其他人不同的生活的能力。這可能意味著信仰不同的神明、從事不同的工作，或者只是做其他人不贊同的事情。現代人的自由是宗教自由、言論自由和集會結社自由。集會結社自由意味著如果你想要集體做某件事情，你可以自由地選擇集會的地點和方式，不一定只能聚眾在國家控管的公共廣場進行。你大可以私下聚會。這種能力對現代公民來說非常有意義，意味著現代人的自由不僅僅是私人的，同時也是商業的，因為現代社會不是軍事化的社會，我們構成的並不是將戰爭視為首務的群眾，而是以商貿為主的群眾。現代人的自由適合商貿的世界，在之中我們交換商品並隨著人們願意付出的金額調整商品的價值，而我們得以這麼做，正是因為我們有進行交易並四處移動的能力，因此行動自由是另一個重要的現代人的自由。最後，也是最重要的一點，現代人的自由是私人而非公眾的，且不僅只限於聚會。現代世界的自由意味著我們有完全活在私領域裡的自由，包含了退出公眾領域回歸個人的家庭生活，回到自家家門裡的起居、個人的內心與思想甚至回到個人的良知裡，並且在這些私人的領域裡做任何我們想做的事情。而我們之所以能夠如此，是因為我們有一定的信心相信，就算我們做的事情可能會被其他人窺視，至少我們不會被國家監視；甚至，我們有理由相信就算國家監視著我們，國家也不會對我們在私領域做的事情有什麼興趣。

現代人的自由因此具有個人性、商業性和隱私性，而古代的自由則是集體性、軍事性和公共性，兩者有著明確的區別。但這不表示康斯坦認為，對現代世界而言，古代的自由顯得多餘。絕非如此。康斯坦認為古代的自由之所以成為現代政治的問題，主要原因是它吸引著現代人。它將現代人拉回到那個古代政治的理念中，而這是因為身為現代人，我們有時候會覺得與古代人相比，我們的自由顯得有些薄弱膚淺，乃至自私。有時候，我們對於我們不足之處、對於我們所欠乏的事物會有種敏銳的直覺。當我們可以成為以軍事為首務的人民時，我們真的會想要當商業掛帥的人嗎？如果我們可以選擇成為古代政治意義上，那種具有兄弟（甚至姐妹）情誼的公民群體時，我們還會想要當一個偏重私人層面的公民嗎？

這是康斯坦從法國大革命中得到的重要啟示之一。他認為這場革命在很大程度上受到古代的自由觀念啟發。對許多投身革命的人來說，這個古老的自由觀念有著不可抗拒的吸引力，他們受到斯巴達、雅典或羅馬的精神啟發，想成為斯巴達人、雅典人或羅馬人。然而，他們試圖做一些在現代看來已不可能的事情，因為難以抗拒想要有著古代公民那樣生活的渴望，但同時也無法實現。我們無法過著古代人的那種生活，為什麼呢？因為現代國家的公民人數比起古代政治要多出太多。古代的自由只適用於小國寡民。古代那種奠基在公民之間兄弟情誼的自由，只有當你有辦法親眼看著每一個同胞的雙眼時，才有可能生效，但十九世紀初法國人口大約二千五百萬人。在這種情境底下，你不可能有古代的自由。

在這種規模的商業國家裡，絕大多數的人際關係是透過金錢往返而非人身接觸所建立。古代人經常看不起金錢，他們慣於懷疑金錢對政治有著不好的影響。有些古代國家試圖完全屏除金錢，然而，沒有一個現代國家能夠在沒有金錢與債務的情形下運轉。我們彼此存在著債務關係，我們的國家與我們也存在著債務關係。我們總是相互借款，我們的國家也總是在向公民借款。與此同時，我們也非常重視私生活，不想被規範在私領域應該如何生活，即使我們內心深處可能會渴慕古代人有辦法做到消除私領域，我們也不會願意放棄私領域。所以，如果你試圖讓一個現代國家的政治遵循古代自由的觀念存續，你會得到的只是自由的終結，因為古代自由的觀念已經不適用於現代國家。現代社會太龐雜、太多樣化，也太難以控制，一旦強行追求古代的自由，最終你會得到的只有高壓統治——為了讓人們放棄私領域擁戴公領域、為了使公民之間有著兄弟情誼，國家的權威必須專段行使，迫使人們依照古代政治的模式生活，而這最終將被證明完全不可行。高壓統治會引爆衝突，衝突會流於暴力，暴力則衍生恐怖，恐怖終將衍生在現代看來仍舊是大規模的死亡。

法國大革命是康斯坦的個案研究，讓他得以分析，如果我們試圖強行壓縮多元複雜的現代國家，以讓它符合古代的自由這種簡單觀念時，會產生什麼樣的後果。現代國家不適合古代的自由，強行迫使現代國家適應這樣的理念，只會導致人們在強行嘗試的過程中失去生命。但除此之外，康斯坦想藉法國大革命傳遞一個更為複雜的訊息。事實上，康斯坦要傳遞的訊息，比這個不應該強行使現代國家適應古代自由的論點要有趣得多——如果康斯坦在這場講座的論點只是如此，我並不認為他的講座會如此享譽盛名流傳於世，畢竟這個論點顯而易見，從政治史觀點來看也太過粗糙。康斯坦的訊息，不僅只是說法國大革命之所以失敗是因為法國太過龐大，且革命試圖把這麼龐大的法國轉化成小國寡民的斯巴達導致了失敗。康斯坦很清楚，造成問題的不僅只是古代的自由觀念對現代人的誘惑。造成問題的，同時是現代的自由觀念欠缺了什麼。對許多現代人來說，現代的自由觀念並不那麼吸引人。意思是，現代人想要擁有現代的自由，畢竟現代人的生活已經根深柢固地環繞在現代的自由之上，但與此同時，現代人也全然不知道該怎麼捍衛現代的自由觀念。我們多數人（也許是我們所有人）都不想放棄我們的個人自由，但我們也不全然知道為什麼我們不想放棄，而且我們很容易被說服，認為這麼重視個人自由是錯的。古代的自由之所以有吸引力，也是因為現代的自由並沒有像古代的自由一般有著名的哲學原則支持，這就是為什麼前現代政治依然存在於現代世界裡，因為很多時候，前現代政治看來為現代人提供了更為明確的政治選擇。像「兄弟情誼」這樣的前現代政治理想，總會吸引著我們（至少我們之中的某些人），因為它的確有動人之處。

這表示現代自由觀念的一個難題是，現代人其實不清楚要怎麼為這個觀念辯護。正因為欠缺辯護的方式，使得我們時常深陷那些無法實現的政治承諾裡，以試圖填補現代自由觀念的欠乏之處。另一個難題，也是更深層的難題是，現代自由的觀念會讓我們遠離公共生活。如果你是現代世界的公民，你大可以深潛入個人的私領域裡，同時開始相信完全與政治無關的生活是可能的。你以為可以自由自在的生活，不被捲進任何家庭、宗教、價值觀與其他的差異，因為你活在一個不會在意你怎麼安排私人生活的國家裡。這構成了現代自由的兩種危險誘惑：或則被古代自由吸引，因為它提供了現代自由所欠乏的那種對政治關懷的吸引力；或則你單純因為現代自由是如此的安逸舒適，而深潛入現代世界裡。正如康斯坦總結的：

> 古代自由的危險在於，人們只關心他們所共享的社會權力，進而輕忽了個人權利與享受的價值。而現代自由的危險則是，當我們沉浸在個人獨立地享受與追求彼此不同的利益時，我們過於輕易地放棄了共享政治權力的權利。

現代自由的問題在於它太過淺白，我們不必深入思考，因為過一種沒有人會告訴你該做些什麼的生活，遠比過一種必須與其他人共享的生活要容易得多——然而對康斯坦來說，問題的核心在於如果你真的這麼想。如果你真的認為，因為沒有人告訴你應該怎麼安排人生，所以你的自由便是安全不受侵犯，你就犯了一個基本的錯誤。現代世界與現代公民總會誤以為只要不關注政治，政治就不存在；現代公民總會以為，如果你不干涉他人，只專注做著自己的事情，那麼其他人也會專注在他們的事務而不會干涉你，但這只是假象，因為如果你不碰觸政治，仍會有其他人來替你碰觸政治。這就是現代國家的運作模式。國家的權力來自於你，但並不會因為你對它不感興趣就不干涉你。如果你真的不關切政治，國家的權力將變得專斷且強制，並在未來的某一天揭露真面目（那個你完全對它失去興趣之前，應該早就要知道的真面目）：一個專斷蠻橫的霍布斯式國家。到了那個時候，當國家的權力開始針對你時，你將再也無法保護自己。

對康斯坦來說，這才是現代的自由觀念真正危險之處，比法國大革命的恐怖統治還要嚇人。他認為像法國大革命那樣的恐怖統治，是我們現代人對現代政治做出太多要求時，一種不常見但駭人的可能結果；但另一種危險是我們對政治的要求太少。康斯坦說，法國大革命真正的啟示是，如果你只是沉浸在現代自由裡，你將永遠無法確保你的現代自由是安全且不會被侵犯。因為這表示你把政治交給其他人來管理，而其他人可能根本不在意你的現代自由。正因如此，在他的講座最後，康斯坦說了一件事情，而這件事情在當時被多數聽眾忽略了。康斯坦的聽眾們都以為他站在現代自由的一邊，倡議著現代自由的理念而反對古代自由，但康斯坦並非如此。他要說的是，活在現代世界唯一的方式，是不把自由視為一種在古代與現代之間非此即彼的選擇。他總結道：「是以，我要說的絕對不是要放棄任何一種我所陳述的自由，而是必須學著結合兩者。」古代與現代的自由不是非此即彼的選擇，我們應當要同時保有兩者。

要保有現代自由、要不被干涉，便需要政治參與——這是現代生活的悖論。如果你真的不想參與政治，你反而需要藉由參與政治來確保你有不參與政治的權利；如果你對政治漠不關心，你會發現政治最終還是會捉住你；如果你想要不被他人干涉，你需要注意其他人在做些什麼。所以康斯坦說，作為現代公民，僅僅追求你個人的利益、信仰與憧憬的生活都不夠，你同時必須對政治感興趣。他說要做到這點並不困難，只要確保你有正確接受政治相關的消息即可。你必須看新聞、必須掌握時事、必須加入那些為你所信仰的事物投入選戰的政黨、必須知會你的民意代表，如果你希望他們能關注到你。如果你不理會代表你做決定的人、如果你全然將家產交給管家治理，那麼有一天你會意識到，當管家與代表失去控制，你的莊園將不再是你的莊園，你的國家也將不再是你的國家。

這是非常容易被忽視的訊息。除了康斯坦之外，還有另一個著名的講座，內容也是關於兩種理解自由的方式，而那個講座就忽視了康斯坦的訊息。在一九五八年，哲學家以撒・柏林（Isaiah Berlin）發表了名為〈兩種自由的概念〉（'Two Concepts of Liberty'）的演講。在那場演講裡，柏林對自由的概念做出了迄今依舊著名的區別。他沒有把自由區分成古代與現代，而是將自由分成積極自由（positive freedom）與消極自由（negative freedom）。其中一種自由是積極的，因為要擁有這種自由我們必須要擁有一些什麼；另一種自由是消極的，因為擁有這種自由的方式，是藉由某種東西的缺席。消極自由對柏林來說，是不被干涉的自由，沒有人來干涉你、沒有人來告訴你該做什麼與不該做什麼，因此當有些事情（例如干涉）不存在時，你便是自由的；積極自由需要的則是擁有行動的能力，只有當你能夠隨心所欲做你想做的事情時，你才擁有積極的自由。相比之下，如果沒有人來阻止你隨心所欲地做想做的事情，你就擁有消極的自由，無論你有沒有真的去做那些事情。

讓我舉幾個例子來說明柏林的區別在現實中得以怎麼運作。以我居住的小鎮為例：英國劍橋。這裡的人可以自由買房置產嗎？在二〇二〇年疫情最嚴重的幾個月裡，人們買房的自由被限制了，因為封城的關係，我們被關在自己家裡無法行動，房市實際上也關閉了。這便是對消極自由的干涉。但在正常情況下，如果我想買房會有誰來阻止我呢？在某些時期，某些地方可能存在著禁止特定類型的人置產的法律：你的種族或宗教信仰可能會讓你沒有資格買房；可能有某條法律規定某個城鎮不得將房屋出售給天主教徒或猶太人（類似的法律曾存在於不同的歷史時期）；在沃斯通克拉夫特的時代，已婚婦女不能買房，因為她沒有自己的財產權，財產只屬於丈夫。在這種情況下成為已婚婦女，或在類似的情境中身為天主教徒或猶太人，都是對消極自由的限制。但值得慶幸的是，劍橋不是那種地方，至少現在不是了。無論你是什麼樣的人都可以自由地買房置產，只要你沒有用非法取得的財產來買賣房產。

然而，城鎮現在的房價非常昂貴。如果你去找房屋仲介說你想買房，仲介當然不會要求你聲明宗教信仰以檢查你是否符合購屋條件。相反地，你會被問到你的預算有多少。如果你沒有足夠的預算怎麼辦？從消極自由的角度來說，你還是可以自由地買房，畢竟沒有人會干涉你。在你買房的路上，不會有第三者強加阻礙你，房地產仲介不會阻止你，因為他們會很想要賣房，國家也不會因為你想買房而動用國家的權力干涉你。但是從積極自由的角度看來，說你可以自由地買房很荒謬，因為如果你買不起房，要怎麼說你擁有買房置產的自由？你買不起房子的原因是你沒有能力買房，且是字面意義上的沒有能力，因為你負擔不起，即使沒有旁人干涉，你也沒有辦法做到這件事情。

還有一個例子。想想那些海洛因或其他毒品成癮的人。那些人真的擁有自由嗎？從消極自由看來，只要沒有人阻止這些人做他們想做的事情，毒品成癮的人就是自由的。消極自由藉由沒有干涉來定義自由，所以如果你能夠在沒有干涉的情況下吸毒，你就是自由的；但從積極自由的角度來看，毒品成癮的人在某種程度上極為不自由，因為能力被大幅削弱。毒品成癮對你的影響愈深，你做出有意義的選擇的能力就愈有限，你的世界會隨著毒品的影響限縮，自由也會隨之影響。如果吸毒者的家人和朋友介入干涉（這種干涉可能是高壓強迫），他們可以說這些干涉行為是出於積極自由的名義，但毒品成癮的人可能不會認同他們。歌手艾美懷絲（Amy Whitehouse）在她的歌曲〈療程〉（'Rehab'）中唱道：「他們試圖讓我康復／但我說不，不，不。」那聲「不，不，不」是消極自由的吶喊：你不能迫使我做任何事情，如果你強迫我了，你就是在限制我的自由（「我不會做，做，做」）。但是，如果你把一個又踢又叫的人拖進戒毒所，在二十八週之後他們成功戒斷毒品了，也許你可以辯護說：你成功地讓他們從奴役他們的毒品中解放了。

這兩種自由概念之間的爭論貫穿了政治，也貫穿了我們的生活。柏林說，政治思想的歷史，是由擁戴消極自由與積極自由的兩派人馬所構成。柏林認為霍布斯是消極自由的擁護者之一，因為霍布斯是以運動不受阻礙的方式來定義自由，對霍布斯來說，因於枷鎖就是不自由的最終形態；而在柏林眼中，積極自由的擁護者之一則是尚－賈克．盧梭（Jean-Jacques Rousseau），但康斯坦則認為盧梭是讓古代自由的觀念融會進法國大革命政治思想最關鍵的思想家。盧梭的名言是公民得以「被迫自由」，而這正是積極自由的本質。柏林同時也說，消極自由最重要的辯護者就是康斯坦，他稱康斯坦為「所有為自由與隱私辯護的人當中，最雄辯滔滔的那位」。柏林指出，康斯坦對自由的理解，包含了我們有得以傷害自我的自由：只要沒有人阻止我們、只要我們願意，我們可以自由地揮霍我們的健康、智識與福祉。當然這麼做會讓人感到遺憾，但沒有人可以預防性地阻止我們這麼做，除非他們要限制我們的自由。對柏林來說，這就是康斯坦的立場。

然而柏林錯了。康斯坦不支持這一點。他明確主張我們必須將兩種自由結合在一起，因為他認為，如果我們只是過著消極自由的生活，積極自由的擁護者最終會捉住我們，進而迫使我們自由。所以康斯坦說，如果你想保持消極自由，你就不應該放棄公共生活，不應該放棄那個充滿兄弟情誼、同胞情感與政治的世界，因為在面對那些終將迫使你放棄私領域並進入政治療程的人時，你會需要一些來自公共領域的協助。在面對現代國家的權力時，僅說著「不、不、不」是不夠的。

康斯坦的這則訊息存在著另一種版本，並呈現在他著名的小說《阿道夫》中。這本小說於一八一六年首次出版，但在今天，小說的標題已然無助於提升其名氣。「阿道夫」是個不幸的名字，哪怕此書是一部浪漫小說；也許「阿道夫」曾經是一個浪漫的名字，但那已成往事，而這就是歷史諷刺之處。[5] 無論如何，讓我們先假設阿道夫這個名字，曾經代表一個典範式的情人。《阿道夫》是一部帶有自傳體元素的小說，講述了一個年輕人的故事。在十八世紀末，年輕人經歷了一段空閒歲月，彷彿是生涯之間的空檔年被延長了似的。就像康斯坦本人在法國大革命最惡劣時期的經歷一般，在德國成為統一的國家以前，年輕人花了許多時間在日耳曼地區各個公國之間旅行，也在旅行中尋訪愛情。在旅行期間，自由奔放的阿道夫遇到了一位年長的女性並墜入愛河，並對她展開熱烈的追求，希望她能回應他的情感。女人名喚艾連諾，而她過著一種以日耳曼邦國的標準來看幾乎稱得上體面的生活：她有兩個孩子，是某個顯赫男人的情婦（換言之她有一段半體面半正式的關係）。所以，當阿道夫（又名班傑明）帶著水汪汪的雙眼、攜著情書來訪，並聲稱如果不接受阿道夫的感情，阿道夫將會死去時，艾連諾非常抗拒也非常懷疑（相信換成是你也會有相同反應）。但他的追求太過纏人，最後她如果不是真的愛上他，就是愛上了他的追求。他們成為一對戀人、真的愛上了彼此，然後一起逃離他們所擁有的一切。

他們不得不放棄一切，因為他們的這種關係不符合上層社會的禮節。儘管艾連諾曾經有過近乎上層社會的生活，她也不得不放棄，因為在那個標準裡，你不能在拋棄孩子、和一個年輕人私奔之後，還期望能像沒犯錯一樣，受到上層社會的歡迎。阿道夫與艾連諾都明白，而他們選擇追隨自己的內心。這就是成為「現代」的意義、是浪漫的意義，也是至少在現代與浪漫的意義上，擁有自由的意義。在他們出逃後，將不再有任何事物能夠阻止、干涉他們，沒有邊界、障礙或法律可以圈禁他們，他們一起逃離了公共領域的世界，流放到私領域裡。愛必須是支持他們的因素，而愛也確實支持了他們。

但正如沃斯通克拉夫特應該可以警示他們的一般，在一段時間之後，他們的熱情開始消退。兩人都開始尋找其他事物來維繫生活，但當你被從公共生活中排除之後，這一切都將變得更加困難。如果你們的生活只有彼此，要找到除了彼此之外，能夠讓這段關係持續前進的事物，也會變得更加困難。對阿道夫與艾連諾來說，這段關係最終成了一場噩夢，哪怕他們依然相愛，甚至對彼此做出承諾。他們是現代人，他們是自由的，不過其他人有不同的想法。阿道夫的父親打算把他拉回到體面的上層社會，而在那個世界

5 編按：此指阿道夫．希特勒，是現代最為知名的「阿道夫」。

裡，人們結婚的基礎不一定是愛，而是其他一些可以長久延續、可能最終會讓他們獲得更多自由的事物。阿道夫的父親開始對這段感情進行一種家庭干預：他想向阿道夫展現某些唯有接受約束方能帶來的自由。阿道夫的父親通過朋友寫信給他，試圖說服他放棄這個女人、放棄這愚蠢的行為，說服他結束那過於漫長的空檔年，好回到受人尊敬、經商維生的世界。在信裡，阿道夫的父親說在這樣的世界裡，阿道夫可以擁有更豐富的生活，如果他放棄對這段愚蠢愛情的執著，他將會過得更加充實。阿道夫受到了強烈的誘惑。康斯坦用了自由的雙重語言，來描述這種誘惑：

> 對於婚姻裡可能的幸福與平和，促使我在心中建立起理想妻子的形象。我深思著婚姻會帶來的平靜、地位甚至獨立，因為長期以來一直束縛我、干涉我的枷鎖，早已千倍於我在正式、被認可的婚姻關係裡會感受到的束縛。

阿道夫開始看到，從某些方面來說，比起受困於他和艾連諾共享的那種全然獨立、全然浪漫的愛情裡，正式、被認可的婚姻（哪怕認可本身意味著某種約束），可能會讓他更為獨立。阿道夫受到誘惑，但最終，他並沒有放棄對艾蓮諾的愛。他已經鋪好了床，而今他必須好好地躺在床上。然而，當艾連諾找到了他的一封信，發現他曾經受到誘惑進而動搖時，她徹底心碎了。艾連諾最終哀慟而亡，阿道夫重新得到了自由，但他也從此成為一個破碎的人。

這是一部不尋常的小說，部分原因是它在心理層面的描寫上是如此現代；但在其他面向來說，它是一部完全屬於那個時代的作品。就兩性的政治來說，這不是一本屬於二十一世紀的小說，但這是一個關於自由的故事，以小說的形式表現了康斯坦的講座裡的政治啟示。盲目追求現代或消極的自由、浪漫的自由、心靈的自由、犯錯的自由、為所欲為的自由以及後果自負的自由，是如此美妙也令人興奮，也是這些追求使得我們成為現代人。但是，如果我們都踏上這條盲目追求的路，這條道路將會引領我們走向滅亡，因為當我們退回私人世界時，公共的世界並不會因此消失，它將帶著對全然不同的自由的承諾持續追逐著我們。如果我們陷入私領域的世界，我們最終將失去自由；如果我們想捍衛我們的私領域，我們會需要重新進入公共生活。我們需要結合古代和現代的自由。

這是現代政治的悖論，也是霍布斯式政治的悖論。霍布斯創建現代代表制國家的理念，是為了讓我們得以擺脫政治。霍布斯不是自由主義者，但他接受那種使自由主義成為可能的思維、那種想要逃離政治的思維。然而，在這種逃避的誘惑裡，埋藏了一個致命的陷阱。正如康斯坦所理解的，我們會需要以不同的形式來約束那些有權力得以約束我們的人，即使我們不這麼認同卻依然需要。從某個角度來說，當你對政治最不感興趣的時候，才是你最需要考慮政治的時候。舉例來說，如果你陷入愛河，也許這才是你需要思考政治的時刻，因為有可能在一夕之間，你一覺醒來發現不被允許有個人時間陪伴所愛之人；你可能一覺醒來發現，國家突然下令你與愛人只能待在各自的家裡，你們不准見面，因為外出碰面會威脅到公共安全。

在近期的事態之前，我會說這只是假設的例子，在現代自由主義國家中談戀愛的人可以非常有自信地相信，國家不會突然決定，他們的愛、他們想陪伴彼此的願望會對國家安全構成威脅。但是在二〇二〇年，許多現代自由主義國家都採取了封城的措施，許多人不得不在短時間內決定要同居還是分居，因為在戀人彼此的住處之間移動，對所有人來說都太過危險。即使享有現代生活，那種我們以現代國家提供的安全保障為基礎，為自己所構築的安全的、隱私的生活，我們也不知道政治何時會捲土重來。這就是康斯坦從霍布斯創造的政治世界中，所得到的啟示。

第4章

艾列希·托克維爾論民主

《論美國的民主》

（***Democracy in America*** , 1835/1840）

艾列希・托克維爾（Alexis de Tocqueville，一八〇五年至一八五九年）出生於古老的諾曼貴族家庭，他的一位先祖曾在黑斯廷斯戰役（Battle of Hastings）中與征服者威廉並肩作戰。他母親的一支親戚，有許多人在法國大革命後的恐怖統治時期被處決，而他的父親艾維（Hervé）則勉強活過了那段時期——他的父親在一七九四年被釋放出獄時髮色全白、年僅二十二歲。托克維爾年輕時旅居各地，其中一段最著名的旅行，是一八三一年他與好友古斯塔夫・包曼（Gustave Beaumont）造訪美國。但除此之外，他也在一八三五年造訪愛爾蘭、在一八四一年遊歷阿爾及利亞，他在阿爾及利亞的經歷，讓他成為法國同化主義殖民統治模式的批判者。在一八三九年，兩部《論美國的民主》出版之間，他當選成為法國眾議院議員，並在一八四二年與一八四六年再次當選，成為中間偏左政治勢力中重要的政治家與思想家。在一八四八年，隨著君主制再一次被推翻，他曾短暫地就任法國外交部長。在他死後才出版的回憶錄《紀念》（*Souvenirs*）中，他寫下了令人沮喪的政治生涯。於一八五六年，他出版了《舊體制與大革命》（*The Old Regime and the Revolution*），這是他對法國大革命為什麼落到如此下場的重要分析。在人生最後十年裡，他不時受到肺結核折磨，而他對政治的看法也越發悲觀。

到目前為止，我還沒有多花篇幅談論民主。難道我們不應該從這裡開始嗎？民主難道不是現代政治的基礎嗎？我現在就要開始談論民主，但在這之前，有件重要的事情必須要釐清：民主並不是構成現代政治的基礎觀念，而是一個有著明確古代色彩的觀念。民主在古代政治裡有著非常明確的意涵，對許多古人來說，民主意味著將政治交給窮人治理，因為不管在什麼樣的政治社會，民主都意味著要賦予多數人權力，而在當時，人們總認為無論在哪個社會裡多數人都是貧窮的。民主也意味著一般公民得以直接參與政治生活，要注意的是，民主不是讓所有人參與政治，而是讓所有有資格成為公民的人參與，這不包含遊走各個城邦的人、外國人和奴隸。民主是讓多數男性公民得以參與國家的政治決策。

在古代世界，尤其是古代雅典，民主的基本原則之一，是所謂的抽籤選擇。這是刻意以隨機的方式來選擇官員，完全符合樂透的辭意。這個想法奠基於任何人都可以在國家層次上做出決策，因為人們會因為機率輪流被選為決策者，有可能是你、也可能是我，可能是我們其中的任何人。這種政治運作的方式有個核心理念：參與政治決策並不需要特別的政治特質。古代的民主政治將平等置於能力之上，因為以能力來取捨將會排除太多人。古代的民主觀念認為，輪流享有政治決策的權力，總比永遠沒有機會參與政治好。對多數人來說，這向來是吸引人的想法；但對有特權的人看來，這種想法很駭人。如果政治沒有任何篩選條件，這些人有可能被任何人統治。

然而，在任何一個窮人遠多於有錢人、無知的人遠多於受過教育的人、年輕人遠多於年長者的社會裡，這種隨機看來都不是真正的隨機。它的確為窮人、無知的人和年輕人提供參與政治機會，而有錢人、受過教育的人與年長者一向不喜歡多數決與隨機抽籤。直到晚近，那些有能力動筆寫下他們對政治的看法的人，幾乎都出身於會被民主政治威脅的群體。在古代世界確實如此，當時幾乎所有關於政治的文章，都來自狹小、受過教育、出身富裕的精英階層，因此這些文章對民主都有種批評的態度，而到我目前為止所描述的現代世界也仍然如是。直到十九世紀，幾乎所有能夠表達政治觀點的人都默認，民主是一個危險的觀念。

現代政治的基礎觀念是政治代表而非民主，這是霍布斯的想法。在現代國家，權力是被授予的，權力是在更大群體的默許下，被轉移授予給一小部分的人，並由他們來代表更大的群體行使權力。更大群體的人授權給更小的群體，合法化他們身為代表使用權力的作為；而與此同時，大群體的人也活在這種授權小群體行使的權力之下，與後果共存。霍布斯並不支持民主。有些歷史學家嘗試論證霍布斯在內心深處對民主抱有同情，因為霍布斯指出國家的權力來自於人民，但對霍布斯來說，民主並不是一個正確描述這種政治的詞彙。霍布斯蔑視古代的民主觀念，因為他基本上蔑視古代政治的所有觀念，在他看來，擁戴民主政治的人，有著這樣的信仰：讓愈多人共同參與政治，將會得到愈好的結果——而霍布斯認為這種信仰只是自欺欺人。不只如此，霍布斯基本上完全不在意民主，這才是他政治論述的核心觀點，讓多少人來統治根本不是他的重點。古代政治思想有一個著名的區分：我們可以把政治區分成多數人統治、少數人統治和單人統治（換言之是民主制、貴族制與君主制的區分），但這個區分對霍布斯來說一點也不重要。在他看來，這種區分只是讓人容易陷入「什麼才是好政治」的爭辯裡，無助於了解政治的本質。正是這種漠不關心，讓霍布斯對政治代表的觀念與前人的政治思想大不相同，因為真正重要的是你應該要有政治代表，而不是誰當代表或是用什麼方式來確立代表。

然而事實證明，霍布斯代議政治的觀念，可以成為一種新的民主政治基礎：就是我們現在所稱呼的代議民主。比起政治代表，讓被代表的人們能夠比霍布斯所想的還要擁有更多權力，是完全可能的：被代表的人，能夠針對誰來代表他們有發言權，也能夠表態他們是否真的有被好好地代表。將政治精簡成代表政治（paring politics），使民主重新成為一種可能，然而這種民主非常現代，絕非古代的民主。現代的民主政治始於政治代表制，所以當我們說「代議民主」時，用詞其實有些不精確，因為這個說法暗示了代議政治符合了民主政治的基礎，但並非如此。我們的政治，是一種採取民主形式的代議政治，不是採取代議形式的民主政治，因為是民主符合了代議政治的基礎。雖然在十八世紀中葉，民主形式的代議政治逐漸成為可能，這樣的政治仍要一直等到十九世紀下半葉才在歐洲真的開始成形；要一直等到更晚期，一直到二十世紀，代議民主（或更精確的說，採取民主形式的代議政治）才開始成為常態。

十九世紀初的英格蘭已經和霍布斯的時代有極大的差異（不僅僅是因為英格蘭這個國家如今已經成為不列顛），[1]但英格蘭並沒有朝民主的方向轉變，而是成為康斯坦會欣羨、沃斯通克拉夫特鄙夷的自由主義國家。這個轉變，有很大的程度是受到一六八八年光榮革命的影響。在當時，政治的齒輪轉動了寸許，而後卡榫停滯。光榮革命不是一場民主革命，而自由主義的不列顛也仍非民主。要讓英國成為民主國家，還要再等上一段時間；相比之下，法國大革命成為真正的民主實驗場。然而，並非所有參與法國大革命的人都支持民主。他們之中有許多人對這個危險的古代觀念有著深刻、來自現代的疑慮。他們希望在代表制的基礎上重建法國，也認為最好的方式，是由他們這樣的人來出任政治代表。從一場民主實驗的角度來說，從一場試圖讓一般大眾能夠參與政治的實驗的角度來說，法國大革命失敗了，這場革命沒有造就一個民主的法國。那樣的法國，同樣的，也需要等待。

然而，到了十九世紀初，一處現代民主政治的實驗看來有所進展，或至少有實驗成功的機會。這就是獨立革命之後，在美利堅合眾國展開的實驗。這場革命讓北美殖民洲擺脫了英國統治，為新的國家、新的憲政、新的政治奠定基礎。這個新的、名為美國的國家，其憲政本身並不民主。美國的憲法是在十八世紀末，由一群同樣懼怕著古代民主的人所寫成。正如創建這個國家的人所說，這個新獨立的美國是「共和國」。對他們來說，「共和國」這詞意味著一種現代、代表制的國家，他們試圖建構一個藉由一套制度與觀念來限縮多數決權力的國家，但他們同樣不想賦予窮人、沒受教育的人與年輕人權力。美利堅共和國的建國者和當時的任何人一樣害怕這種古代形式的民主，而這不僅是因為他們是一個仍舊允許奴隸制存在的國家的創建者，他們對民主的恐懼，源自更深層、對於如果真的接受人人平等的後果的恐懼。

但美國存在的政治意涵不僅只是因為憲法，對獨立的追求也不僅導致一場憲政革命

1 譯註：英格蘭與蘇格蘭這兩個王國，在一七〇七年兩國議會通過了聯合法案後，正式成為不列顛王國。

——這同時也是一場社會革命，並且在革命後很短的時間內，美國就變得比憲法所預期得要來的民主許多。這造成的結果是，對許多從外部觀察美國的人來說，美國真正的民主實驗不在於他的政治，而在於美國所體現的生活方式。美國的社會看來將要開始接納一些古代民主政治中關於平等的原則：其中之一是，人們或多或少都是一樣良善，也多少有同樣的能力得以做出重要決定。當然在聯邦政治的層級上，美國的代表政治仍然有著階級、貴族社會的色彩，因為權力依然被保留給那些富裕、受過教育、相對年長的精英（例如美國建國諸父）。但讓美國能夠接納平等原則的便是美國的社會，因為那個社會沒有階級也沒有貴族，讓人們（多數人，但依然不是所有人）能夠享有平等的對待。

其中一名如此看待美國的人，是年輕的法國貴族艾列希・托克維爾。他出身自一個驚險逃過法國大革命的家族。政治的巨輪轉動，但沒有拖垮托克維爾家族。活在革命後的法國，使得托克維爾想親眼看看美國，因為他明白美國是那個時代偉大的政治和社會實驗。這種實驗在歐洲是不可能的，像法國這樣的國家在採取民主實驗上總會處處受限，因為受到兩件要事阻礙，而這兩件事美國都不曾擁有。其中一個是，法國有歷史，法國承受了數個世紀的歷史、階級制度和社會結構，這意味著想在這裡建構新世界，哪怕像透過法國大革命這樣激進和狂野的革命，也會受到極大的限制。托克維爾後來寫了一本關於法國的書：《舊政體與大革命》（*The Old Regime and the Revolution*，一八五六年），在書裡他描述了這樣的限制。正如現代社會科學家可能會說的，法國大革命是一場路徑依賴（path-dependent）[2]的革命，因為法國的政治，早已被長年的歷史影響。

除了歷史，歐洲還有另一個問題：歐洲太過擁擠了。如果你的國家時不時就和鄰國與競爭對手發生衝突，想要實驗一種新的政治、新的社會秩序只會越發困難。如果要展開一場政治實驗，你會希望能夠有一定的信心相信，即便事情開始出錯，這場實驗仍舊能夠持續。但依據他的人生經驗以及他出生前歐洲所發生的種種，托克維爾知道，在歐洲，如果實驗出錯了，你的鄰國並不會靜靜旁觀並祝你的國家好運。實驗只會讓自己的國家陷於被接管、征服甚至全盤崩潰的困境，因為在歐洲，每一個國家都密切注意鄰國的舉動，觀察著擴張的良機。托克維爾寫道：「在歐洲，很少有國家能在替換君主時，得以免除無政府狀態與被征服的恐懼。」

2 譯註：「路徑依賴」是社會學與經濟學的用語。概略言之，它指的是過去已經發生的事件，對於未來事件的開展有著決定性的影響。用這個術語來描述法國大革命，所表示的多為法國大革命之後的動盪，並不全然是因為法國大革命推翻了王權使得政治失序，而是因為導致法國大革命的十八世紀法國根本的社會與經濟問題，並沒有被革命這個政治事件解決。法國大革命後的法國社會依舊被已然發生的社會經濟問題所困。

所以美國有兩個歐洲沒有的優勢：沒有被深厚的歷史牽扯，同時擁有遼闊的地理環境。當然，美國不是沒有歷史的地方。美國對歐洲人來說是新世界，但只有在忽略了已經生活在那裡的人們時，它才是新的世界。對美洲原住民來說，美國民主的偉大實驗是一場災難，是所有可能發生在他們身上的事情中最為糟糕的結果。對於那些承受美國擴張後果的人來說，美國的實驗絕非零成本也絕非良性。這場實驗是可怕的暴力，對於實驗中的美洲原住民受害者來說，它最終成了一場種族滅絕的屠殺。但對歐洲人來說，美國是一個新世界，一個可以實驗的地方。美國的政治史始於英國歷史，唯有在英國史的脈絡裡，我們才能正確理解美國革命所代表的政治意義；然而與英國決裂，使得參與美國革命的人們，表現得彷彿他們正在創造自己的歷史。他們在建立革命後的世界時，沒有受到幾個世紀以來的封建階級與貴族制度掣肘。也許他們可以與這一切訣別，創造一個沒有這些制度的世界。托克維爾作為幾個世紀以來封建階級與貴族制度的產物，他想知道這是否真的可能。

美國人還有一個優勢，他們離歐洲非常遙遠。如果他們的實驗出了問題，雖然他們可能還是會被捲入戰事，而他們確實曾被捲入戰爭（美國人與英國人開戰，而英國人在一八一二年燒了華盛頓特區），但美國人仍能夠承擔伴隨實驗失敗而來的他國的威脅。在托克維爾看來，這是美國的幸運之處：他們可以實驗、可以承擔實驗的失敗，並從實驗的失敗裡生還。歐洲人無法承擔這樣的後果，法國人絕對無法，但美國人可以。正因如此，托克維爾想親眼見識美國。在一八三一年，當他還相當年輕的時候（當時才二十六歲），他和朋友一起遊歷美國，而他希望這趟旅程的經歷，能夠讓他完成一部關於美國的著作。他最初的計畫是想寫一本關於美國刑法制度的書，因為托克維爾認為比較歐洲和美國對犯罪和刑罰的態度會很有趣，但他很快就改變心意，認為他必須講述一個更為重要的故事——關於美國民主的故事。他在兩本書裡闡述了這個故事，第一本於一八三五年出版，第二本則在一八四〇年。這就是上下兩卷的《論美國的民主》，而這也許是有史以來，關於民主政治或關於美國最偉大的著作。

托克維爾在美國發現了什麼？他注意到的第一件事，是美國人的生活方式混亂不堪。他的第一印象是噪音、喧囂、相互吹捧、誇大其詞、信口開河、缺乏階級，看起來也缺乏秩序。在托克維爾看來，它就像一個實際廢除了貴族階級與敬重服從，但還沒有找到替代方案來填補秩序缺口的社會，讓美國看起來像是個失序的社會。托克維爾第一眼所見到的，是一八三一年的紐約，但隨著托克維爾的足跡涉及全國各地，隨著他開始更加地了解美國，托克維爾得到了截然不同的結論。他的第一印象僅是深水表面的波動。隨著托克維爾對美國的認識愈深，他愈加發現，美國社會與政治看似失控，但在失控的外表下、在動亂背後，事態相對安定。不僅如此，美國社會甚至是存在尊嚴的社會。從許多面向看來，美國社會謹守成規，穩重也安定。美國社會裡的平等觀念，在社會某些角度造成波動，但同時也為這個社會裡的許多社會關係，構成更加穩定的基礎：一個既強調均等主義但也著重社群主義的基礎。如果你沒有比我更有能耐，你就不能告訴我該如何作為；反之亦然。我們都在這麼一個平等的關係裡，人們相信他們所創造的社會，相信並共享這個社會所擁有的價值，結果是美國社會表層的波動遮掩了深潛在其中的恆常。

托克維爾造訪美國是一段不尋常的旅程，也得到了一段不尋常的結論。在當時，多數造訪美國的歐洲旅人，是以截然相反的方式體驗美國。舉一個比托克維爾稍晚一些的例子，來自另外一名年輕、有野心的年輕歐洲作家：查爾斯．狄更斯。狄更斯在一八四二年造訪了美國，也想親眼見證美國的生活。狄更斯的第一印象與托克維爾一樣，都是關於美國的繁華、熱鬧、喧囂。然而狄更斯與托克維爾不同，他很快就喜歡上這樣的表象。他認為這樣的喧擾反應了他希望在美國找到的東西：美國社會裡得以接納民主的本能。狄更斯站在窮人那一邊，也站在被壓迫者那一邊，他認為美國與歐洲不同，賦予了那些被壓迫的人在歐洲永遠不可能得到的發聲機會。但隨著他的遊歷漸廣，他對美國的體驗也越發遲疑，他開始認為，在美國光鮮的外表之下，在那些難以抗拒的喧囂背後，有著更低劣、腐敗、虛偽的事物。他對美國的原罪（奴隸制）越發感到震驚與恐懼，也對美國人如何利用民主的語言來遮掩他們根深柢固的生活方式感到震驚與恐懼。狄更斯認為美國在表面上看來良好，但在表象之下已然腐化。

托克維爾的經歷與此截然相反。他認為美國雖然表面上看來糟糕，但實際上可能是穩定和安全的。這種潛在的穩定和安全，體現在美國對民主的信仰裡。正因為美國人相信平等，也因為在他們的生活中平等真實存在，這使得他們相信民主是未來的道路。對美國人來說，民主近乎神意，美國似乎有一種信仰民主的宗教。托克維爾察覺美國的民主生活中，存在著不少熱鬧又莊嚴、幾乎像宗教場合的儀式，例如為了紀念七月四日《獨立宣言》週年而舉行的節慶。美國人是一群宗教感濃厚的人，他們相信天意，因為他們的信仰（整體上是新教）告訴他們關於上帝預選的事宜，也告訴他們要相信未來。[3] 當時的

3 譯註：這是一種獨特的政治神學觀點，相信人類文明未來的走向將會符合神意，因此人類必須要以行動來落實上帝的意旨。

美國人很少是天主教徒，因為這是愛爾蘭、義大利與東歐的天主教徒在十九世紀後半大舉移民到美國之前的時代，所以當時美國人鮮少有人來自由神父、迷思與宗教階級構成的世界。美國人的信仰教示的是均等，同時教示他們，他們是得救的。

但這同樣也創造了一個謎題。讓托克維爾成為一位如此有趣的作家的原因之一是，他幾乎可以在任何政治問題的解方中找到謎題，也幾乎可以為任何謎題找到解方。如果美國人生活之謎的解方，是在波動的表象下有著神意支持，如果在實驗的表象下是他們對未來的信仰，那麼這將構成一個悖論：這並不是一場真正的實驗。一個沒有人相信會出錯的實驗，怎麼可能是真正的實驗？一個所有的失誤終將得到良好結果的實驗，怎麼會是真正的實驗？信仰神意並不會構成科學意義上的實驗，只會是一種盲目的信仰表述。

托克維爾用一個故事來闡述他所察覺的關於美國生活的悖論。這件事發生在他於美國南方搭乘汽船旅行時，也是他歷時九個月環遊美國的旅程中最糟糕的經歷。當時汽船撞上了石岩或泥塊開始下沉，當它逐漸沉沒時，托克維爾察覺這艘令人印象深刻的大船，實際上非常脆弱：結構粗糙，在碰撞後開始分解。他當時以為自己會溺死於船難，也留意到的確有許多人在美國水道上乘坐汽船時溺斃。幸運的是，托克維爾最深的恐懼沒有實現。他活了下來，但這場船難讓他深受衝擊。船難結束後，他問這些汽船的製造商，為什麼他們把船製造得如此糟糕？為什麼他們不把船造得更安全些？為什麼不用更適合航行的方式建造汽船？而人們告訴他，美國的變化如此快速。在這裡一切都快速變動著，讓人們認為改善現有的汽船，並不是件值得投資的事情，因為更好的汽船很快就會問世。人們說，我們可以守著現有的粗糙汽船，並相信很快的會有更好的船隻出現。對未來的信心，可以非常危險。

用更現代的術語來說，美國的社會內建了某種道德隱憂。這個隱憂在於人們認為，他們並不需要為他們的過錯負責，因為人們活在一個如此繁盛、活力如此充沛、變化如此瞬息的社會裡，這使得他們犯下的錯，很快就會被淹沒在進步的洪流之中。但如果你是如此不幸，陷入這些人犯下的錯誤裡，那麼你很可能會跟著錯誤一起被沖走。造船者的境況很可能適用於整個美國社會。

美國所處的情境，讓它以為可以免於一般的隱憂。美國並沒有與當時世界的其他國家接壤、有著整個大陸可探索、有足夠的空間讓蓄奴與廢奴的州並存，也有餘裕得以將北美印地安人趕往大陸西方，最終導致北美印地安人毀滅。托克維爾說：「美國人沒有鄰居，因此他們不用害怕嚴重的戰爭、金融危機，不用害怕被他國侵犯或征服。」這讓美國人容易誤以為可以逃離謀殺的罪行。在白種人構成的美國社會裡，沒有比謀殺更糟糕的事，因為當時的美國人難以想像會發生什麼足以讓國家或社會崩潰的事情。這是一個太容易犯下嚴重錯誤的實驗，因為嚴重的錯誤不太可能讓犯錯者嚐到苦果。托克維爾曾說，美國發生過比歐洲更多的火災，但同樣的也有更多的火災被撲滅。在美國，民主政治持續出錯，但事態變動得如此之快，讓這些錯誤看來很快就無關緊要。這對托克維爾來說，就是美國民主殊勝之處，同時也是危險之處。危險之處在於，人們對自己犯下的錯顯得不夠嚴肅。閱讀美國民主從當時迄今的發展史，很難不認為托克維爾有其道理。

托克維爾試圖透過另一種方法，藉由檢視悖論兩端的關係來建構美國的核心悖論：表面的波動和潛在的穩定。他語帶譏嘲、幾乎戲謔地寫下他所目睹的美國大選。選戰時節是美國政治中波動最為嚴重的時期，也是喧囂幾乎變得無法忍受的時期，因為每個人都有自己的觀點、每家報紙都在尖聲嚷嚷著某個候選人當選會是世界末日或是國家救贖。正如托克維爾所說，當選舉季即將到來時，感覺就像名為美國民主的河流河水暴漲即將決堤，而每個人都將被水流席捲。美國大選有一種歇斯底里的氣氛，「（選舉）讓整個國家陷入狂熱，成了報紙的每日頭條、每個對話的主題、所有推論的目標，也是所有思緒的宗旨，是當前唯一讓人感興趣的事情。」而後選舉結束，某個候選人勝選了，暴漲的河水也跟著消退，河道恢復原狀。美國的生活恢復平靜，人們也照常過著日子。選舉看似改變了一切，但通常在實質上不會帶來什麼太大的變化，這是美國民主的矛盾力量之一：當它運作良好時，波動與穩定相得益彰，因為波動為這個深層穩定、循規蹈矩的社會，注入了活力；而穩定與循規蹈矩則預防了政治的波動失控。但美國的危險之處也在於，美國政治與社會的兩面（也是民主的兩面）很可能分道揚鑣——波動或穩定都有可能壓過彼此。許多可能會導致這個結果。

托克維爾有一句曖昧不明的名言：「多數決的暴政」，這句話捕捉了他在美國政治所見到的危險。托克維爾警告我們，這種暴政對民主政治來說非常危險，因為民主除了強調平等之外，也強調多數決。多數決的暴政，勾起了受過教育的菁英長期以來對民主的恐懼：如果任一社會裡的多數人，都是沒有能力做出正確決策的呢？如果這些人選是錯的，或如果他們選了錯誤的代表來做決定呢？如果那個名為「多數」的群體，具有某種不被約束的力量，那將是件具有潛在危險的事情。身為一個受過教育的菁英，托克維爾顯然也如此認為。任何形式的暴政都是威脅，但他也認為與其他形式的暴政相比，多數決的暴政有著鮮明的特徵。托克維爾的政治思想常存著二元性，他對這個問題的反思也是如此：多數決暴政的問題有兩個面向，也會發展出兩種可能的後果。在兩卷《論美國的民主》中，托克維爾分別以不同的方式，描繪了生活在一個多數人失控的社會中會有什麼不同的面貌。

在第一卷中，托克維爾掛慮的是民主政治波動的一面。因此，當他在第一卷（於一八三五年出版的第一卷，比第二卷要來得樂觀）裡提及多數決的暴政時，這個詞彙反映的是美國民主政治中令人振奮的那一面裡的一小部分。在這裡，托克維爾描繪了如果民主政治讓人過度振奮，會使得政治變成什麼模樣。托克維爾說，在這樣的情境下，多數決的暴政看來就像一場暴動，一場名符其實的暴動。在《論美國的民主》第一卷裡，托克維爾為此給出的例子，包含了種族暴動、私刑正義與暴民統治。如果多數決被用來展現人們對少數族裔、對無法融入社會的人、對外國人的憤怒，會發生什麼事情？如果因為這是民主國家，且這種憤怒無法被制止，而施暴的人永遠可以占多數，又會發生什麼事情？托克維爾認為美國的民主永遠蘊含這樣的危險。在今天，我們用來形容美國政治這一面的詞彙是「民粹」（populism）。民粹指的是當群眾、暴民與為群眾和暴民喉舌的政治家，直白地表現他們對政治的懷疑、憤怒與沮喪，而他們之所以如此正是因為他們認為如果這真的是民主政治，身為多數、身為這個國家裡的大宗族裔，他們應該要過得更好、政治應該要待他們更好。當那些自認為是多數的人覺得他們成了政治的輸家時，憑什麼稱呼這樣的美國是民主國家？托克維爾認為，這種政治上的直覺，有可能讓人傾向暴政，而美國的政治永遠都有可能被這種直覺狹持。托克維爾是正確的。

在第二卷裡，托克維爾表述了對多數決暴政的另一種恐懼。在這一冊裡，他呈現了美國政治另一個較為消極被動的一面。美國政治同時存在著一種多數人變得停滯、循規蹈舉的危險。活在一個認為多數人的決定是最好的決定，因為多數人的想法會得到最好的解答的社會，同樣也意味著活在一個文化變得粗糙簡化的社會，因為多數人可能是無知的。這會讓人們的生活變得怯弱死板，每個人都害怕與其他人不同而顯得招搖，同時也會單純因為旁人與自身不同就懷疑他人。儘管沒有了動亂、沒有了無所不用其極也要摧毀那些阻礙「多數」得償所願的嘗試，取而代之的卻是對那些脫穎而出、新奇、不甘平凡的人的否定。托克維爾認為，這也是美國民主政治始終存在的危險。多數人不一定會失控，但很可能會失去想像力。他擔心美國生活富含實驗的一面（那個他身為歐洲人深受吸引的一面），會被多數決暴政扼殺。這場實驗將會緩慢步向失敗，因為它將不再具有實驗精神，反而漸趨僵化，淪為它試圖逃離的歐洲社會。

美國政治這兩種面向將一直存在，而我懷疑托克維爾不確定哪一個會造成更大的危害。真正更大的危險在於，兩種扭曲民主政治的方式——民粹與盲從——會互相滋長。正如托克維爾所說，民粹主義有一個略微不尋常的特質，即民粹主義是群眾盲從的後果。因為民粹發乎於多數決暴政，所以即便是民粹最狂暴的形式，也常包含某種對特立獨行的指指點點與苛刻反對。托克維爾的這點洞察迄今依然成立，只要聽一聽美國右翼保守派主持人拉什・林博（Rush Limbaugh）那日復一日、自視甚高的刻薄評語，便能認出這一點。川普也會展現他自視甚高的一面，尤其是在他對生理機能（例如汗水、月經、細菌）表達厭惡噁心的態度時。他鄙夷身心障礙人士、鄙夷沒有生理吸引力的人，也鄙夷任何形式的外人。民主政治裡混亂的一面，總是離那種由厭惡構成的政治不會太遠。

隨著時間推移，托克維爾對美國政治的發展越發悲觀。他年輕時被美國激起了熱情，在他寫下《論美國的民主》時，不少熱情躍於文字。同時他也單純地為美國的政治著迷。但在第二卷的結尾，他開始對美國這種政治示警，認為這種將政治依附於對平等與民主的未來有神意祝祐的方式，有可能變得被動、流於盲從。被動與盲從的人民會成為實質暴君的獵物，也是民選政治人物的獵物。這些政治人物會利用人民的被動、向人民提出安逸生活的謊言，並利用人民莫衷一是的指指點點，將其轉化以達到破壞民主的成果。美國民主政治總是存有這樣的風險。

部分讓托克維爾變得越發悲觀的原因，是他自身的政治經歷同時也越發慘淡。他一生最重大的政治事件發生在法國：另一場法國大革命。這場革命發生在一八四八年，而那一年，前撲後繼的政治波盪席捲了歐洲大陸。有這麼一段時間，革命的巨輪似乎又開始轉動。許多不同出身的人對一八四八年的革命投注各自不同的政治願景：對於像托克維爾這樣的自由主義者來說，這個願景是透過憲法改革傳統的政治；對於更激進的思想家來說（包括許多社會主義者），這場革命意味著有可能徹底改變政治和社會。然而這一次，革命的巨輪沒有徹底翻轉，巨輪從來都沒有真的轉動。一八四八年革命以失敗告終。對托克維爾來說，這些失敗部分是種解脫，因為他對巨輪徹底翻轉、甚至只是半轉都沒有太多興趣；但同時，他也經歷了自由主義者的失望。在他看來，哪怕他對改革抱有微薄的希冀，也消逝在政治的複雜性、歷史的深厚與人民的痴愚裡。由此看來，一八四八年體現了他對歐洲政治一直以來的恐懼，即歐洲的政治無法改革自身，因為它太容易陷入過往所犯下的錯誤。

作為一名政治家，托克維爾親眼目睹了這一切。他不只是書寫政治而已。時機允許時他挺身而出，實際藉由投身政治嘗試推動改革。但他不是一名太好的政治家。在一八四八年革命之後動盪的政權中，他曾短暫出任法國的外交部長。在任期間，他嘗試為政局引入托克維爾式、對於可以如何更好地讓政治運作的方案——尤其是關於政治難免存在悖論、難免矛盾這一點。不出所料，這種嘗試沒有成功。他後來寫了一篇文章，把這一次的經驗稱之為一段深刻的幻滅經歷。他對一八四八年的法國政治，有著狄更斯在十年前造訪美國時的體驗：這樣的政治有著表面的振奮、有著初始的熱情，讓人們認為也許這是一個新的政治的起點、認為這就是他一直在追尋的事物；然而他很快就發現了，在這些表面之下，政治已然腐化。舊政治依然延續，投身這樣的政治裡的人多是虛偽，其中沒有人坦然，願意不擇手段的人也將獲勝、劣幣終將逐離良幣。這就是托克維爾在一八四八年投身政治惹得一身腥的經歷與後續。法國並沒能透過這場革命自救。

與此同時，隔海相望，他看著美國一步步走上一條越趨危險的道路。托克維爾在一八五九年離世，比美國民主政治最大的災厄爆發還早了兩年。而這場災厄，正是霍布斯堅持認為任何政治制度不惜一切也該避免的境況：一場內戰。托克維爾沒有活著看到內戰爆發，但在他去世之前，他很清楚美國的民主實驗深陷嚴重困境。美國政治的兩個面向漸趨漸遠，而它們之所以不再相互滋養，正是因為美國政治默認了奴隸制的存續。美國社會向來被深刻的種族分歧，以及伴隨這種分歧而來的緊張氣氛籠罩。在奴隸制這個難題上，美國的政治變得更加動盪、也變得越發自滿。這個議題激起了更多的憤怒、更多的喧囂，與更多的表面波盪，但同時，很少有人真的試圖改變美國的政治、試圖拯救它或試圖嘗試新的政治。在他去世之前，托克維爾發覺他在《論美國的民主》中所講述的，關於美國民主政治的故事，將會變得越加暗淡——哪怕相比他在第一卷中起始的積極，第二卷中後已經變得暗淡。美國社會有著尚待解決的基本問題，而這個問題幾乎過於棘手。然而，美國民主那種表面的波動與深層的被動的奇異組合，並無法有效解決這些難題。要解決這個難題，絕對無法透過美國引以為豪的憲政秩序，美國必須要付出一些成本。

但就算如此，托克維爾也沒有說民主不會是政治的未來——我認為他從來不相信如此。他依舊認為民主是某種蘊含神意的政府體系，是上帝意旨人類所該擁有的制度，因為托克維爾認為民主的根本原則最終將成為所有政治基礎的原則，即便在歐洲也是如此。而這個原則，就是人類在某種程度上是平等的。對托克維爾來說，現代世界的特別之處，就在於他所謂的「平等的情境」日益增強。現代性之所以與之前的時代有別，就在於現代性逐步地、漸進地脫離傳統的階級社會，用新的階級關係來取代舊有的社會階層，而這包含了將「多數」與「代表」視為階級頂端（所以少數應該服從多數、而多數應該服從代表）。階級還是存在，但舊有的階級制度開始失去掌握社會的能力。這不僅是個別社會的發展方向，也是所有社會的發展方向。這無法被阻止，而終有一日，這將席捲歐洲，就算一八四八年不是它在歐洲實踐的一刻，那一刻終究會到來；而最終，它將會席捲全球。

在《論美國的民主》裡，托克維爾嘗試提出一個讓民主政治得以持盈永續的想像。在這個想像裡的民主政治，將不會受美國生活的起起落落，更不用說美國選舉的起起落落，或受歐洲國家的政治動盪影響。托克維爾描繪了一個關於政治的未來，在那個想像裡，世界各國最終可以區分為兩種政治形式：一種以美利堅合眾國為代表，另一種以俄羅斯為代表。這裡的俄羅斯當然是他那個時代的俄羅斯——一個貴族社會，比美國甚至英國、法國都還要受階級制度影響的社會；但與此同時，它是一個強大的國家，地域廣闊、不受歐洲小打小鬧所限制。托克維爾認為，在現代性的政治世界裡，美國和俄羅斯最終會代表兩種相互競爭、關於我們該如何構成國家的願景而發生衝突。

在冷戰期間，這個近乎預言的願景，是讓人們重新閱讀《論美國的民主》的原因之一。自他去世迄今，托克維爾的著作反覆的流行與退潮。有些讀者覺得他的論述既深刻又富有遠見；其他人則看到一個容易受騙的法國貴族，看到他如何在旅遊中對異國的政治過度振奮，而後開始反悔。從一九五〇年代到一九八〇年代，許多讀者認為托克維爾已經深刻掌握了兩極政治形塑世界秩序的未來。從這個立場觀之，俄羅斯指的是蘇聯，而不是帝制時期的俄羅斯，而蘇聯是一個從追求政治平等的意義上，比美國所經歷過的任何嘗試都要極端、專橫、虛偽的實驗。但就算俄羅斯成為蘇聯，托克維爾關於美、俄兩極對抗的啟示仍舊適用。然而，蘇聯這個美國民主政治的對手崩壞，也證明蘇聯的實驗失敗。於是又一次地，在二十世紀末，美國的民主看起來仍舊是神意的體現，是上帝對宇宙的安排的一部分。正如托克維爾在《論美國的民主》的導言中所寫：「想要阻止民主政治，似乎就是在與上帝本人對抗。」民主一直都是政治的未來，而在一九八九年，這個未來已經到來。也許在當時，我們到了歷史的盡頭。也許是如此。

在今天，我們又開始活在兩極強權相互競爭的世界，但這不再是美國與俄羅斯之間的競爭，而是美國與中國之間。從某個角度來說，這個競爭模式依然符合托克維爾的預期。這兩種政治體系都宣稱他們體現了未來，也都宣稱他們體現了現代政治的基本原則：這個原則並不是民主，而是平等的代表制。中國這個國家代表了中國人民，而美國則代表了美國人民，兩個國家都宣稱，他們是在平等的基礎上代表並保護他們的人民，然而他們所體現的卻是截然不同的政治。其中一個國家有著民主政治，其中一個沒有。兩種體系也體現了非常不同的政治控管的方式，對於該如何實驗政治也有著截然不同的理解。在二十一世紀初，是中國政府還是美國政府更有能力面對自身所面對的挑戰，尚未有定論；而哪一個國家面對著更大的道德潛在危難，同樣沒有定論。中國和美國都有足夠的能力，自認能夠安然擺脫它們所犯下的錯誤，直到它們犯下對所有人來說都足以致命的錯誤。

我並不清楚這個中國與美國的兩極政治故事會走向何方，而我想沒有人會清楚。有許多政治評論家相信，我們正在經歷一個世界霸權從美國過渡到中國的世紀，是從一種對平等的理解轉移到另一種理解的時刻，也是從民主政治轉移到另一種政治的世紀。當然，要就此下定論還言之過早。但至少我們可以清楚明白，托克維爾說民主是一項重大實驗的敘述是正確的，而如果民主真的是一場實驗，它就不能是神意的展現，因為實驗總會有失敗的風險。

第5章

馬克思與恩格斯論革命

《共產黨宣言》

（*The Communist Manifesto*, 1848）

卡爾．馬克思（Karl Marx，一八一八年至一八八三年）和弗里德里希．恩格斯（Friedrich Engels，一八二〇年至一八九五年）都出生自日耳曼富裕的上層中產階級家庭：馬克思的父親是一位成功的律師，擁有自己的葡萄酒莊園；恩格斯的父親是一位商人，在蘭開夏郡（Lancashire）擁有自家的紡織廠。恩格斯第一次見到馬克思是在一八四二年的科隆，當時他正準備啟程前往曼徹斯特，開始在家族企業工作。馬克思當時是某個激進雜誌的編輯，發表了恩格斯早期的一些報導。他們在一八四四年再次相遇，此時的馬克思已經流亡巴黎，而這一次，他們成為終生摯友與合作者，儘管兩人仍舊會以各自的名義出版寫作。恩格斯的第一本書《英格蘭工人階級的處境》（*The Condition of the Working Class in England*）於一八四五年問世，且深受馬克思的推崇。《共產主義宣言》（一八四八年）是他們合寫的主要著作。一八五〇年，馬克思移居倫敦，並在那裡度過了餘生。他畢生心血之作《資本論》（*Das Kapital*）的第一冊在一八六七年出版，第二冊與第三冊則是在恩格斯逝世後才付梓。這兩人同時也是多產的記者。從一八五二年到一八六二年間，馬克思被《紐約每日論壇報》（*New-York Daily Tribune*）聘為歐洲通訊記者；恩格斯則藉由極富爭議的寫作，成為後來被稱為馬克思主義的思潮的主要宣傳者，像是：《反杜林論》（*Anti-Dühring*，一八七八年）、《社會主義：烏托邦與科學》（*Socialism: Utopian and Scientific*，一八八〇年）。在他人生最後的十年，馬克思的健康狀況開始每況愈下，是由同時還在家族企業工作的恩格斯協助照養馬克思的家庭。他們兩人都嗜酒，而恩格斯看來更懂得享受生活，因為他把「愉悅」視為他最喜歡的美德。馬克思死後留下的遺產價值約為兩百五十英鎊。恩格斯留下的遺產總值則約為兩萬五千英鎊（換算到今天則是兩百五十萬英鎊）。馬克思被埋在倫敦海格特公墓（Highgate Cemetery），而恩格斯的骨灰則被灑落在英格蘭南部海岸的比奇角（Beachy Head）。

在構成現代國家起源的觀念裡，有沒有屬於經濟學的位置？到目前為止，我討論過的所有思想家，都明白這是至關重要的問題。政治關係永遠無法全然獨立於經濟關係之外，而政治哲學家們也深諳這點。以霍布斯為例，他對金錢及其運作方式非常感興趣。他堅信主權國家在得以決定什麼是和平的同時，也必須決定什麼是金錢。主權者將必須決定金錢是由紙製成、還是黃金？如果霍布斯還活著，如果他能觀察我們所居住的世界，如果我們能問他，在今天，是什麼對主權國家構成最大的威脅？霍布斯可能會說出那些傳統上代表秩序大敵的詞彙：暴力、恐怖攻擊、戰爭、疫病；又或者，他可能會說最大的威脅是比特幣。現代國家一直戒慎恐懼地捍衛控制貨幣供應的權力，而加密貨幣有可能改變這一切。

沃斯通克拉夫特曾經敏銳地察覺就業問題，而這是屬於經濟領域的問題。她對女人得以如何就業謀生的問題非常感興趣，因為受薪就業的可能是解放女人的基礎之一。在她寫作的時代，女人得以選擇的就業範圍極為有限，而她認為，女性無法正常就業的社會，不可能擁有公正的社會秩序。是以就業權對她來說，是女性權利的核心之一：女人得以從事受薪且不是賣淫的職業。

康斯坦也一直深思關於信用與債務的關係，而這貫穿於現代商業社會的關係。債務是另一種形式的金錢，在債務人與債權人的關係裡，我們很難確定誰擁有更多權力。人們常言，如果你積欠銀行十萬英鎊的債款，銀行將有權力控制你；但如果你積欠銀行的債務達到一億英鎊，那麼你將會擁有得以控制銀行的權力。康斯坦知道現代國家總是負債累累，而國家的債權人包含了它的公民。現代國家慣於借債，而如果國家積欠公民債務，那麼誰將擁有真實的權力？這是典型的現代政治問題之一。

托克維爾對美國的企業家精神與美國的企業感到著迷。就連讓托克維爾驚嚇的美國製船業者（那些將船隻粗制亂造放入河道，並欣然看著船隻沈沒，只因為新的、更好的船隻即將問世的業者），也只稍稍抑止了他對美國企業的迷戀。托克維爾依舊對美國商業與經濟的動力印象深刻。因為他深刻明白，美國民主的動能部分正來自這樣的經濟動能。

從霍布斯到托克維爾所關注的事務——金錢、工作、債務、企業家精神，這些都是經濟範疇的主題，但對於以上這些思想家來說，這都無法構成他們所追求的政治改革的真正核心。對他們來說，政治才是首務，而後才是其他。他們都認為，是現代社會的政治秩序，創造了讓這種充滿活力的經濟活動得以存續的環境。而這意味著，如果要重整經濟秩序，我們必須要重整政治秩序，但這種對政治與經濟關係的理解、這種政治為首經濟次後的理解，很可能會受到挑戰。

其中兩位挑戰這種理解的人，是馬克思和恩格斯。這一章的主題，是關於他們共同撰寫的一部精簡、同時又深具爭議的文本。與其說這文本是一本書，不如說它是本長篇小冊，它就是《共產黨宣言》。這兩個人都是著作等身的作家，而《共產黨宣言》只代表了他們出版作品的一小部分——無論這些作品是他們各自獨立寫成，或是兩人的共同創作。它既沒有對後來被稱為馬克思主義之思想的複雜陳述，更沒有對馬克思主義的細膩表述，但某方面來說，它卻是最能清楚表達馬克思主義思想的著作，而且它也確實從基礎上，挑戰了現代政治那強調政治優先的霍布斯式前提。他們提出的另一種觀點是，政治秩序是次要的，因為構成社會秩序的基礎是經濟關係。根據這種觀點，政治改變了這些經濟關係，但政治無法決定經濟關係。將政治視為首要的預設，基本上誤解了人類作為行為能動者與社會變遷的本質。如果我們想要有更好的政治，便會需要更好的社會；如果我們想藉由政治來落實讓社會變得更好的願景，那麼我們也必須明白，政治只是達到目標的方法，而非目的。事實上，改善社會的最終目的，很可能完全排除政治。再沒有比《共產黨宣言》更強力論述這種觀點的著作。

基於這種視經濟為首務的思維，接受馬克思主義的觀念史家，往往試圖從物質情境著手，來解釋政治哲學家的觀念是如何生成。在這樣的基礎下，他們認為霍布斯的思想，體現了那種視政治優先於經濟的思維有多膚淺，而這是因為他們認為霍布斯在他的政治論著裡，過分粗糙地解釋了早期資本主義如何出現。在讀到霍布斯說，「在國家無法涉足干預的領域，公民得以追求任何最能滿足自身利益的事務」時，馬克思主義者會認為霍布斯這麼說是在正當化追求私人利益這件事，而這正是資本主義的命脈。但這只是片面地理解霍布斯。不能因為霍布斯比起談論生產能力，花了更多時間與篇幅論述虛榮所造成的問題，就說霍布斯是一個為新興布爾喬亞（我們今天會說是中產階級）辯護的政治理論家。實際上，比起商人與商人彼此之間的競爭，霍布斯始終更關心貴族與貴族的掙扎。在霍布斯對政治問題的想像中，會造成嚴重傷害的衝突的，更可能是來自貴族之間的名譽衝突而非經濟衝突。

但撇開思想史的詮釋問題不談，馬克思和恩格斯從基礎上對霍布斯式的國家概念提出深切的挑戰。我們可以用一種很簡明的方式來說明這種挑戰：對霍布斯來說，政治的難題，在於要怎麼停下那永無止盡圈轉的革命巨輪，停下那不斷隨著巨輪圈轉、隨著巨輪上位而後又失權的輪迴反覆出現，停下質問你究竟選擇與誰站在同一邊、關於政治那種非此即彼的詰問。在霍布斯看來，要一勞永逸地解決這種革命所帶來的問題，需要創建現代意義的主權國家，而這個國家將會超脫那些屬於前現代政治的選擇；但對馬克思與恩格斯來說，政治本身（現代主權國家的政治）就是問題，而革命，才是一勞永逸解決問題的方式。

《共產黨宣言》在一八四八年初出版，而一八四八年正是歐洲歷經革命動蕩的重要年分。這看似有些巧合，這本書寫革命政治的重要馬克思主義文本，竟然與在一八四八年歐洲爆發的革命同時出現。但《共產黨宣言》是在一八四八年的數個月前，即一八四七年在革命爆發之前構思而成。馬克思和恩格斯認為，他們撰寫《共產黨宣言》的主要目的，是為了解決他們所屬的激進工人運動的內部爭議。他們的目標受眾是共產聯盟（the Communist League）的成員，且他們兩人都堅信現代歐洲國家正處於隨時會崩潰與轉型的時刻。但在一八四七年他們構思《共產黨宣言》時，他們還不知道一八四八年的革命即將到來。當一八四八年到來、當革命爆發，革命本身又在某種程度上超越了《共產主義宣言》的論述。[1]在這個屬於革命的年分裡，出版了許多形式不同的作品（包含各種的宣言、政論與小冊），這使得這一年出版的著作很容易埋沒在過多的出版品中。這時候的馬克思與恩格斯都還相對年輕（馬克思三十歲，恩格斯二十八歲），他們發現自己在一個充滿男人（無論長幼）與一、兩個女人的政治環境中創作，而這些人都急於寫作，試圖告訴世人政治可能的轉變方向是什麼，以及在面對這些轉變時，人們該如何自處。《共產黨宣言》也是這樣的一部作品。在一八四八年，這只是又一個不被重視的出版品，又一個想成為歷史代言人的失敗嘗試。但從一八四八年之後，《共產黨宣言》的歷史所展現的，不僅只是文本的作者擁有生命，文本本身也有自己的生命歷程。

一八四八年之後，《共產黨宣言》的生命充滿了戲劇性的轉折，有過瀕死的經驗，也曾重獲新生。在革命性的轉變看似可能甚或迫在眉睫的年代裡，《共產黨宣言》總會被廣泛閱讀。在十九世紀下半葉有許多這樣的時刻，馬克思與恩格斯也都曾親眼目睹他們在一八四八年表述的理念幾乎成真。最戲劇化的一年是一八七一年，屬於巴黎公社（The Paris Commune）的一年，當時人人都在說共產主義的政治可以被實踐，但巴黎公社很快就失敗了，共產政治錯失了良機。每每在適逢經濟危機的年代裡，鼓吹革命的思潮（包含馬克思和恩格斯的思想）往往被注入了新的活力，資本主義的失敗，似乎總暗示著革命性的轉變有可能。在一八五七年的美國和一八六六年的歐洲，都曾發生過戲劇性的銀行危機。從一八七三年開始，西方經歷了近二十年的經濟蕭條，其中包括在一八八四年和一八九〇年發生比蕭條更嚴重的金融恐慌。然而《共產黨宣言》中所預言的，會使資本主義政治崩盤的最終危機從未真的到來，馬克思和恩格斯也沒能活著見證它的到來。歷史走上了不同的道路。在一九一四年，隨著第一次世界大戰的爆發，《共產黨宣言》的理念蒙受近乎奪命的衝擊。因為事實證明，即使能有選擇，全世界的工人也不會因此團結起來——全世界的工人選擇與本國的資本家團結一致、攻擊彼此。

然而在一九一七年，《共產黨宣言》重獲新生。一場成功的共產主義革命終於爆發了，而且發生在俄羅斯，這個馬克思和恩格斯認為共產革命最不可能爆發的地方。這是發生在一九一七年底的列寧革命（又名布爾什維克革命），而不是發生在一九一七年春季的自由主義革命，因為這場自由主義革命留下的成果所持續的時間與巴黎公社差不多。

1 譯註：作者在此的意思可能是說，《共產黨宣言》的論述對象始終是共產黨人，然而興起一八八四年革命浪潮的參與者，卻絕非僅只是共產黨人。

這場成功的布爾什維克革命將《共產黨宣言》從一份政治宣言，轉變成一部神聖的經典，是馬列主義（這是後人賦予這場革命主導哲學的名詞）聖經的其中一書。在蘇聯及其不斷擴張的帝國中，《共產主義宣言》被反覆閱讀、解析和詮釋，彷彿它蘊含了那始於俄羅斯、終將延展至全球的未來社會的一切真理。

與此同時，到了二十世紀中葉，對《共產黨宣言》的另一種理解，開始在西方站穩腳跟。這在後來被稱為西方的馬克思主義（Western Marxism），試圖不把《共產黨宣言》視為一部展示未來展望的著作，而是從這個文本自身的過去來理解意涵，同時也試圖重建那些屬於十九世紀初期政治思想的觀念，因為正是這些觀念形塑了《共產黨宣言》（換言之，以黑格爾〔Hegel〕和費希特〔Fichte〕來取代列寧與史達林）。[2]這麼做的目的是要讓馬克思主義更加人性化，使它不再那麼機械化、不再那麼僵化，也讓它更能接納不同的詮釋。這場關於應該如何閱讀《共產黨宣言》、在西方與東方之間的爭鬥，反映了冷戰政治中一些重大的衝突。

在一九八九年，《共產黨宣言》又經歷了一次瀕死。在當時，那些以共產主義自居的東歐國家開始崩潰，而始於一九一七年的革命開始枯萎。巨輪又一次轉動，《共產主義宣言》看似要重新被埋進歷史的塵埃。然而在二〇〇八年，在全球金融危機與隨之而來的經濟大衰退時，《共產黨宣言》再一次重生。因為每當資本主義陷入真正的劫難且隨時可能會爆發的處境時，《共產黨宣言》總會成為人們試圖閱讀，並希冀能從閱讀中理解究竟發生了什麼事情，以及接下來事態可能會有什麼發展的書籍。

這本一八四八年出版的關於革命的書冊，其曲折離奇的生命歷程，可能會讓馬克思與恩格斯感到驚喜（當然也可能不會）。他們的人生夠長，見識到了一次又一次對於革命性變革的希望與失望、見識到他們的理念被賦予新的生命而後又失去生機，也認知到從理念到實踐的過程是如此長路漫漫。但當他們寫作《共產黨宣言》時，他們並沒有花太多時間鋪陳，而是在很短的時間內完筆，主要是由馬克思主寫，恩格斯從旁協助，但其中一些更尖銳、更精準的觀念與用詞可能來自恩格斯，他是比馬克思更尖銳精準的作家。他們當時都是兼職記者，而恩格斯更精於報導文學之道，至少恩格斯的文筆比馬克思要來得精要簡潔。馬克思是負責醞釀重要觀念的人，為了陳述他的觀念，他的筆觸可能會

2 譯註：作者在這裡使用了一點文字遊戲。一般而言，學界會認為黑格爾與費希特這兩位哲學家對馬克思有著深刻的影響，而這種影響也部分體現在《共產黨宣言》的論述裡。作者在此要說的是，這種二十世紀中葉開始對《共產黨宣言》的理解，把原本馬克思受黑格爾與費希特深刻哲學意涵的影響，拿來取代列寧與史達林的深刻政治影響。

顯得有些緩慢綿長，但這一次可不行。不到八週，他們就完成了這部作品，寫得十分迫切，因為他們認為革命的時機成熟了，帶來徹底轉化的改變隨時可能發生，而他們希望能為此做好準備。更重要的是，他們想確保其他共產主義者不會錯過這個機會。

如果要用一個詞彙來概括《共產黨宣言》，那個詞彙是「不容妥協」(uncompromising)。無論從它的形式或從內容看來，它都是一份不容妥協的文本。你只要讀個幾頁就能明確感受到作者為了陳訴目的的不耐煩，以及不願妥協的情緒。這是一份絕不妥協也反對妥協的文本，試圖說服任何一個追求實質社會變革的人，不要嘗試和他們想推翻的秩序達成協議，因為在追求變革的人與既有的秩序之間，沒有任何容許協議存在的空間。想要帶動社會變革的人絕不能認為，他們可以與他們想推翻的世界之既有掌權者達成協議，並從協議中獲利。他們絕不能認為改變，且是實質的、徹底轉化社會的改變，會從現狀逐漸演化而生。他們要明白，必須徹底推翻現有的秩序、必須全然截斷與既有的秩序的聯繫，巨輪必須從頭到尾徹底翻轉。

馬克思和恩格斯認為你無法與現代資本主義社會的秩序妥協的原因在於，這個秩序的政治制度本身是個騙局。工人們不應該認為這樣的制度，這樣一個以自由、權利、就業機會、正義甚或是民主的語言來粉飾其本質的制度，能真的為工人階級帶來這些語言所承諾的事物。正是因為這樣，《共產黨宣言》直接攻擊了現代政治的一項基本原則，即是現代國家自始至終都建立在某種雙重制度上。這種雙重制度也是現代國家的特徵，現代國家（霍布斯式的國家）既是壓迫的也是解放的，它同時藉由恐懼與希望來達成統治，也同時提供了安逸與恐懼的可能。在馬克思與恩格斯看來，這樣一個藉由暴力來挽救人民免於暴力之中的國家，純粹是場騙局：因為國家就是壓迫，除此之外什麼都不是。國家就是強制人民違背自身意願行事的工具。

對馬克思和恩格斯來說，現代國家單純只是資產階級的壓迫工具，但資產階級永遠不會承認這一點，因此他們必須把他們的暴力佯裝成其他事務。如果揭露了自由主義與資產階級的政治，單純只是藉由壓迫勞工來使資產階級得以追求自我滿足的工具，這將會讓這種政治無法運行得宜。如果你揭露了現代國家的真相，現代國家會顯得太不留情，所以現代國家必須被粉飾為其他形象。如果問題變成「資本家知道現代國家是個騙局嗎？」、「資本家在自欺欺人嗎？」、「他們真的相信那些資產階級文人對自由、權利與自主權的論述（就像康斯坦那樣）嗎？他們真的知道他們在做什麼嗎？」，或是「難道他們也騙過了自己？」那我想馬克思主義者的答覆會是，這一點也不重要。無論真相如何，你就是不該與這些資產階級打交道。如果他們自知是編織謊言的騙子，你要怎麼跟他們打交道？這些人無法被信任，他們只是怪物。而如果他們只是連自己也矇騙了，如果他們並不知道他們做了些什麼，你又要怎麼跟他們來往？如果真是如此，他們又太過愚蠢，你還是無法跟他們打交道。

讓《共產黨宣言》如此不容妥協的部分原因在於，馬克思和恩格斯對資本家的絕對蔑視，尤其對他們在現代國家中所扮演的角色。這不僅包含了知識階級（他們稱這些人為「有用的蠢材」）所扮演的角色，還包含了政治家以及那些為資本家所用而成為壓迫工具的技術官僚。但必須留意的是，儘管馬克思與恩格斯蔑視這些人，儘管他們蔑視這些活在資本主義社會裡的人，他們一點也不蔑視資本主義本身。他們完全不蔑視資本主義這個深具效能的經濟體系。如果你讀了一八四八年原版的《共產黨宣言》，快速且不受其他詮釋影響的閱讀，你會發現《共產黨宣言》最令人震驚之處在於，它表現了馬克思和恩格斯對資本主義的敬畏之情。他們為它的生產力、為這種構成經濟的形態所能蘊含的改變可能、為這種安排生產方式的模式感到震懾。坦白說，他們被藉由剝削勞動力所能帶來的生產動能所震懾，被這個他們希望能夠藉由革命推翻的秩序在革命真的到來前所創建的成就所驚駭。

儘管在一八四八年，馬克思和恩格斯還相對年輕，但他們已經親身經歷過一場重要的革命——工業革命。他們的父親與祖父輩可能得以一窺工業革命，但要直到十九世紀中葉，這場革命帶來的轉變才開始變得顯眼。這場革命是由資本主義的生產模式以及它對利益的追求所推動。這場革命取得了什麼樣的成果？正如馬克思和恩格斯在《共產黨宣言》中所說的，在一八四八年，你只需要環顧四周，看看有什麼事物開始成為可能，你就會明白這場革命的成就，無論身在英國、西歐、美國，甚至逐步地在世界各地都會感受到。這年頭許多成為可能的事物，在幾個世代之前甚至無法想像。他們如是說：「資產階級在其短短一百年的統治中，創造了比前幾代人的積累都還要宏偉龐大的生產動力。他們成功馴服了自然的力量，讓它臣服在機械之下。他們將化學應用於工業與農業、蒸汽航行、鐵路、電報，他們在大陸拓殖、將河流轉為運河，從地力中硬生生開掘出滋養更多人口的資源。在此之前，有哪個世紀能夠如此預知到，這種生產力長期以來一直沉睡在社會勞動裡？」

在這裡，他們看似暗示說是資本家（資產階級）完成了這項壯舉。但這不是他們的真義。他們的意思是，資本主義這種經濟模式完成了這一切。所以試著想像一下，如果你成功擺脫了資本家，資本主義能夠做些什麼？

馬克思和恩格斯用另一種方式，來說明資本主義這個帶來非比尋常轉變的力量。他們說這就像是魔法，他們認為這個力量既神奇也難以理解，但更重要的是，他們知道對於召喚出這股力量的人來說，這一切都無法理解。「現代資產階級社會因為它的生產、貿易與財產關係，使得作為召喚出如此龐大的生產與交易動能的社會，就像一個再也無法控制自身藉由咒語召喚出來自陰間的力量的咒術師一般。」資本家已經失去了控制他們自身魔法的能力，且他們不了解他們所釋放的力量。也正因為他們不了解這股力量，使得資本主義不可避免具備了一個週期性的特徵：它將循環反覆地陷入危機。每一次連綿發生的危機之所以會發生，都是因為資本主義的力量遠遠超乎那些自以為掌握了資本主義的人。資本主義對他們來說太過強大了，它生產了太多事物，結果這種過度生產最終讓資本主義陷入危機。在資本主義社會裡反覆發生的事情總是千篇一律：人們生產了太多、遠超乎勞動者所能承擔的東西；而勞動者之所以無法承擔，正是因為他們的勞力被過度壓迫也被過度低估，使得他們失去購買的能力，但也唯有如此，勞動者才能生產出如此多的東西。這成了惡性循環，負責資本主義生產動能的勞動者，並沒有相對應的經濟能力來支付他們所生產的事物。這讓資本家暴露於危險之中，因為他們手上有太多滯銷的生產品。於是乎產品的價格開始降低，而削價競爭也開始出現；這使得資本家開始相互淘汰，也意味著資本家為了節省成本，必須開始開除勞工；這讓勞工變得更加貧苦，更沒有能力支付他們所生產的事物。如此一般，資本主義的惡性循環讓人們一步步流落一個不只勞工悲慘，是所有人都悲慘的處境。

對於馬克思和恩格斯來說，資本主義永遠都無法遠離下一個生產過剩的危機。當危機到來時，會發生什麼事情呢？其中一種可能是爆發革命，我們稍後會談論這點。但現在我們先討論另一個問題。當危機到來時，資本家們會做些什麼？馬克思和恩格斯認為，當危機來臨時，資本家其實沒辦法做些什麼，而這不僅是因為他們完全不了解他們到底釋放了多麼龐大的力量。根本上來說，資本家所能做的只有兩件事，而這兩者都取決於國家的強制力。當危機爆發時，資本家可以加倍施壓以期能維持內部秩序。換句話說，當勞工罷工時，資本家可以申請調動軍隊來脅迫勞工恢復作業；如果勞工反抗，他們也能利用武力來瓦解罷工。另一個方式是，資本家可以嘗試征服其他市場，尋找另一個可以銷售產品的地方及受眾。這意味著資本主義有著堪比建構帝國的擴張方式，因為對資本家來說，新攫取的殖民地除了作為傾售滯銷產品的地方之外，還能有什麼意義？馬克思與恩格斯寫道：「資產階級社會太過狹隘，不足以支應資本家所創造的財富。然而資本家能怎麼度過這類的危機呢？其中一個方法是強制破壞生產力；另一個方法，則是透過征服新的市場，與此同時也對舊市場進行更徹底的剝削。換言之，資本家面對眼前危機的處理方式，不過是為未來影響更廣也更有破壞力的危機鋪路，同時也減少了可能可以預防未來危機發生的手段。」從長遠來看，這兩種策略都無法成功。對內施加更多壓力會造就更多的內在壓迫，只是揭露了現代資本主義社會的謊言，揭露了它本質上是一個不斷索取保護費的體系；而資本家對外追求市場，造就了一個更加相互牽連的社會（我們今天稱之為全球資本主義），卻也只意味著下一個危機的規模將會更大。相互牽連的市場會導致相互牽連的危機，而最終，無可避免地，我們將會面對一個既無法透過內在壓力，也無法透過外在擴張與征服來規避的危機。

如果連資本家都不了解他們到底做了些什麼，又有誰會了解資本家的作為及其後果呢？馬克思和恩格斯認為，他們兩人明白，他們了解資本主義的本質及其可能的後果，而他們在《共產黨宣言》裡列出了他們所分析的資本主義基本結構。他們藉由兩人筆下的其中一句名言來解釋政治，「階級鬥爭的歷史」（「迄今為止所有社會的歷史，都是一部階級鬥爭的歷史」）。政治衝突就是階級衝突，而發生在資本主義社會的根本性衝突，則是資產階級與無產階級之間的衝突。但是無產階級了解資本主義嗎？這是馬克思主義思想中一個深刻也無解的問題：勞工是否真的了解自身的處境？從某個意義上說，勞工應該要了解這點，因為他們是被剝削的人，對他們來說，不可能相信資本主義的謊言；但在另一種意義上，正因為勞工被剝削了，所以勞工並不了解他們的處境，因為剝削使人盲目，而這更接近之後列寧的想法。一旦陷入貧困與被剝削的情境，想要了解周遭究竟發生了什麼也會變得越發困難，因為人們的視野被貧困與剝削侷限了。貧窮（尤其是赤貧）讓想像停滯。但即便如此，我們依然可以視無產階級為政治能動者，視他們為改革的能動者，因為他們是一群最不受資本主義矇騙的人。他們無法全然擁抱這個謊言，因為這個謊言每每在他們的日常生活經驗裡被揭穿。被剝削的經驗是病態的，如果你是無產階級的一員，那麼國家對你來說就是個不證自明的壓迫機器；在某個時刻，當你發現國家只是壓迫你的人手中掌控的某個工具時，國家關於權利、正義與自由的言論會變得不再可靠。

正因如此，要改變事態，我們需要的是由無產階級來接管國家。壓迫的工具必須被轉而用來對付原本的壓迫者，而這意味著革命。革命並不是要顛覆資本主義，不是要終結資本主義的生產力，因為馬克思和恩格斯深深為資本主義的生產力著迷，並由衷希望能維持資本主義那非比尋常的工業能力，他們只是想要讓勞動者也能享受資本主義的利益。革命將會讓原本使資本主義系統運作的人，被那些原本被這個系統壓迫的人取代：勞工將接掌一切，而當這一刻到來，一切都會隨之改變。其中一件必須要改變的事情是國家所扮演的角色。在之前，國家的存在是為了壓迫勞工，但現在勞工掌控了國家。那麼，是誰需要被壓迫呢？

首先，資本家需要被脅迫。在新的時代裡，武力仍是必要，因為資產階級並不會這麼輕易地放棄他們所握有的國家權力。《共產黨宣言》清楚地表述，國家的權力需要被用來對抗那些曾經濫用國家權力的人。我們必須改變槍支與軍火威脅的方向，轉指向原本持有軍火的人。但《共產黨宣言》同時也暗示了另一種可能性。如果被剝削的人掌握了國家權力，讓國家最終只是為了規範工業經濟的模式而存在，不是為了剝削和壓迫勞動者，那麼也許我們根本不需要國家。如果國家的存在不再如馬克思和恩格斯所想，如果國家不再是階級壓迫的工具，那麼，一旦我們擺脫了利用國家來進行壓迫的資產階級，我們還需要國家嗎？有時候，在馬克思主義的革命思想的前臺（當然這個想法更常埋藏在背景的景深裡），我們似乎可以看見一個希冀著國家完全消失的夢想，哪怕這個夢想可能永遠不會實現。

以下就是構成《共產黨宣言》中所表述的馬克思主義的四大基礎：資本主義、危機、階級、革命，但這還不是《共產黨宣言》的全貌。它忽略了某個可能是最重要的觀念，儘管這個觀念也最常被忽略。對《共產黨宣言》十分重要的另一個概念，是「國際」（the international）的概念。《共產黨宣言》所呼籲的改革應該要是一場國際運動。它必須是國際性的改革，最終將導向某種新的、在國際場域上發生作用的政治形態，在這場運動之後，我們應該要能夠擺脫並克服民族國家的束縛。「全世界的無產階級團結起來」這句名言邀請的對象，是「全世界」的勞動者，因為階級超越了國家疆界。這個觀念在一九一四年幾乎被扼殺、理想幾乎消亡，但又不曾完全消失，因為這樣的夢想永遠不會全然消散。畢竟超越國家疆界，訴諸國際團結的理念，有著太強大的吸引力。

如果我們把這些組成馬克思主義思想的觀念集結起來，我們會得到一個極具說服力的論述：資本主義發生的危機將導致國際無產階級革命。對於馬克思和恩格斯來說，這些觀念必須集結在一起。這個觀念組合的力量極為強大且將持續存在，因為它能夠以不同的方式、在不同的脈絡下直指人心，但很少有人完整地吸收整個觀念組合，尤其是現在。《共產黨宣言》的命運，就像其他觀念史上最具影響力的著作一般，它的論述被人們隨著各自的喜好揀選，而其中讓人不適的部分則被拋棄遺忘。讀者們總會根據自己的處境，來挑選他們覺得最適切的觀念。就《共產主義宣言》來說，最先消失的觀念是國際主義。甚至連馬克思與恩格斯都淡忘了這點。隨著《共產黨宣言》的名聲漸漲，兩位作者的名聲也水漲船高。《共產黨宣言》開始以不同的語言在不同的國家出版。恩格斯偶爾會為這些新版本寫下新的導讀，而在其中，他會對十九世紀各國興起的民族主義運動做出讓步。有一個在波蘭出版的版本將《共產主義宣言》粉飾得彷彿它全然符合波蘭民族主義的精神；另外也有一個義大利文版本，佯裝論述義大利民族主義也可能是共產主義的基礎。這些版本往往比原版賣得更好。

國際主義在一九一四年徹底衰落，而一九一七年並沒有能讓這個觀念重生。我們之前提到了，在一九一七年《共產黨宣言》重獲新生，同時也讓以階級為基礎的革命思想復甦。然而俄羅斯的布爾什維克革命是一場國族內的革命，這意味著在那之後所建立的無產階級國家，必須要經歷那場國族內戰並從中倖存。然而，經歷了那場內戰後，無產階級所創造的是一種新的民族國家，這個民族國家隨後又變成一種新的民族帝國，然後發展成一種讓人熟悉的國際帝國，而非馬克思和恩格斯所說的國際主義。

那麼關於革命這個觀念本身呢？這個觀念是否承受過時間的考驗？同樣地，對這個問題的答案，取決於你的立場。革命總是來來去去，至少從現在看來，馬克思主義的革命似乎已經成為過去式。如果以革命後的變革延續了多久，來作為檢視革命是否成功的標準，那麼在我這一生到目前為止所見到最成功的革命，是一九八九年發生在東歐的革命，然而那些革命推翻的是共產主義政權。誠然，一九八九年的東歐革命並非全然是對共產革命的反革命，但確實讓巨輪徹底翻轉了一周。舉例來說，德國在分立成東德與西德逾四十年後，在一九八九年重新成為一個與第一次世界大戰前的德國多少有些相似的民族國家，只是這一次它顯得更加自由和民主。對二十一世紀的德國而言，《共產黨宣言》除了對資本主義那非比尋常的生產力所表達的敬畏之情外，並沒有多少指標意義。

近年來，我們又見證了一系列的革命發生，而這意味著規模更大的巨輪可能開始轉動。在十年前，阿拉伯之春標示了一段對革命充滿希望與熱情的時期。在當時看來，似乎整個阿拉伯世界的威權政體都將被革命推翻，哪怕這些革命並沒有高舉《共產黨宣言》的名義。儘管如此，許多評論家還是會回顧歷史，試著看看有哪些革命或重大的政治與社會變革，足以與阿拉伯之春相提並論。阿拉伯之春是另一個一九一七年的布爾什維克革命嗎？或者它可能更像是一九八九年的天鵝絨革命（Velvet Revolutions）？[3]時至今日，我們還是不知道答案，儘管與一九一七年革命的比較看起來就不太貼切。但如果真的要對阿拉伯之春進行歷史比較，最好的對象可能是一八四八年的革命。《共產黨宣言》出

3 譯註：天鵝絨革命即一九八九年東歐發生的革命，因為轉換過程和平，因此被形容如天鵝絨般平順的革命。作者在此以一九一七年布爾什維克革命與一九八九年天鵝絨革命為對比，所指的也許是阿拉伯之春以後的政治形勢，究竟是會使得一個統合阿拉伯世界的專制政體的興起，還是會代表著阿拉伯世界的政治開始邁向民主化，仍有待時間檢驗。

版的那一年，歐洲所發生的那幾場革命，令革命者深感失望，因為這些革命導致了反動和鎮壓。在某些情況下，這些反動與鎮壓遠比革命者試圖推翻的政權來得更有壓迫性。阿拉伯之春似乎也有著類似的模式。然而，從長遠來看，一八四八年的革命對歐洲的政治和社會產生了深遠的影響。我們甚至有可能得以將二十世紀後期民主政治最終得以成功的原因，追溯回一八四八年的革命。如果真的要用一八四八年的革命來比擬阿拉伯之春，我們還需要等待它更長遠的結果。與此同時，我們還不知道的是，阿拉伯之春是否產生了像《共產黨宣言》這樣有影響力的著作。我們還不知道，因為從一八四八年開始算起的十年後回顧，當時的人們也仍舊不清楚馬克思和恩格斯是否會成為那一年最重要的作家。我們必須等上一段很長的時間，才能看到哪些書持續發揮影響。

那麼，關於階級的觀念呢？有許多人仍舊認為，政治基本上就是以階級為核心開展的一系列競爭，這個觀念從來不曾褪色。而今天許多最致力於推動這個觀念的人，也仍然會自稱為馬克思主義者。但對馬克思和恩格斯來說，唯一真正重要的階級鬥爭是勞動者和資本家之間的鬥爭，這當然很可能依舊是我們這個時代的核心競爭。但是，用其他術語來描述階級政治也變得愈來愈普遍，因為除了勞動階級與資產階級之外，開始有新的階級和新的劃分階級的可能。將所有政治衝突化約成無產階級與資產階級衝突會產生一個難題。對馬克思與恩格斯來說，這種劃分之所以重要，是因為他們認為，隨著時序推移，資產階級與無產階級之間的分歧會越發清晰，衝突也會越發擴大。然而，在晚近資本主義發展的歷史裡，我們卻發現資產階級與無產階級的劃分，變得不再像馬克思與恩格斯所想的那麼一目了然。現在有誰還是無產階級？有鑑於勞力工作的性質正在改變，無產階級還會像工業革命時期一樣是工人嗎？當工業的勞動力被機器人取代時，又會發生什麼事情？中產階級（其中許多人也可能因人工智慧的發展而失去工作）在這樣的劃分裡又應該屬於哪裡？在任何社會中，總有可能找到一些毫無疑問處於最底層的人，也總是有可能找到一些毫無疑問享有優渥地位的人，但是在兩極之外，有很多人難以被強加分類。

比起資產的有無，教育可能才是新的階級分化。民主政治已經被嚴重分裂成受過高等教育的人，與沒有受過高等教育的人。而這反映在他們如何投票、抱持的政治態度、如何自我表述，以及認同什麼樣的政治文化。在現今，許多這樣的分化遠比資產階級和勞動者之間的分化更為根深柢固。在面對像英國脫歐這樣的政治問題上，受過大學教育與否，是一個比收入或階級更能夠反映潛在投票偏好的指標，因為窮學生與有錢的畢業生有著相同的投票模式。另一個新的分化可能是年齡，如果你看看現代西方社會的政治，我們會發現老年人和年輕人對許多重要議題的看法上，存在著根本性的分歧。老年人和年輕人對政治的看法愈來愈不同，因此投票模式也不同。在英國脫歐公投中，年齡也是比收入或階級更能夠反映潛在投票偏好的指標（年長的選民，例如那些沒有大學學位的老人，更有可能支持離開歐盟）。英國工黨、美國民主黨和世界其他社會民主黨，包括曾主張馬克思主義的德國社民黨，都不再是屬於勞動者或工人的政黨。他們是屬於受過教育的人或是年輕人的政黨。

把受過高等教育與否以及把年輕人與年長者視作階級的問題在於，這種區分少了許多馬克思與恩格斯在資產階級與無產階級的區隔中所見到的，在剝削者與被剝削者、在徹底被資本主義欺瞞的人與片面被欺瞞的人之間的能動性。我們還不清楚「年輕人」作為一個階級要怎麼參與政治，又有誰會代表他們發言？現實中並沒有一個代表年輕人的重要政黨。這幾年英國工黨的政治立場更能代表年輕人，但工黨依然是「工黨」（the Labour Party）而不是「年輕人黨」（the Young People's Party）。但就算我們承認這種區分缺少了能動性，我認為還是有一種方式，可能可以將馬克思與恩格斯對階級衝突的分析，挪用來解釋現今社會的年齡分歧。儘管我不是一個馬克思主義者，但《共產主義宣言》裡還是有些內容深深纏著我。當馬克思與恩格斯在一八四八年寫作時，讓無產階級之所以是無產階級的原因，在於這是唯一一個有機會能夠在資本主義的謊言下，見到事物真實樣貌的階級。他們沒有被那麼徹底的矇騙，因為他們沒有理由去相信資本主義最核心的謊言，哪怕他們缺乏能動性（而有些馬克思主義者向來害怕無產階級喪失能動性），他們也不缺乏對於未來、對於什麼會延續而什麼不會的知識。當代政治的一個特點則在於，年輕人與老人對未來的概念有著根深柢固的差別。對年輕的投票者來說，氣候變遷的恐懼對他們的陰影遠超過對年老投票者的陰影。有多種方式可以理解這種差異：也許這只是基於自身利益；也許是年輕人更擔心未來，因為他們知道他們會比老年人活得更久；但也有可能是作為單一階級的年輕人其實比老人更了解未來，而年輕人作為一個階級，在我們社會中也的確是一個越發成為被剝削階級的群體。有可能年輕人看到了我們沒能看到的事物，所以他們知道未來會發生什麼事情，因此拒絕相信謊言。

在馬克思和恩格斯的《共產黨宣言》中，立足最久的觀念是危機以及危機與資本主義的關係。馬克思主義在二〇〇八年後有過一次輝煌復甦的時期。讓人們重新感興趣的不僅是《共產黨宣言》，還包含了《資本論》和馬克思的其他著作。這並非巧合，因為人們試圖理解，是什麼原因讓資本主義不斷陷入駭人的困境，而馬克思的一些分析似乎仍然具有先見之明也深具說服力，尤其是馬克思視資本主義為一股無法被管理它的人掌控的魔力，而最成功的資本家其實根本不清楚他們究竟釋出了什麼力量的觀點。在過去十多年的經歷之後，這樣的觀點無可爭議，因為當資本家的魔法出錯時，他們除了尋找新的市場來開發或要求國家為他們做些骯髒的工作之外，沒有其他選擇能夠減緩危機。在數位革命之後的時代裡，馬克思所說，資本家其實不了解他們在做些什麼（而最成功的資本家最不了解）的可能性，得到了實質的印證。在矽谷的科技業巨頭們，真的知道他們在面對什麼樣的力量嗎？他們真的知道，他們從冥界召喚來什麼樣的力量嗎？我對此深刻懷疑。

說了這麼多，我們還是必須回過頭來面對一個基本問題：誰，又或是有什麼方式，可以管理資本主義，讓它安然度過週期性危機，並在危機之後得以邁向更好的世界？對馬克思和恩格斯來說，答案最後只能是被剝削的階級。也許那一天終會到來，也許我們終究會遇到那個資本主義的最後危機，而當我們遇到了，我們將別無選擇，只能徹底翻轉巨輪，讓底層的人成為上層。但我不認為我們目前正在經歷的危機（新冠肺炎的危機）是這樣的危機，雖然我們永遠也說不準。也許讓人們必須跨越國族藩籬、促進世界上最弱勢的人跨國團結並超脫國族疆界的危機終會到來。也許氣候變遷意味著這一刻終將發生，只是時間早晚的問題。但在現在，每當我們遇到可能會讓資本主義瓦解的危機時，我們似乎只見到國家的分歧似乎越發鞏固、國族壁壘也越發高聳。

但另一種可能性是，唯一一個能夠真正控制資本主義的力量，以及能在它陷入週期性危機時及時控管它的事物，已經存在我們身邊——就是現代國家，霍布斯式的國家。這個不僅有強制力，同時又可以在壓迫中解放人類的雙重工具，仍然具有改變的力量。有一種思考現代國家的方式，與馬克思和恩格斯論述資本主義的方式相仿。現代國家也有些令人敬畏、有些神秘、有些魔力。霍布斯的「利維坦」是一部機器，而與資本主義這部機器一樣，也是一種從陰間召喚出來並被賦予生命的東西。巨型機器人確實有自己的生命，我們也不清楚代表我們運作和管理它的人（那些政治家）是否完全理解它的力量。我們有可能就活在這樣的世界，被兩種沒有人能夠完全駕馭的力量控制著，分別是代表經濟的現代資本主義與代表政治的現代國家。我們必須在兩種力量之間做出選擇，尤其在危機發生的時刻，而我們的選擇，也將不會是因為其中一股力量會讓我們最終不再被矇騙、另一股力量則蘊涵欺瞞。這兩股力量本身都有著欺瞞的元素，但與此同時，它們又是構成現代世界的基礎，所以也許我們的政治選擇，只是在不同形式的欺瞞中做出選擇。

如果真是如此，那麼有時候，我們只能選擇現代國家這一邊，只能選擇政治優於經濟，不管馬克思或恩格斯會怎麼想。

第6章

甘地論自治

《印度自治》

（***Hind Swaraj***, 1909）

莫罕達斯（後來的「聖雄」）甘地（Mohandas K., later 'Mahatma' Gandhi，一八六九年至一九四八年）是印度西部古吉拉特邦（Gujarat）的地方政府官員之子。他在十三歲那年與十四歲的女孩成婚，且婚姻維持了六十幾年。在他十八歲時，他前往倫敦學習法律，最終獲得了律師資格。他也成為了一名堅定的素食主義者。他在一八九三年移居南非，於一家航運公司擔任律師。在布爾戰爭（Boer War）期間，他擔任英國軍隊的擔架兵。在南非的歲月裡，他成為一名反對種族歧視的社會運動人士，並開展他的非暴力抗議理念。他也成為印度獨立的擁護者。他在一九一五年重返印度，並在第一次世界大戰之後，展開一場對抗大英帝國統治的不合作運動。在一九二二年，他因為煽動革命被判刑入獄，一九二四年獲釋後，他開始了一系列的和平抗議運動，這場運動最終在一九二九年食鹽長征（The Salt March）中達到巔峰。在不合作運動期間，他的許多追隨者反覆承受大英帝國政權的暴力。甘地於一九三二年回到倫敦，與英國政府就結束殖民統治的準備工作進行談判。但第二次世界大戰的爆發似乎擱置了印度獨立的進程，而甘地在一九四二年因為推動另一場不合作運動再次入獄。他於一九四四年因為健康因素獲釋，並參與了最終促使一九四七年印度獨立的談判。在他明確表達反對印巴分治，並多次以言行試圖防止分治衍生的派系暴力擴大後，他在某次前往祈禱的途中，被一名印度民族主義者暗殺。

到目前為止，我一直在談論全然屬於西方傳統的觀念。到目前為止，除了唯一的一個例外之外，我所談論的作者都是死去的白人男性，而唯一的例外便是瑪麗·沃斯通克拉夫特，她是一位死去的白人女性。即使是像馬克思與恩格斯這樣，試圖顛覆他們身處的社會中一切秩序的思想家，也是在創造那樣社會秩序的思想傳統中進行思辨。他們的思想與論述，與現代歐洲思想傳統中的觀念相連，然而正是這些觀念建立了那個他們想要顛覆的世界。

這一章是關於一名不是出身於那個思想傳統的人。莫罕達斯（或聖雄）甘地出生在英屬印度，他有著與我們迄今為止所談論的思想家相去甚遠的生活經驗。他深思和闡述的，也是與現代強調理性的西方思維模式相去甚遠的理念。然而甘地並不全然獨立於那個他之後會想要挑戰的現代政治觀念之外。他是名律師，在倫敦接受了根本的法學訓練；他去了倫敦大學學院就讀，並成功地成為一名訴訟律師，加入了內殿律師學院（The Honourable Society of the Inner Temple），這可不是什麼局外人可以加入的機構，是英國法律制度的核心，而在當時，這就是大英帝國的核心。甘地廣泛地涉獵了西方著作，包含了經典古籍，並從柏拉圖開始閱讀（而這是我在這本書刻意避免的）。同時甘地也閱讀西方小說，熱烈仰慕著托爾斯泰與狄更斯。他藉著對西方的深刻理解，來補充他從西方以外的視角所能帶來的一切。

《印度自治》是甘地為印度自治所發出的宣言，於一九〇九年寫成並出版。它與《共產黨宣言》有一些為數不多的共同點。其中一個共同點是，《印度自治》也在極短的時間完筆。《共產黨宣言》花了幾個月的時間寫完，而《印度自治》只用了幾個星期。它是甘地在一趟由英格蘭（他曾經屢次以印度學生代表的身分造訪英格蘭）前往南非的海上航程中所完成。南非是甘地當時的居住地，在那裡，他不僅只是一名頂尖律師，同時也是一名民權運動者（用我們今天的話來說）。《印度自治》的寫作，是為了直接參與當時關於印度獨立的辯論，所以它的行文之間也有《共產黨宣言》的一些緊迫感。它之所以在這麼短的時間寫成，是因為時間真的緊迫，空氣中有一種變化將至的感覺；也因為甘地希望他的想法，能被那些真的需要接受這套想法的人聆聽接納。另外，此時他被困在海上，有的是時間寫作。

《印度自治》和《共產黨宣言》一樣，都是非常不容妥協的作品，但兩者的風格很不同。《印度自治》是以一種想像對話的形式寫成；《共產黨宣言》由兩個人彷彿一體般共同創作，而《印度自治》則是由一個人彷彿分立成兩人般獨立完成。儘管如此，甘地在這場印度獨立辯論中的立場非常明確，也毫不妥協。正如馬克思和恩格斯試圖警告他們在激進工人運動中的同伴，不要落入資產階級與自由資本主義的龐大謊言一樣，甘地也試圖警告那些在大英帝國的統治下參與推動印度獨立各種不同運動的人，不要被甘地所認為的龐大謊言騙倒。

那，又是什麼樣的謊言呢？就這一點上，甘地的觀點幾乎在所有層面都與馬克思和恩格斯不同。話雖如此，還是有一些重疊之處。甘地與《共產黨宣言》的作者一樣，對現代政治的雙重性都深表懷疑。他認為現代國家不僅是雙重的，而且是雙面人般的存在，而任何雙面人一般的存有，基本上都是虛偽的，甚至更糟糕。甘地不認為你可以和有著雙重人格的政治制度妥協，因為惡質的一面總會不可避免地驅逐良善。就甘地來說，他所警告的，是那些試圖與殖民政府和大英帝國的統治妥協的人，因為大英帝國的統治絕對是某種雙面人，而且非常虛偽。大英帝國的統治充滿強制力、壓迫性與剝削，但卻利用了法律語言來包裝這些本質，而這包括甘地所受的法律原則訓練：英國的普通法和法治理念。治理英屬印度的統治權力，用安全和進步的承諾來粉飾在殖民地的脅迫和剝削，大英帝國主義者樂於相信他們的帝國統治對被統治的人們有利，並用現代自由政治中那耳熟能詳的慈愛語言來表達這種利處。這對甘地來說是個謊言。

對甘地來說，試圖在英國的統治裡片面地擇善是行不通的，不可能試圖保留印度文明與印度傳統最好的部分，與英國政治和英國統治最好的部分結合，以建構一種英印混雜的政體。這就像馬克思與恩格斯認為，要片面擷取資產階級國家良善的一面，來建構一個混雜的社會主義民主制是不可行的一樣。任何的混雜政體都不可行，因為任何混雜政體都會表現出現代政治的錯誤。現代政治的錯誤，就在於它是機械的也是人為的。從某種意義上說，甘地拒絕的雙重性就是霍布斯式的雙重性：現代國家只是一台沒有靈魂的機器，無法把利維坦打扮成一個真實的人，一個活生生會呼吸的上帝創造物。甘地徹底駁斥這個想法。

然而，甘地或許比馬克思和恩格斯還要能預見現代國家的力量與現代工業的生產力結合將能達成什麼結果，預見這種機械的、人造的組織社會方式所具有的改革潛能。《印度自治》裡有一段話，堪比馬克思和恩格斯在《共產黨宣言》中表述對資本主義的能力，以及資本主義能從大地中召喚起一整個生態系統、人口組織、新的交通與通訊形式的驚訝。馬克思與恩格斯敬畏的是資本主義能夠高效地讓人們彼此產生聯繫，儘管與此同時它也在分化並剝削人們。甘地在《印度自治》的段落裡，顯得更有先見之明，這是因為馬克思與恩格斯所描繪的，是一八四八年那個世界的驚奇之處，而這對我們來說已經太過遠古不再驚奇。當我們想到現代工業最讓人驚訝的地方時，我們不會再想到運河、水利灌溉系統或電報。我們想到的是數位革命。

在《印度自治》裡，甘地描述了他認為如果持續沿著現代性的道路前進，這條道路會有著什麼樣的光景。那將是條以現代國家為起點的道路，而終點將會是這樣：

> 從前人們乘坐馬車旅行。現在，他們以每天四百多英里的速度乘坐火車旅行，這被認為是高度文明的展現。據說，隨著人類的進步，他們將能夠乘坐飛艇旅行，並在幾個小時內就能抵達世界任何角落。人們不再需要用到手和腳，只需要按下一個按鈕，他們所需要的衣物就會出現在身邊；按下另一個按鈕，他們將獲得他們的報紙；按下第三個按鈕，家門外將會有一輛汽車等待著他們。他們將能輕易享用各種精緻美食。而這一切都將由機器完成。

這是在一九〇九年寫成的。而這也是二十世紀初期所寫下，對二十一世紀最具遠見的願景之一，精彩地描繪了這個屬於Uber和Deliveroo的世界，只要按下一個按鈕，身邊就有一輛汽車等待接駁；再按下另一個按鈕，則會有人為你端上精緻佳餚。然而，甘地對此，並沒有馬克思和恩格斯對資本主義的那種敬畏感，即使他確實比他們更具備預見的能力。甘地認為，這樣的前景令人憂慮也荒謬不堪。

事實上，這並不是甘地的預言。我們幾乎可以肯定，甘地是從一位深具英格蘭本位色彩的小說家愛德華・福斯特（E. M. Forster）的著作裡得到這些想法，而這又一次表現出甘地如何作為一名深受西方傳統影響卻又身處西方傳統之外的局外人。福斯特寫了一篇著名的短篇小說，而它現在的名聲遠比當年出版時響亮許多，小說的標題是〈機器休止〉（'The Machine Stops'）。在其中，福斯特預見了一個世界：機器讓人類得以身處在各自的膠囊座艙裡就能彼此互相交流。這讓人們除了得以體驗虛擬聯繫之外，同時也能夠在與世隔絕的座艙裡，享受各種人造的虛擬樂趣。這讓人類的生活全然仰賴製造出這種虛擬世界的「機器」（the machine），而這個「機器」創造的世界，則是由無數相連的網絡與線路構成。這意味著當「機器」停止運作，人類的交流也將戛然而止，而最終，人類的生命也將止歇。這個福斯特筆下的故事，於一九〇九年刊登在一本雜誌上。當甘地從南安普敦乘船返回開普敦時，這本雜誌理應會出現在船上的圖書室裡。這是我的猜測——儘管只是個猜測，但我猜想甘地在圖書室裡讀到了這個故事，而這幫助他預見了那個Uber和Deliveroo的世界，因為那也是福斯特所預見的世界。這麼說可能會有些奇怪，但福斯特和甘地，比馬克思和恩格斯更清楚地看到了技術發展將帶來什麼樣的未來。

人類透過機器，並且仰賴機器聯繫彼此，這種未來對甘地來說是一場噩夢，因為他認為這在本質上排除了人性。在這一點上（就和其他方面一樣），甘地與馬克思和恩格斯有著天壤之別。事實上，許多最猛烈批評《印度自治》，同時也最猛烈批評甘地那不容妥協的印度獨立理念的人，都是馬克思主義者。這些馬克思主義者之所以抨擊甘地，並不是因為他們想與大英帝國達成協議，而是因為他們深切懷疑甘地對社會如何運作的分析。甘地並沒有使用馬克思主義分析社會的基本要素，對於甘地來說，政治與階級無關，政治主要是關於個人；但在馬克思主義對政治如何運作的理解中，則應該要超脫個人的視角，從個人所屬的階級來理解政治。然而，對於甘地來說，個人才是理解政治生活的基礎，是足以超越所有其他分析概念的核心。作為個人，我們每個人都要為自己的命運負責。《印度自治》這本提倡印度獨立思想的著作，就是建立在個人獨立、個人自給自足、個人自治的觀念上。我們必須先能夠掌握自身，然後才能期望能夠掌握其他人。如果政治不能奠基於個人為自己所做的決定，那麼政治對甘地來說就毫無意義。在二十世紀後期，女權運動創造了「個人即政治」（The personal is the political）的口號。對於甘地來說，政治即個人。

與此同時，甘地不是堅定的國際主義者，這也不像馬克思主義者，或至少不像傳統的馬克思主義者。他把他認為屬於印度文明的美德和價值觀，與他理解的西方文明的缺陷做了對比：西方文明是人造的、零碎的，印度文明是有機且完整的；但印度文明絕對不適合所有人，只適合印度人。正如許多馬克思主義者一般，甘地也明確否定了議會代表制是讓政治長治久安的有效基礎，但甘地很明確地表示，他否定的理由，是因為這種政治制度太過機械化，而馬克思和恩格斯對機械化的事物從來沒有太多反對意見，因為他們喜歡機械。馬克思和恩格斯之所以不喜歡議會代表制，在於他們認為這嚴重誤會了資本主義社會的權力本質，而甘地之所以拒絕民主式的政治代表制，是因為這個制度是一場針對身為個體的謊言：政治代表活在謊言之中，因為一旦身為代表，那麼那個男人（在當時的代表幾乎永遠都是男人）將不可能忠於自我，甘地尤其指的是英國國會的政治代表，因為英國國會被奉為所有議會制之母，任何國家的議會都應該以英國國會為模範。正如甘地所寫道：「事實上，人們普遍承認（國會）議員都虛偽且自私。每個人都只想到他們自身小利，而恐懼才是他們行事的動機。任何今天完成的決議，在明天都可能會被推翻。」

勝選的政治家必須為甘地所熟知的「政黨機器」服務，使得政治本身已經變得機械化了。也因此，政治與其他那些甘地認為會將人們與真實自我分離的機器相比，並沒有什麼不同。這些機器包含了已經可以每天行駛數百英里的火車，以及即將運送乘客跨越海洋的飛艇。在機器運作下，個人逐漸脫離自然能力與自然侷限，開始成為要被打包與處理的對象。甘地懷疑現代醫學，也懷疑它把人體視為一種可被修補的器具的方式；他也懷疑現代的法律概念，包括他成為律師時所必須接受的許多法律概念。他認為這一切都脫離了人類真正的生命體驗，因為從各自的角度看來，這一切都只是代表了一種人造的生命形式，而現代代議政治正是這種人造生命技術的頂點。甘地認為政治代表如果不是騙子就是在自欺欺人，他們要麼也不相信自己所說的話，而這意味著他們不可信任，要麼根本不知道自己其實不相信自己所說的話，使得他們輕易受騙。要讓政治真的持盈久泰，我們必須要有一些運作政治的不同方式。政治必須是誠實，也必須是真實。在理想的情況下，政治必須以面對面的人際互動作為基礎。如果個人將自己的判斷權力交給代表，並由代表來為他們做出決定，那麼政治將無法運作。用甘地的話來說，這意味著政治不能以現代國家的形式來運使。

構成甘地以及批評他的馬克思主義者之間最根本差異的，並不是對代表制國家或對自給自足的個人觀念的理解。他們的差異在於國家的行為，尤其是國家作為壓迫與暴力工具的主要功能。甘地首重的信仰是非暴力（non-violence），他是絕不妥協的政治變革的擁護者：他相信我們可能推翻既有的秩序，並用全新的事物取而代之；他確然相信印度獨立的理念，而就獨立本身而言，這將意味著一種革命。但甘地不相信達成政治變革的方式，是利用國家強制的力量來對付敵人，他不相信暴力革命。與甘地相反，馬克思和恩格斯認為非暴力革命是一個自相矛盾的詞彙，恩格斯曾經指著那些在激進工人運動中批評他和馬克思的人說，這些批評者所想要的那種和平或合作革命，只是某種對於政治變革如何發生的荒謬且過度理想化的理解。他質問：「這些男士們當真見識過革命嗎？革命必然是最專制的東西，因為它是一小部分的人藉由步槍、刺刀和大砲，將意志強加給另一部分人的行為。」恩格斯認為，當你親眼見識過真正的政治變革後，你就會明白這必然會涉及一些強制，否則，它既不會是真正的政治，也不會是真正的變革。但我們也可以這麼反說恩格斯：任何相信所有革命都必須是暴力的人，都從未見過甘地。

甘地關於非暴力變革（有時候也被稱為消極抵抗）的想法，以及我們現在傾向於稱之為公民不服從的理念，是他思想中不可或缺的一部分。他是這麼定義的：「消極抵抗，是一種透過個人的痛苦來獲取權利的方式，是武裝抵抗的反面。」他的目標不是讓國家的強制力量反噬自身，或是反過來利用國家的力量來壓制原本的壓迫者。甘地的目的，是要請國家的強制力量自行揭露真面目；消極抵抗的宗旨，就在揭開那掩蓋在以自由主義的自由為名的面紗背後的國家權力，藉此來揭開國家充滿脅迫的核心，然後看著壓迫者能否承受這個被揭露的現實。值得重申的是，對甘地來說，這些壓迫者是騙子還是自欺欺人都無關緊要，因為無論他們是什麼樣的人，一旦可以用一種讓他們再也無法遮掩的方式，揭露他們實際的作為，那麼我們就同時把關於政治的問題丟還給他們。如果這樣的暴力就是政治，如果這就是國家的權力，你怎麼能夠承受它？你怎麼有良心能繼續這樣活著？

這是一種與我目前談論過的內容截然不同的政治理解。每一位我所談論過的思想家都承認，政治生活的核心必須存在某種形式的強制，而甘地拒絕現代國家的雙重性時，他所拒絕的其中一件事正是這種觀念，這種認為強制可以與任何更崇高的理念共存而不會污染理念的想法。甘地認為我們不可能將手段與目的分開，「認為手段和目的之間沒有聯繫，是一個嚴重錯誤的信念……我們總會以當初播種的方式收割。」舉例來說，你不能為了達到和平的目的而實施恐怖統治，或利用恐懼來驅逐恐懼，或期待能藉由武力來創造秩序，因為這些手段最終都會污染你的目的。恐怖統治、恐懼或武力，都將永遠存在於以它們為手段所生成的任何結果之中。唯一一種真正能持續進行的政治變革形式，需要的是手段與目的相符。如果你的目的是獨立和自治，那麼無論是對社會整體，還是對生活在其中的個人而言，要達成這個目的的手段，也將必須能反映獨立和自治，且不論是對獨立運動本身還是組成運動的個人來說都是如此。只提出理念的目的與規劃並不夠，你必須要能夠將那些理念與規劃付之實踐。最重要的是，抵抗運動不能複製他們所試圖取代的事物，消極抵抗意味著我們允許國家做出最糟糕的行為並且接受它，甚至歡迎它。你把暴力攬到身上且不抗拒它，藉此來展示你的真實身分，也揭露暴力的真實面目。甘地寫道：「如果我不服從法律，並接受違法帶來的懲罰，那麼我同時也使用了屬於精神的力量。這是一個涉及犧牲自我的行為。」

甘地實際上在自己身上，在自己生命裡實踐了這種政治。他絕食、抗議、示威，並在這些活動中將他的身體逼到極限，同時也承受（實際上甘地也歡迎）壓迫。但與此同時，追隨甘地的人們也承受了壓迫，他們被毆打、殺害、逮捕、監禁。甘地提供了一種與議會模式截然不同的代表政治：這不是一種沒有領袖的政治，因為甘地成為獨立運動的領袖，最終也成為二十世紀最重要的政治人物之一；但他之所以是領袖，並不是因為他堅持自己擁有為其他人做決定的權利，也不是因為其他人（無論出於什麼原因）選擇把自我決定權交付他人。甘地的代表制採取一種不同的模式，那就是選擇以自身生命親身活出自己的政治信仰。對甘地來說，要成為一個代表，意味著以自身為範本，必須要能做到你預期他人要做到的事情，並希冀著人們在見到你證明這些事情確然可行之後，也跟著採納效法。這與霍布斯式的代表政治截然不同，也與議會代表制截然不同，與我們今天所理解的民主式政治代表也大不相同。在這樣的代表政治裡，蘊含著深刻的精神要素。

另一個可以用來描述甘地政治思想的詞彙，是它是整體的（holistic）。甘地的政治思想超越了政治，它不只試圖整合自由和法律，同時還試圖整合人類生命經驗的不同元素，使我們變得更加完整。這種政治思想結合了宇宙和個人的視角，而甘地並不吝於從宇宙的角度出發。與許多現代政治思想不同，他並沒有著手限制宗教的神秘力量，而是想擁抱它。

由於這些原因，人們有時會認為甘地的政治幾乎是非政治的，人們或則認為它超乎政治，或則出於各自的理由而認為它永遠無法達到談論政治的水準，因為這種政治對我們所習慣的政治來說太過美好，也太過純粹。然而這些評論都不精確，因為甘地有著深刻的政治色彩，他有一個明確的政治目標，這個目標就是「Hind Swaraj」：印度獨立，而他也確實做到了。如果檢視一場政治運動的方式，是檢測它是否有效實現其目標，那麼甘地所引領的是現代最成功的政治運動之一，因為英國確實退出了印度。當然這不全然是因為甘地，甘地不是這個結果的充分條件，但我們應該可以肯定，他是必要條件。印度獨立發生於甘地漫長一生的晚年，發生在消極抵抗運動數十年之後。讓獨立成真的還有其他幾個因素：第二次世界大戰的影響、英國當時幾近破產的處境與新就任的工黨政府都是重要因素，但甘地的運動已經足以拖垮英國。甘地的運動所預期的效果，是向代表帝國壓迫的侵略者揭露，他們將會付出多少成本以維持統治的權力。然後再追問他們，這樣值得嗎？如果為了維繫帝國，你必須要反覆拿棍棒毆打我們、逮捕我們，甚至時不時殺害我們，你有辦法繼續昧著良心活著嗎？昧著你那引以為豪的自由主義良知？有些英國政治家對這樣的攻擊方式無感，而這包含了溫斯頓・邱吉爾，一個對甘地與訴諸自由主義良心的舉止都沒有太多耐心的人。但有許多人被深深觸動了，而最終，消極抵抗所揭露的殘酷讓他們懾服了。

從長遠觀之，甘地的抵抗運動非常有效，但也有侷限。雖然它從頭到尾都是政治性的，但你沒有辦法利用消極抵抗來應對所有的政治。這不是因為政治必然是暴力的，而是因為有些形式的暴力，就是會徹底壓倒非暴力的抵抗。喬治・歐威爾（George Orwell）在甘地死後寫了一篇著名的文章，指出甘地的政治哲學在應用到面對納粹政權時是如此荒謬（而甘地曾說過，歐洲的猶太人應該集體自殺作為對壓迫者的譴責，尤其是在他們無論如何都會被殺害的前提下）。為什麼會有人浪費時間去呼籲沒有良心的人能否安然面對自己的良心？同樣地，在面對更為原始的社群中的憤怒時，消極抵抗有時是徒勞。甘地在他生命的盡頭，即印度實現獨立時，發現了消極抵抗的侷限。印度的獨立引發了大量派系衝突，包括了圍繞印巴分治的暴力浪潮。甘地對此深感遺憾，並試圖以個人為榜樣來制止衝突擴散。他展開他最後的絕食抗議，試圖用自己的身體作為抵禦這種暴力的盾牌，但這並不足以阻擋暴力，暗殺的子彈最終擊中了他。

印度獨立後誕生的國家，是霍布斯式國家，而不是甘地式國家，因為它符合現代國家的模式，可以使用極端的強制手段。很大程度上，這個國家的存在是為了維持和平：它打仗，保衛印度免受包括巴基斯坦在內的敵人攻擊；它走上了發展、工業生產和經濟成長這些傳統現代國家會走的道路。而甘地卻有一個不同的國家願景，借鑒於某些西方思想（有些是現代，有些是古代），然後甘地將它們與非西方的政治理解結合，產生了新的事物。甘地所想像的並不是霍布斯式的混合國家，不是一種雙重性格的國家，而是一種不同政治形式交錯的熔爐。甘地構思的是一種更本土化、更個人，也更強調人與人面對面接觸的政治。這樣的政治將有著同心圓的結構，從較小的社區融入較大的社區，並漸漸而擴大。在這個國家體系中的代表制，將不會是人造的，政治代表與被代表的人的關係，將會隨著人際交流與人們實質經驗而自然流動。這是一種對蘊含整體性的國家的願境，從個人到社群再到宇宙而後回歸個人。這個願景從未實現過，甚至連實現的機會都沒有，因為現在的印度根本不是那樣的國家。

然而，如果我們說甘地與他的政治在人生晚年同時見到了所能企及的侷限與成就，與此同時我們也必須說，甘地的政治哲學開始有了自己的生命，而且是一段更漫長的生命。在二十世紀下半葉，消極抵抗的理念深刻影響了許多政治運動。當馬丁・路德・金恩在美國南部展開對吉姆克勞法（Jim Crow）[1]的消極抵抗和公民不服從運動時，甘地是他靈感的部分來源。在這個情況下，消極抵抗的方法確實有效。甘地也是尼爾遜・曼德拉的靈感來源之一。曼德拉不是非暴力政治的倡導者，他所屬的政治運動非洲民族議會（African National Congress, ANC）不吝於對敵人行使暴力。但是當曼德拉被判刑入獄時，他從甘地那裡學到的一個教訓是，重要的是如何接受懲罰。如果你能帶著一種尊嚴接受它（即使你既不尋求也不歡迎它），你便可以把懲罰轉向用來對付壓迫者。無論懲罰的判刑有多麼武斷，當懲罰來臨時，如果你能忍受，讓壓迫者知道他們對你做了什麼，進而揭示你所面臨的壓迫有多麼真實，你就有可能獲勝。曼德拉最終確實贏得勝利，而他之所以獲勝，部分原因在於他承受懲罰的方式。[2]

甘地一直是晚近公民不服從運動的靈感來源。占領華爾街（Occupy Wall Street）就是其中之一，反抗滅絕運動（Extinction Rebellion）則是另外一個。甘地的頭像出現在群眾的T恤上，他說過的話也出現在他們的網站上。這不僅僅只是片段地紀錄甘地而已。在現今世界，甘地的生命和思想，已經與試圖利用和平抗議的力量來反對國家暴力、反對國家所支持的社會和經濟制度的政治運動，有著深厚的聯繫。

但在近期的故事裡，我們也見到甘地式政治的侷限。這個方法不是永遠有效，其中一種嘗試說明為什麼消極抵抗會有效，以及消極抵抗如何有效的方式，是指出所有成功的公民不服從運動的核心政治關聯是一種三重而非二重關係。消極抵抗牽涉的並不僅只是壓迫者與被壓迫者的關係，也不僅彰顯出當一群沒有武裝的抗議群眾走向武裝警力並不以武力僅以肉身與之對峙時，會發生什麼樣的事情。這種說法只描述了消極抵抗的過程，但在所有成功的公民不服從運動裡，都必然蘊含著第三方勢力的存在：旁觀者，或

1 譯註：吉姆克勞法是指自一八七〇年代起，於美國南方諸州得以合法實行種族隔離政策的一系列法律。

2 編按：曼德拉在一九六二年被逮捕後接受審判，在審判中曼德拉打斷了庭序、拒絕傳喚證人，把法庭當成演講台，試圖闡述他與非洲民族議會的反種族主義思想，激起了大批支持者在庭外遊行、高歌，此舉可視為曼德拉在反種族主義的歷程中，採納消極抵抗並成效頗豐的嘗試。

消極抵抗運動的受眾。成功的公民不服從運動裡有三種人：壓迫者、被壓迫者與旁觀的人，而通常，這群旁觀者是核心，是他們構成了改變。消極抵抗運動所揭露的未必是向壓迫者揭露他們是壓迫者的事實，因為他們可能早就已經知道了，事實上，在運動的某個時間點，如果這些壓迫者一直站在現場並佩戴著槍支、警棍甚至警犬，他們想必會明白自己是掌握武力得以壓迫的一方。當你舉起警棍毆打人時，你必須要極端地自欺，才能夠瞞過自己正在使用壓迫者的肢體暴力的事實。

然而，這種暴力時常以各種不同的名義被實踐，尤其是在現代國家這種複雜的代表關係中。有些人不願認為自己也參與了這種原始的肢體脅迫、不願認為他們的政治秩序歸根究柢是建立在一場謊言，這些人可能樂於相信他們的代表真的知道自己在做些什麼。這些人之中，有些可能是政治家，有些可能是選民，有些可能單純只是旁觀者。而他們都有可能發現，他們對既有政治體系的信心，無法撐過消極抵抗運動所揭露的國家暴力之殘酷事實。這些旁觀者、這些被冒名使用暴力的人，可能會因此感到羞愧、感到震懾，可能會被迫面對一個現實，即當一群和平示威群眾來到手持槍枝、警棍且有警犬相伴的成隊警力面前時，他們心目中政治安逸的假象將再也無法成立。

以甘地和英國的例子來說，消極抵抗運動只有一小部分的目的是為了讓在印度的英國人擺脫自滿情緒，因為許多英屬印度的政府官員並不自滿，且清楚知道他們在做什麼。因此，與此同時，這場抵抗運動同樣旨在震驚身在英國的英國人。換句話說，它要撼動那些大英帝國以其名義實行統治的公民、那些被以其為名義做出政治選擇的英國人民。這場運動要向這些人們揭露，為了維繫他們所自豪的政治秩序國家究竟會做出什麼樣的舉止，並質問他們是否能夠承受這樣的事實。以馬丁·路德·金恩以及他在美國南方反對種族壓迫的運動為例，這場運動實質上只有一部分是要讓美國南方的人愧於面對所處的情境，同時讓他們理解他們默許數十年的政治體系究竟創造了什麼。只有一部分的目的是如此，因為美國南方的多數人看來並非是被這個體系欺瞞的人，他們就活在這個體系裡、確保它運作無礙，應該也知道這個體系究竟是如何運作。是以，馬丁·路德·金恩的運動，同時也是為了讓美國北方人們知道，他們究竟活在什麼樣的國家裡面，因為美國北方與南方畢竟是同一個國家（即便實際上不然，至少在理論上如此）。金恩的運動揭露了一個現實，那就是這群在美國北方的旁觀者、這群與南方人共同參與總統與國會大選的北方人，也必須要為這個壓迫的秩序負起部分責任。在一九六〇年代，從南方而來、關於民權抗議的照片開始在北方的報紙與電視上播映，而這些照片，揭露了要在南方維持種族隔離政策所需要的事物：國家的壓迫。這些圖像的威力是如此強大，得以讓全國其他地方的旁觀者感受到對既有體系的深刻恥辱。

以曼德拉的例子來說，他的尊嚴無疑為追隨者和反對者在南非樹立了一個強而有力的榜樣，但最強大的影響，還是在國際社會。事實上，他的運動亟欲想要說服的也是全球輿論。在美國或歐洲的人們，那些可能認為南非種族隔離制度與他們沒有太大關聯的人，也開始關心南非的政治問題。釋放曼德拉的運動成為一場全球運動，而這場運動正是被他的人格以及他尊嚴地面對懲罰的態度所啟發，使得許多居住在南非以外的人，對他被監禁感到羞恥。在最後，來自旁觀者的壓力可能是迫使壓迫者鬆動的關鍵，即使運動不會在情感上打動壓迫者，也可以在實踐中影響他們。壓迫者們無法承受旁觀者的壓力，因為他們有太多無法負擔的損失。

占領華爾街和反抗滅絕運動則顯示出，當抗議運動變得過於廣泛、當目標變得太過龐大，這種三向關係將變得難以維繫。甘地、金恩和曼德拉，都有一個明確的政治目標：推翻一個專制政權，並以解放來取代專制。占領華爾街的運動想要追求的是什麼？我不是很確定能說得出來。它想追求許多事務，而這也許包含終結整個社會與經濟體系（不僅只是某個政治秩序而已）。但在占領華爾街的運動裡，消極抵抗的三方是誰？誰是壓迫者？誰是被壓迫者？誰又是旁觀者？同樣，這也不全然清晰。誠然，壓迫者是清理廣場的警察，是那些手持警棍、配戴槍支、有警犬相伴、乘坐直升機甚至坦克的國家官員，但這場運動原本的目標是華爾街，那麼壓迫者到底是華爾街，還是警察國家？也許兩者都是。但與此同時，華爾街也是旁觀者，除此之外還有其他旁觀者散布在美國其他地方與世界各地。占領華爾街運動的口號是「我們是百分之九十九的人」，這表明進行占領的人，代表著其他所有人進行運動，因為幾乎所有其他人都屬於被壓迫階級，所以旁觀者同時也是被壓迫者，被壓迫者也是旁觀者。也許這種廣泛的訴求應該使運動更加強大，但事實上，對於這種形式的政治來說，過於廣泛的訴求，反而使得運動變得更加分散。除非你能將被壓迫者、壓迫者和旁觀者區分開來，否則消極抵抗將難以實現其目標。

反抗滅絕運動也是如此，它在追求與即將到來的氣候變遷災難和解的同時，也希望能在可能的情況下阻止它發生。這場運動是如此廣泛，目的是如此包羅萬象，目標又是如此的廣闊。在這場運動裡，誰是壓迫者？誰是被壓迫者？有時候從氣候變遷的角度看來，我們所有人都必須負起責任；有時候看起來真正該負責的，又是那一小群的惡質企業、人物與政府。誰又會是這場運動的旁觀者呢？是所有人，還是只有那些有權力做出改變的人？又有誰有權力對氣候變遷做出改變？當最終目標是必須要面對世界末日時，公民不服從運動似乎顯得無法勝任。反抗滅絕運動想要喚起旁觀者面對近在眼前的災難時的悲痛情感，讓旁觀者為自身、為地球感到遺憾。然而這場運動中的抗議者，將自己綁在火車車頂上的抗議方式，看起來反而像極了修辭學中的突降法（bathos）——在極為莊重的事物中，突然做出了滑稽荒謬的行為。我並不是在說，這種面對氣候變遷的政治取徑不可行，事實上當涉及氣候變遷的政治時，沒有什麼真正可行，同時又有些必須可行，但消極抵抗顯然不適合這個任務。運動的目標愈是廣泛，參與其中的人群愈是分散，我們就愈難分辨在運動裡，什麼人有著什麼樣的角色。

當我在談論托克維爾時，我提到了他描繪未來的時代時表現出近乎預知的能力。他所描繪的，是民主美國與專制俄國構成重大全球對立的時代。如果我們重新調整他的說法，我們可能會說這個重大分歧在美國與中國之間；但也許二十一世紀世紀的大哉問，將不再會是在美國與中國之間做出選擇，而是是要在印度或中國之間做出抉擇。這是世界上人口最多的兩個國家，各自擁有超過十億人口，彼此也都握有龐大生產力和潛在政治力量。如果真是如此，便開始顯得有些嘲諷意味，因為現代印度和現代中國都建立在各自對現代國家觀念提出深刻批評的建國神話上，但他們在建國時批判的現代國家理念，卻展現在他們現在的國家。

在許多方面，甘地仍然被視為印度民族和印度的父親。他受人尊敬、他的名字經常被提及、人們也很常舉他為例，而這些例子往往難以反駁。然而，當代印度根本不是甘地式國家。印度是一個現代國家。中國和中國共產黨（至少它仍然被稱為中國共產黨）也習於援引他們的開國元勳，是馬克思和恩格斯，當然還有毛澤東和鄧小平。馬克思和恩格斯在中國仍然會被提及，彷彿他們的觀念與思想是現代中國的底蘊，但中國也不是一個馬克思主義國家，而是一個現代國家，一個根深柢固的資本主義國家。從這個意義上來說，印度和中國一直是都存在著一種雙面性：印度以甘地的名義建國，卻與甘地希望實現的國家完全不同；中國以馬克思和恩格斯的名義建國，卻與馬克思和恩格斯希望達成的國家全然不同。

然而，在現代政治的深層背景下，馬克思、恩格斯和甘地所代表的事物，永遠不會全然消失，至今依然如此。他們代表的是一種完全不同於現代國家的政治的可能性；代表著徹底的、激進的變革；代表毫不妥協地顛覆這種雙重的、機械的、人造的生活模式，也顛覆這種生活模式所帶來的便利、安全，與它輕鬆談論的代表政治及其缺乏靈魂的本質。

現在我們正在經歷另一場危機，再次讓人們思考是否有可能以全然不同的方式運行政治。這場危機（全球肺炎大流行），存在於另一場更大的危機的陰影之中——氣候變遷的危機。我們同時也還活在資本主義危機的時代，全球金融體系似乎一再傾危，而我們想知道究竟是什麼讓它仍能自持。在這樣的時刻裡，我們當中有些人伸手取閱馬克思、恩格斯和《共產黨宣言》；但我們也可以接觸到甘地和《印度自治》，並視他的生命與著作為榜樣。在二十一世紀的危機背景下，甘地或許是最能代表人心說些什麼的例子。他提供了更全面事物的可能性，他提出的理念，比現今的秩序更加傾向個人主義，也更加傾向集體主義。他指出了另一種政治的可能性，而人們可以透過參與這樣的政治，變得更加衷於自我。今日，代表我們行事的國家仍然是霍布斯式國家，甘地沒有改變這一點，但甘地確實暗示了，終有一天，這個國家可能會改變，而改變可能很快就會到來。

第7章

馬克斯・韋伯論領袖

〈政治作為一種志業〉

('**The Profession and Vocation of Politics**', 1919)

馬克斯・韋伯（Max Weber，一八六四年至一九二〇年）出生於德國厄佛特（Erfurt），父親是國家自由黨的律師和政治家，在普魯士議會和德國聯邦議會就職。韋伯就讀海德堡大學，除了主攻法律之外，也修習政治經濟學、歷史、哲學和神學。在一八九三年，他與表妹瑪麗安（Marianne）成婚，而瑪莉安最終成為將韋伯的思想轉化成文字付梓的人。他們沒有孩子，也有一些跡象顯示兩人似乎不曾有過性行為。在一八九六年，韋伯回到海德堡擔任政治學教授。當他的父親於一八九七年逝世後，韋伯陷入長期的抑鬱，並於一九〇三年自海德堡大學辭職。他四處遊歷，並在隔年於美國聖路易州舉辦的世界博覽會上發表演說。他晚年的寫作極為多產，同時也是一部計畫出版的社會經濟學百科全書的編輯，更是這部百科全書最重要的作者之一。他也越發地參與政治，在第一次世界大戰後，他作為德國代表團的一員出席巴黎和會，同時擔任起草威瑪共和憲法的委員會顧問。在他生命的最後一年，隨著他對自身努力的成果感到沮喪，他重返大學校園，在維也納與慕尼黑大學任教。在西班牙流感大流行期間，韋伯確診，死於併發肺炎。在他去世時，他的鉅著《經濟與社會》（*Economy and Society*）尚未完成，最終由他的遺孀協助出版。

這一章的主角也是一門講座。這場講座剛好比康斯坦在一八一九年巴黎發表的〈古代人的自由與現代人的自由〉晚了整整一百年。這是偉大的德國社會學家馬克斯・韋伯於一九一九年一月在慕尼黑為一群學生所做的演講。這是與康斯坦的演講截然不同的場合，也是一場非常不同的講座。有些人宣稱，這是現代政治思想史上最重要的一場演講。

康斯坦演講時，他與演講中分析的核心事件已經有了些歷史距離。而這樣的距離，讓他得以用後設的眼光回顧法國大革命及其後果。韋伯沒有辦法如此。一九一九年一月的慕尼黑是當時政治風暴的核心，而韋伯親赴現場，為這場風暴辯護。慕尼黑是巴伐利亞的首府，當時巴伐利亞正在經歷一場受俄羅斯布爾什維克啟發的社會主義革命。在一月時，這場巴伐利亞革命已經持續了幾個月，而它將很快地被一場反革命扼殺。在那之後，是大量的流血鎮壓。巴伐利亞所屬的國家——德國——在當時彷彿正處於內戰邊緣。在一九一九年年初，這個國家基本上沒有什麼實質運作的機能，德國的政權在兩個月之前宣布投降、為第一次世界大戰劃下終點的同時便已瓦解。當時的德國匯集了霍布斯所說的政治災難的三重奏：軍事災情、革命與內戰的萌芽。這也是政治末日啟示的三騎士。[1]

1 編按：此處作者挪用了聖經《啟示錄》裡提到的天啟四騎士概念，在《啟示錄》中，天啟四騎士為瘟疫、戰爭、飢荒與死亡，是帶來災難的象徵。

我們和康斯坦一樣，有著後設視角所帶來的優勢，而這可能使我們難以重新掌握第一次世界大戰後德國政治的不確定性、不可預測性與開放性。對我們來說，難以掌握當時的情境的難處在於我們有太多的後見之明。我們知道德國接下來會發生什麼事情：德國並沒有爆發內戰；德國確實建立了一部有效的憲法、成立了一個得以實質運作的國家——威瑪共和，儘管這個國家很快就失敗，並且被另一種國家（希特勒的納粹主義國家）所取代；而我們也知道，那個繼之而起的國家都做了些什麼。

對我們來說，第一次世界大戰及其結局是一個更長的故事，我們也習於將一九一八至一九一九年的事件置入這個更長的故事裡。但韋伯不知道接下來將會發生什麼事，他也沒能活著看到那些事件的到來，這是因為在當時，除了那政治災難的三重奏之外，還有另一種力量在干涉著政治與社會，而這股力量更接近《啟示錄》中所說的騎士：流行病。西班牙流感在一九一八年至一九一九年的冬天肆虐，在爆發的十八個月內奪走數千萬條人命，包含韋伯。

我們可以試著用一種方式來重現這種戰後的不確定感（也是這種不確定感催生了韋伯的講座），而這會讓我們必須講述一個很不同的第一次世界大戰故事。我們傾向於認為，第一次世界大戰是一場耗時四年史詩一般的痛苦掙扎，造成了慘重的損傷、總會陷入僵局的戰事、成為象徵的壕溝戰，最終這場戰爭的勝利者只能付出巨大的人力成本來確保勝機，而這樣的慘勝很快就被隨之而來、帶有懲罰性質的和平所浪擲。但對於經歷過第一次世界大戰的人來說，這不僅是一場歷時四年的煎熬，也不僅是一場僵局。第一次世界大戰更為戲劇化也難以預測，更非毫無意義。對經歷戰事的人們來說，第一次世界大戰就像坐上了有著漫漫長軌的雲霄飛車。

第一次世界大戰實際上是兩場戰爭，儘管我們習慣把它們混為一談。第一次戰爭從一九一四年八月持續到一九一七年二月，這更像是一場歐洲的內戰。內戰的一方是英國、法國和俄羅斯，另一方則是中歐和東歐大國：德國、奧匈帝國、鄂圖曼帝國和保加利亞。這場內戰最終蔓延到這些國家基於帝國主義在全球各地所占有的領土，但總歸來說本質上還是一場歐洲自相殘殺的戰爭。對許多被捲進這場戰爭的參與者來說，這場戰爭真的沒有太多意義，參戰的人員以過度的愛國情操和軍事化的國族主義激情來取代戰爭本身欠缺軍事邏輯的事實。這場戰爭變成一場無解僵局，且在經歷了兩年半的痛苦掙扎之後，戰爭看來毫無出路。

然後在一九一七年春天，爆發了兩件事，而這兩件事徹底改變了戰爭的本質，並將這場歐洲內戰演變成一場真正的全球衝突：第一次世界大戰。第一件事情是俄羅斯革命。這不是同年稍晚爆發的布爾什維克革命，而是二月份的第一次俄羅斯革命，[2]它試圖以類似憲政與自由民主的體制來取代沙皇和帝制政權。對許多觀察第一次世界大戰的人來說，第一次俄羅斯革命的影響在於它讓人們開始理解第一次世界大戰。因為這是人們第一次可以宣稱，第一次世界大戰是一場為民主而戰的戰爭。這場戰爭揭開序幕時，當時歐洲兩個主要的民主國家（英國和法國）與尚未成為民主國家的俄羅斯結盟，但正如托克維爾曾預期的，在未來會發生的史詩般的重大戰爭，是民主對抗俄羅斯的戰爭。與現代自由民主國家相比，當時俄羅斯政權更像是中世紀的神權政治，但是當那個神權的、神秘的、極其無能的政權在一九一七年悲慘的冬天瓦解，並被民主政體取代時，英國、法國和俄羅斯終於可以共同宣稱，他們不僅在軍事上是同一陣線，在政治上也是，而這樣的宣稱，吸引了當時世界上最大的民主國家的注意——美國。

一九一七年春天發生的第二件事情，就是美國參戰了。美國之所以參戰，不全然是因為俄羅斯現在是新生的、需要被捍衛的民主國家，但這仍然是它參戰的部分原因。隨著美國參戰，這種新的權力部署讓原本呈現僵局的軍事平衡開始朝著顛覆德國及其盟友的一方傾斜。全世界的民主國家團結了起來，以擊垮他們眼中威脅歐洲核心民主國家的敵人。但如果在一九一七年年初，事態看來對德國極為不利，那麼到了一九一七年年底，事態又開始變得對德國極為有利。因為到了年底，第一次俄羅斯革命已經被第二次革命所取代。試圖在俄羅斯建立自由民主政權的嘗試最終只能宣告失敗，而那個政權在死亡前並沒有能留下什麼遺緒。第一次世界大戰對這個政權來說太過宏大，而試圖以民主為名來進行這場戰爭，最終只是拖垮了俄羅斯的民主。當布爾什維克上台時，他們的第一個舉動幾乎就是宣布他們想不計條件地退出戰爭，因為這不是他們的戰爭，所以他們根本沒有持續參戰的打算，他們有其他的戰事要處理。列寧投降了，這是一次全面投降，而這或多或少地給了德國人想要的一切。德國在整個戰爭期間一直受到威脅，因為同時在東方和西方兩條戰線作戰。而現在，德國可以將注意力轉向西方，雖然還是必須留心東線，因為擔心方興未艾的俄羅斯內戰會蔓延到德國新近取得的領土，也意味著德國必須投入軍隊來恢復東部領地的秩序，但這已經足以讓極多的人力西移，投入西線為最終決戰做準備：與西方民主一決生死。

在當時，還有一些其他應該要發生，卻沒能順利發生的事情。美國的參戰並沒能拯救英國與法國，因為美國沒有及時加入戰場、沒有派出足夠的人手、也沒有對戰爭帶來

2 編按：在臺灣又俗稱二月革命，而同年稍晚的布爾什維克革命則俗稱十月革命。

太多變化。因此，到了一九一八年春季，德國看來正一步步地邁向戰爭的勝利。到了同年初夏，倫敦、巴黎甚至華盛頓都開始感到恐慌。德國人向西線推進，彷彿就快要占領巴黎，也突破了壕溝戰的僵局，眼看著就要拿下勝利。一場無意義的消耗戰成了一種截然不同的體驗：這是一系列意想不到的事件，以及一場被命運劇烈波動影響的戰爭，接著，突然之間，事態果斷地朝著對德國有利的方向發展。

這就是站在歷史的遠方回顧時難以記得的事。在一九一八年前半，德國幾乎就要贏得第一次世界大戰。然後在幾個月，甚至幾週之後，形勢突然逆轉了。不久之後德國的政權徹底崩潰。德國的軍隊有一部分也崩潰了，但不曾全然崩潰過，因此第一次世界大戰的德國，在軍事上並未嘗過任何決定性的潰敗。這次的潰敗是政治上的潰敗，因為德國的政治領袖投降了；這同時也是社會的潰敗：飽受病苦、挨餓，瀕臨破產的德國人民已經受夠了。德國再也無法承受打這場戰爭所需的成本。當支應戰爭所必須的一切努力開始失去效力，戰爭也將很快地潰敗。到了一九一八年年底，德國在第一次全面戰爭中徹底戰敗。德國皇帝遜位、政權也被載入史書，德國必須要建立一種新國家。這是韋伯演講的更宏觀的脈絡。當時存在著騷亂，也存在著苦難，但與此同時，也有著深刻的震撼感。

但新的國家還沒有建立。在一九一九年一月，在德國各地，尤其是巴伐利亞，有些人試圖建立無產階級主政的共和國；而在柏林，人們正努力為一種新的、現代的憲政秩序奠定基礎——這將成為後來的威瑪共和國的起源。韋伯造訪慕尼黑，部分原因是他想要當面告訴他的聽眾，他認為危在旦夕的事情。他直接面對面講課的對象，是參與社會主義革命的學生，但他同時也間接地向柏林的政治家們發言。他認為他不能告訴這些人應該如何以落實政治。正如我們將看到的，韋伯演講的一個核心主旨是，在政治上，你永遠無法告訴那些擁有做出重大政治決定權力的人，他們應該怎麼去做出決定。因為該怎麼做決定，終究是個人選擇與個人責任的問題。但他確實認為，在面對如此嚴重的政治風險和政治不確定性的情況下，任何負責任的政治家在做出抉擇時，都必須考慮不同的因素，而他想把這些因素們說出來。

韋伯這場講座的德文原標題是：「Politik als Beruf」。這很難翻成英文。「Beruf」這個詞不只有一個意涵，它的意思既是「職業」（profession）也是「志業」（vocation），因為「Beruf」既意味著一份工作（你以什麼為生、如何賺錢），也意味著你的使命（賦予你的生命意義，同時讓你得以營生的事物）。而正如韋伯在他的講座中明言的，政治在現代國家裡兩者兼具，它既是工作的潛在來源，也是意義的潛在來源。正因為韋伯賦予政治這樣的雙重性，使得這個講座如此具有現代的特質。但同時，這場講座也呼應著其他事物。韋伯的演講在最後幾乎變成了某種布道。他並沒有指引著人們應該做些什麼，而是要人們審視自身，反思他們被期望能做些什麼，以及這麼做又意味著什麼。在某種程度上，這是現代政治史中最重要的世俗布道。

德國在一九一九年年初的處境，可以說是霍布斯式政治最為原始的形式，因為有太多事物懸於一線，也因為事態存於隨時崩壞瓦解的高度危險之中。這是個在戰爭中被擊敗、被流感肆虐的國家，人民無以充飢、政治人物慌張無措、而革命人士正在高歌前行。在當時，有許多離開戰場的軍人並不認為自己戰敗了；更不幸的是，他們多數人認為他們被政治家背叛，因此許多軍人仍舊全副武裝。也因此，當時極有可能發生規模更廣的革命。德國似乎正處於政治災難的邊緣。

這是現代德國政治史上一個特殊的霍布斯式時刻，霍布斯絕對會意識到其中的風險。然而還有其他事物連結了韋伯與霍布斯。首先是韋伯在他早期的著作裡，提出了一個現代國家的定義，而這可能仍舊是最著名也最為簡潔的定義。這個定義同時也具有明顯的霍布斯色彩。韋伯嘗試著用幾個詞彙來總結國家的特質。他說國家（現代國家）是一種「成功宣稱它可以合法地壟斷強制力」的群集。這句話有時候被更直白地轉譯為「國家對暴力的合法壟斷」。他用這五個詞彙來總結國家的特質：成功、宣稱、壟斷、合法、暴力。而在這五個詞裡，最容易脫穎而出的是壟斷與暴力。國家是壟斷暴力的實體，也是個製造並使用暴力的機器——這是利維坦可能存在的最為殘酷的版本，但真的讓韋伯的定義染上霍布斯的色彩並賦予他對國家的理解力量的，是壟斷與暴力以外的其他詞彙。

國家不只是宣稱它壟斷暴力，它的暴力必須是「合法」的。沒有事物得以宣稱它們實質上壟斷了暴力，因為暴力總是能夠以一種超乎各式宣稱的形式被展現。沒有國家可以廢除國家以外的暴力：家庭暴力、刑事暴力、結構性暴力都持續存在，但是在現代國家中，只有國家得以使用暴力、只有國家得以進行脅迫，也只有國家得以強迫人民去做國家想達成的事情，甚至如果有必要，國家會迫使人民在槍口下行事。然而重要的一點是，這只是一種宣稱。任何國家都會宣稱能做到這一點，但只有正常運作的國家可以讓這樣的宣稱成功執行。這種對暴力的壟斷成功與否，取決於人民是否接受這種宣稱，而接受的人民同時也必須要承受可能施加在他們身上的暴力。主權的權力與人民因此是一種連鎖關係：國家的權力來自於人民接受了國家的宣稱，而這之後人民臣屬於這種背後有暴力支持的權力之下；最終，這讓人民沒有辦法從合法性的角度上，對權力與暴力提出挑戰。因此，讓這個論述充滿霍布斯色彩的並不在於暴力被壟斷了，而是在於壟斷取決於人民承認了這種壟斷的合法性。當這個情況發生時，主權權力與人民被相互鎖在一起。

韋伯曾經給予民主一個更粗暴的定義。他說民主只意味著我們選出了某個人來為我們做決定，而如果決定嚴重出錯了，「那就和他一起上絞刑架吧！」把君主送上絞刑架一點也不霍布斯，但這種我們選出某個人來為我們做決定，而且我們不必對這個決定有所付出（換言之我們允許有人以我們的名義行使那不被約束的權力），是非常霍布斯式的觀點。

另一個韋伯與霍布斯的連結在於，他們都是科學家。韋伯是一位社會科學家，而霍布斯則認為自己更像一名自然科學家，儘管在霍布斯的理解中，自然科學的範疇也包含研究社會。但真正聯繫兩人之處，在於他們都相信他們所信仰的科學揭示了既有的政治科學的極限；當然在霍布斯來說，是理性的極限。如果我們回到霍布斯的論點，他基本上在說，如果你純然利用理性來思考政治，你會意識到你的理性論點終會有所侷限，因為政治決策終究未必要是理性的——而理性上來說，你必須要接受政治決策的結果，即便政治決策未必是理性的。或者我們換句話說，霍布斯從來不曾說過主權者必須是理性的，能夠清晰思考的主權者將比無法清晰思考的主權者做得更好，然而，對於霍布斯的論點來說，尤其重要也不可或缺的是主權者的決策，而決策本身卻未必需要是理性的。

韋伯對同樣的論點有一個不同的版本。他認為社會科學，包含社會學、政治科學、歷史學都可以教導我們許多關於政治如何運作、制度如何發展、哪些制度會比其他制度還要好的相關知識。但這些都無法教導我們，政治家們會做些什麼。更直白地說，韋伯並不認為社會科學會教導我們最好把政治交給社會科學家來治理；事實上，他的想法正好與此相反。他認為政治不是科學家擅長的場域，如果你活在由科學家做出決策的國家，這表示你有麻煩了，因為科學家不是政治家。關於政治，你的社會科學所應該教導你的內容幾乎有點套套邏輯：政治事務最好還是交給政治家。

韋伯擔心的不僅是科學家而已。他認為有許多職業根本不適合參與政治，學術界便是其一。他認為政治不應該交給那些不太擅長做出決定、認為在有決定性的證據或證明前辯論應該無止盡地持續下去的人，而學者便不擅長在沒有確切證據、充滿不確定的情境中做出決定。在韋伯看來，適合參與政治的職業是律師與記者，因為他們習於隨著事態發展的過程做出抉擇。韋伯認為另外還有一組人也不適於從政，而我很快地就會談到他們。

於是乎，對韋伯來說，科學的思考政治所得到的結論，就是政治不應該交給科學家來治理。但韋伯和霍布斯之間還是存在著許多差異，而這很大程度上是因為兩人相距近乎三個世紀。一九一九年的德國與十七世紀中葉的英格蘭完全不同。其中一個不同之處是，在一九一九年年初的德國，那場看似在醞釀之中卻未曾爆發的內戰並不是一場兩個派系之間的競逐關係，而且也沒有拋出非此即彼這種前現代政治的選擇。當時德國醞釀的內在衝突至少是三向的，因為一九一九年德國所擁有的其中一個選擇，就是成為一個現代國家。

在當時的德國，有些人既不尋求推動革命性的變革，也不追求把這個新的世界帶回到數個月前他們所拋棄的那個舊體制裡。讓我們姑且把這兩方稱之為後現代政治的擁護者與前現代政治的擁護者。後現代的一方包含了布爾什維克、斯巴達克同盟（Spartacists）與其他社會主義夢想家；前現代的那組，則包括一些原初的法西斯主義者，以及希望德國皇帝復辟，甚或是希望得以重建一戰期間的德意志帝國且曾在當時為之戰鬥的人們，因為在這些人的腦海裡，他們從來不曾在戰場上被真正擊敗過。換言之，在當時的德國有些人希望能讓時間倒流。但，除了上述兩種人，德國也有一些人希望能夠繼續堅持著新的秩序，希望能在德意志帝國瓦解的灰燼上重新建立新的德國，無論這麼做的結果是好是壞。讓我們稱這群人為現代政治的擁護者。韋伯就屬於這麼一群人，而這群人也將會創建威瑪共和。

與韋伯本人不同的是，這群現代政治的擁護者中，有許多人是社會主義者；事實上，多數曾經是馬克思主義社會主義者，且在理論上（如果不曾付諸實踐）相信共產主義革命的改革力量。但在經歷第一次世界大戰的災難之後，其中一些政治家開始察覺，如果他們實際審視當前的形式，那麼德國所需要的將會是自由憲政國家。這讓他們竭盡所能地想創建一個憲政德國。韋伯的演講中，部分是在向這些政治家們喊話，告訴他們要保持冷靜、放手去做他們需要做的事情，也要牢記在政治的場域裡，沒有什麼決定是簡單、純粹或道德的。韋伯選邊站了，而這與霍布斯截然不同。韋伯選擇站到了現代國家的陣營，這意味著他比霍布斯更靠近我們今天稱之為「建國」（state-building）的實質事務。

但韋伯與霍布斯另一個且更大的不同之處在於，一旦我們進一步脫離十七世紀，那些為現代國家寫作、同時也想像現代國家的未來的思想家，開始有愈來愈多的現代國家可以作為模型來考察、研究與探知。當時存在了許多現代國家如何運作的實例，而在一九一九年，這讓韋伯得以寫出最為成功的現代國家的社會學史。韋伯演講的第一部分（幾乎是前三分之二的篇幅）是從歷史證據出發，描述現代國家實質上（不是在理論上）是如何運作的。就這個意義上來說，這是一場相當傳統的學術講座。他對現代英國尤其感興趣，而他有充分的理由認為英國可能是最為成功的現代國家範例。在韋伯與他之前一、兩代人眼中，在政治場域所發生的重大變化，是他所謂的政治的專業化。而在政治專業化所創建的制度裡，有一個我到現在為止都還不曾提及，卻有可能是現代政治中最重要的制度的發明：政黨。

政治已經成為政黨政治，而用韋伯的話來說，政黨就是機器。他的確是以機器來稱呼政黨，但這麼做的不僅僅是韋伯。在美國，政黨被稱為「政黨機器」（the party machine），以一種對倫理與道德良善毫無興趣的方式運轉著；政黨同時也是一個產業，僱用了許多人力來完成某些相當骯髒與機械化的業務，這之中最主要的就是在選舉期間催出選票。

機械化的政治正是現代國家裡，甘地所厭惡的事物；而在韋伯看來，機械化的政治正是現代國家的表徵。因此，如果他選擇站在現代國家的陣營，在某種程度上也必須站在機器的陣營裡。但韋伯也明白，如果政治只是機械化的，這同時也意味著政治確然沒有靈魂。在這個情境底下，「Politik als Beruf」將必須接受「Beruf」這個詞彙更為狹義的、指涉職業而非志業的那個意涵，政治將會充滿常規、唯利是圖、欠缺想像。但韋伯認為政治需要比上述還要更多的特質：必須有人為政治提供願景；必須有人相信政治所代表的原則；必須有人清楚這一切究竟有什麼意義。而那個人的名稱，就是政治領袖：政黨的領袖、國家的領袖。

韋伯認為英國模式的議會政治非常擅於在這樣的政治機器中培養領袖。它培養出來的不是那種凌駕於政治機器、不願為政治事務弄髒雙手的領袖，而是那種真的理解政治是機械化的、卻又能夠超脫政黨而直接訴諸整體人民的領袖。他心目中的政治家包括維多利亞時期重要的英格蘭首相威廉・格萊斯頓（William Gladstone），韋伯在這場講座中以仰慕地語氣，形容他是某種民主政體的獨裁者——「選戰中的獨裁者」。格萊斯頓是一位能夠為國家提供終極願景的政治家，而這並不是因為他是某種解決政治難題的機械降神（deus ex machina），[3]反而正是因為他出身於政治機械的內部。他在政敵本傑明・迪斯雷利（Benjamin Disraeli）所形容的政治權勢的油污之柱上攀爬，最終成功攀頂；而在達到頂峰後，他的視野方得以超越自己的政治起源。

另一個韋伯可以舉的例子，是離他更近期也更令人不安的實驗，而這場實驗是測試兩種對立的政治體系哪一個更能夠承受壓力——這場實驗就是第一次世界大戰。在這場實驗進行的四年當中，他目睹了對立的政治體系如何在測試過程中邁向滅亡。在一九一

---

3 編按：英文為「god from the machine」，時常譯為「天外救星」、「解圍之神」，此處為符合韋伯對政治機械的論述，而採用機械降神的譯法。

九年一月，實驗的結果已經昭然若揭。戰勝國（美國、英國、法國）的領袖都是專業政治家。當戰爭結束時，美國的總統是伍德羅・威爾遜（Woodrow Wilson），英國首相是大衛・喬治（David Lloyd George），法國首相是喬治・克里蒙梭（Georges Clemenceau），他們都是職業政治家（儘管威爾遜曾是一名學術界的政治科學家，而這想必會讓韋伯非常緊張）。他們各自都透過政黨制度的運作而勝取最高的權力位置，表示他們之所以得以成為領袖，所憑藉的不僅是他們個人的政治洞見，而是他們管理現代機械化政治的能力，以及為政治這個機器提供專業知識與想像的能力。諷刺的是，這三位領導人在戰爭初期，都是反對參戰的政治家。威爾遜更是在一九一六年宣示絕對不會帶領美國參戰而成功贏得總統大選，但在他當選的幾個月後，美國參戰了。這也表示這三位領袖也都是虛偽的人。他們都有著雙重性格，是懂得在不同的場合扮演不同角色的雙面人——他們正是令甘地感到絕望的政治家。

在第一次世界大戰期間，這些民主政治的領導人所對抗的是，不是由專業政治家治理的德國。當時的德國政府有兩種領導形式。首先是皇帝本人：正如韋伯所說，在政治範疇裡，皇帝只是個業餘者。政治不是皇帝的專業事務，因為他並沒有把政治看作職業。皇帝一出生就在政治的場域裡，而他對政治也極不擅長，犯下許多錯誤、很愚蠢也很放縱，但更重要的是，他從未接受過測試，檢測他是否適合擔任政治領袖。當皇帝終於得到測試的機會時，為時已晚。相比之下，議會制度會檢測政治家、篩選他們，直到在其中找到屈指可數、足以作為領袖的人。格萊斯頓的出現驗證了這種篩選機制，勞合．喬治也是個實證，但德國皇帝從未曾接受過這種檢測，因為他無法被免職，直到面對毀滅性的考驗。

在第一次世界大戰期間，德國後來將命運交付在另一種領袖手中。從一九一六年起，德國的政治發展方針被掌握在兩位重要將軍手中，分別是保羅．興登堡（Paul Hindenburg）與埃里希．魯登道夫（Erich Ludendorff），並建立了一種軍事獨裁的政治。這當然有其道理在。如果你正在打一場終極之戰，難道你不需要一位深刻了解戰爭的領袖嗎？最終的軍事勝利，難道不會屬於那群被軍事領袖引領的人民嗎？韋伯對此的答案是否定的，第一次世界大戰驗證了他的答案。將政治權力交託給軍人並不能贏得戰爭，因為軍人不是政治家；而到頭來，與其他戰爭相比，第一次世界大戰更是一場政治的戰爭。最堅毅的議會制度獲得了最終的勝利，因為議會嚴厲的政治考驗，得以培養出有能力做出足以影響軍事勝利的政治決策的人。軍事勝利絕不僅仰賴軍人，同時也仰賴通訊、組織、運輸、稅收和代表權，而這正是現代國家的所有職權範圍。

因此，在一定的程度上，韋伯的講座是在為專業政治這個理念辯護，並以現代國家的雙重語言來表述。成為一名專業領袖的意思，不僅是成為一名專業人士。將政治作為一份工作，意味著要為政治提供視野，尤其對那少部分成為主權國家政治領袖的人來說更是如此。但韋伯與霍布斯最後的一個差異是，韋伯做了霍布斯從未做過，而且可能也不知道該怎麼做的事情。韋伯試圖帶領我們進入政治領袖的思想和內心世界。他試圖從身為主權者政治家的腦中世界，講述一個關於現代政治的雙重性故事。身為主權者的政治家，必須做出最終那關乎生死、足以左右戰爭勝負的抉擇。韋伯說，現代政治（專業化的政治）必須用頭腦和心靈來完成。

在他的講座的最後一部分（同時也是最像布道的部分），韋伯的語調有了變化。他採取了一種近乎宗教的語言，講述關於惡魔、鬼魂和作祟的現象。這是描述政治領袖的壓力與緊張，也是描述那種必須要與如此龐大的責任共存，且必須同時保有智識與心靈、理性與激情的人生，使得他的描述帶了點心理和神秘的色彩。或者，正如韋伯所說，這是一種同時生活在兩種不同倫理中的人生：一部分是責任的倫理，這意味著行事時必須考量事情的後果；另一部分是信念的倫理，這意味著行事時必須考量你相信這是正確的事情。正如康斯坦在巴黎對聽眾講述古代自由與現代自由時所說的，這不是一種選擇：

你必須同時擁有兩者。韋伯在慕尼黑對聽眾說，責任倫理與信念倫理同樣也不是一種非此即彼的選擇，你必須兩者兼有。作為政治領袖，你不能只考慮事情的後果，也不能只考慮你的信念。你必須調節你的信念與可能的後果，而這意味著你必須要接受，無論你相信什麼、無論你多麼熱切地相信，有些違背政治良心的事情就是會發生。政治是一件粗暴的工作，而你不得不接受這一點。正如他所寫的：「誠然，儘管政治是一件需要大腦的事情，但肯定不是一件只需要大腦就能完成的事……一個人是否應該根據信念倫理來行事，還是應該根據責任倫理？什麼時候應該依據前者，什麼時候應該依據後者？這些都不是人們可以指引其他人的事情。」

這有個弦外之音。言外之意是，韋伯在譴責他在一九一九年年初的德國所見到的，那群已經拋棄信念與責任之間連結的人。尤其是那些熱衷革命的人，而這包含了聽眾裡那些參與革命的年輕人。這些年輕人相信可以改變政治，使得政治超越現代國家的束縛，成為某種共產主義烏托邦；這些年輕人也因此認為，為了達到這個目的，任何代價都值得付出，哪怕這些代價包含濺血的暴力與苦難。他們認為，就算在這個過程中，有數以千計的人死去又何妨？因為一旦你來到應許之地，過程所經歷的恐懼與記憶將會很快被抹去。韋伯聽眾裡的這些潛在政治家認為，信念勝過責任；但韋伯堅持強調，如果你以這種態度從政，你就會變得非常不負責任，因為你會認為你所造成的死亡和你釋出的暴力都不是你的責任。對你來說，真正重要的是你想要實現的目標；而韋伯說，如果對你來說，希望比結果還重要，這意味著你已經迷失了。

韋伯同時也明確指出，政治不是聖人的工作。對於那些認為手段和目的總是必須相符合的人來說，政治不適合他們。其中一位聖人就是甘地，甘地明確表示，在政治上，手段和目的必須同時進行，否則手段將會污染目的。韋伯同意手段確實會污染目的，但他認為這就是政治的代價，這是你選擇了政治生命就必須要付出的代價：「世界上沒有任何倫理可以規避一個事實，那就是在很多情況下，為了實踐好的目的總會與道德上可疑的、甚至道德上危險的手段有所牽連。同樣地，世界上沒有任何倫理能決定，倫理上良善的目的在什麼時候以及透過什麼方式會洗淨那些倫理上危險的手段。」無論你的目的是什麼，都會留下某些污點，而你的目的可以是任何事情，包括和平。我認為韋伯相信在某種程度上，政治的目的應該是和平，就像霍布斯一樣，但這是透過暴力所實現的和平，因此任何透過暴力所實現的和平，將永遠帶有暴力的污點。這就是現代政治的悖論，無法忍受這點的人都不應該假裝想嘗試接受。

但韋伯也認為政治還有另一種誘惑：不是擁有太多信念，而是擁有太多的責任。

也就是說，沒有信念、沒有信仰、沒有激情、沒有原則，只是隨波逐流成為一名官員或技術官僚。現代國家的運作仰賴官員與技術官僚，韋伯和許多人一樣都明白這一點：他職業生涯大部分的時間裡都在撰寫關於官僚主義的文章。但他認為官僚不能成為政治領袖，就像學者、科學家或軍人一樣。要成為一名政治領袖，你必須要做的不僅僅是衡量事件的後果，你不能根據模型或圖表的內容做出政治決策。在試圖達成某個特定目的時，你無法精細計算出多少死亡是值得的代價，因為對你來說，那個本身必然蘊含某種價值的目的，是無法被計算比較的，哪怕牽涉了生死。這對韋伯來說是現代政治的挑戰：你必須要是一台計算機，但同時你也必須懷有信念。

對韋伯來說，政治領袖最後一個巨大誘惑，是刻意忽視那些意想不到的後果。這很容易做到，而且非常危險。當政治家決定想以他們的政治生命來追求什麼，並嘗試計算追求這個目標可能會有什麼後果時，他們總會疏忽那些意想不到的突發事故，而這些突發事故可能與他們的目的和達成目的的手段都沒有直接關係。政治家總會忽視意外事故，並自食惡果。但政治事務總會存在著意料之外的連帶影響，因為無論政治家想要追求什麼目的，他們都會利用那巨大、可怕、魯莽的工具來達到目的，而這個工具就是具有強制力的現代國家。人們總會輕易忘記，許多最重要的政治事件的發生，都不是有意為之的，追求革命的人尤其容易忘記這一點。很多時候，沒有人想要這些事情發生，但這些事情還是發生了，因為當你把現代國家視為達成目的的工具時，不好的事情總會隨之發生，因為政治就是既危險又邪惡的事務，韋伯說：「任何想要從事任何形式政治活動的人，尤其是任何想要投身政治、以政治為職業的人，都必須意識到這些倫理悖論；也必須並意識到，他必須對自己在壓力下可能變成什麼樣的人負起責任。我再重申一遍，投身政治，意味著他投身一股隱身所有暴力背後那惡魔一般的力量。」

人們往往會把韋伯的這場講座收進我在本章開頭所說的那個故事裡。我們很熟悉這個故事，也知道它是如何結束。這個故事從一九一九年一月快轉到一九一九年夏天，當時威瑪共和正式成立，德國勉強逃過全面崩壞、也避免了那場潛在的內戰；幾年後，威瑪共和因為駭人的通貨膨脹而瀕臨崩潰，但情勢終究回穩；然後，在全球大蕭條中，平復穩定的情勢再一次動盪，為希特勒的崛起鋪路，而自一九一九年起希特勒便不斷在幕尼黑製造麻煩。

韋伯從一九一九年上半年開始一直到一年後死前，都非常擔心德國在試圖成為一個正常運作的現代國家的過程裡會犯下錯誤。他擔心德國欠缺強而有力的政治領導人。韋伯之所以欽佩英國首相（同時也欽佩美國總統，雖然程度稍微低了些），正是因為他們為國家發聲的能力。格萊斯頓是一位試圖為全國發聲的政黨政治家，而最成功的美國總統們也是如此，他們超越了選舉的狹隘範圍，成了國家的代言人。韋伯認為，現代國家的政治領袖需要擁有這些非比尋常的特質。他擔心根據比例代表制度所建立的的威瑪憲法，最終只會產生一個存在許多權力相互制衡的國會，內含許多宣稱將成為政黨領袖卻不是國家領袖的政治家。這將會是韋伯向來所害怕的那種政黨政治：狹隘、功能取向、欠缺想像力、徒具專業。

他希望德國能夠只擁有一個政治領袖，並希望在新的威瑪憲法的框架下這有可能達成。這讓韋伯成為憲法中一項特定內容的強力支持者——總統得以在危機時刻得到獨裁者一般的權力，這後來成為威瑪憲法第四十八條。這個條文的存在目的在於，唯有當國會失去功能無法運作時、唯有當分歧太過強烈而政治家無法達到共識導致沒有人能做出決定時，能有人介入讓國家正常運轉。根據威瑪憲法第四十八條，總統可以讓議會休會並親自掌權（這個條文預設是男人，但當然沒有必然規定如此）。到了威瑪共和末期，當時就任的總統是興登堡，他是前任將軍，是一位軍人出身的政治家，並為另一位軍人出身的政治家鋪平了道路，那就是希特勒；然後，希特勒鋪平了一條徹底毀滅德國的路。有時候，人們因為納粹的到來而批評韋伯；有時候，人們說任何在威瑪共和誕生時，主張在危機時期國家應該要有強力、幾乎不被約束的總統權威的人，都應該為納粹的到來負責，因為這最終為希特勒的崛起撬開了權力的大門——但這並不公平，因為韋伯並不知道未來會發生什麼事情。他對希特勒一無所知，因為希特勒在韋伯去世的那一年，才在慕尼黑聲名鵲起。

如果我們想要一個韋伯式政治家的典範，我認為應該看看其他地方。這絕對不會是希特勒，我們也知道不會是興登堡，因為韋伯鄙視軍人出身的政治家。韋伯喜歡專業政治家。儘管他非常欽佩格萊斯頓，但還有一位政治家比任何人都更接近韋伯式政治領袖的理想典型，雖然韋伯從來沒有明言。而這位政治家恰巧在許多人（儘管不是所有人）眼中，是所有現代政治家中最偉大的人。理想的韋伯式政治領袖是亞伯拉罕．林肯，他符合了韋伯的一切標準。

林肯是一個從政黨機器出身的政治家。他甚至在某種程度上，是利用政黨機器來達成個人信念與目的的政治家。他在共和黨的組織中奮戰向上，並在成為總統的道路上經歷了許多失敗。在選戰中，他成為輸家的次數遠多於成為贏家的次數，而這正是韋伯喜歡英、美民主的原因之一。英、美民主教會政治家們如何面對失敗，不僅僅是如何取得勝利；而德意志皇帝從來沒有學會該如何面對失敗、魯登道夫也從未學會如何面對失敗，所以當失敗到來時他們也失去一切。林肯在失敗中不斷反擊，最終他超越了初始的政治身分，不再只是利用政黨機器來達成個人信念與目的的政治家、不再只是政黨政治家，也不再只是一名律師（這是韋伯認為最適合政治的職業）。他成為了那種超然的、超越黨派利益的國家領袖。林肯有他熱切信仰的原則，雖然這不是一個道德原則，他也絕對不是一個聖人，但他熱切信仰的原則，便是相信美國的聯邦。

林肯相信美國這個國家代表了一種向善的力量，認為幾乎值得做任何事來拯救這個國家。這意味著他也明白，要拯救聯邦，可能會涉及那些最為極端的暴力。最終這極端的暴力確實拯救了聯邦，而林肯作為美國總統，必須要承受這些暴力的後果。美國內戰是現代歷史上最慘烈、最血腥的戰爭，而這要一直等到第一次世界大戰發生才奪走了這個頭銜。美國內戰同時也是林肯的戰爭，他無情又熱情地戰鬥著，帶著一些想像力也富含各種計算。這絕對是一場大屠殺，林肯從不迴避他必須對大屠殺負責。林肯知道他的抉擇將會導致死亡，但這就是政治，他必須承受這個結果，儘管這幾乎讓林肯發瘋。韋伯講座的主題之一，不僅在於不是所有人都適合出任領袖，更在於現代國家的政治領袖這個職業，可能只適合極少數人，因為只有他們能夠承受這種雙重生活所帶來的心理壓力。這是一種要成為一個好人，意味著也必須當一個壞人的雙重人生。你必須透過暴力來達到崇高目的、你必須雙手沾滿鮮血，而且不試圖把這些髒污一筆勾消。韋伯說，這是在與魔鬼交易，因此他認為很多人會發瘋。但少數人、極少數的人，可以在這樣的情境下茁壯成長。在美國內戰期間，林肯差點失去理智，但他沒有。他甚至熬過了失去兒子的悲痛，儘管愛子的死亡如同內戰期間的其他死亡一般，都是林肯永遠無法克服的痛。接著，在林肯英年早逝之前，他做到了一件事——這是所有韋伯式政治家如果想證明他們確實了解政治的專業和使命是什麼，都必須做到的事。

他取得勝利。

第8章

弗里德里希・海耶克論市場

《到奴役之路》

（*The Road to Serfdom*， 1944）

弗里德里希・海耶克（Friedrich Hayek，一八九九年至一九九二年）出生於維也納一個醫生和學術世家。在他十幾歲的時候，在第一次世界大戰的最後一年，他在奧匈帝國的軍隊擔任戰機觀測員，並因為勇武被授予勳章。在戰後，他前往維也納學習經濟學，成為社會主義計畫經濟的重要批評者。海耶克在一九三一年轉任倫敦政經學院（LSE）任教，並在一九三八年成為英國公民。《到奴役之路》這本書的出版，讓海耶克在美國聲名鵲起，並於一九五〇年被芝加哥大學挖角前往任教。在芝加哥，海耶克影響了包含米爾頓・費里曼（Milton Friedman）與法蘭克・奈特（Frank Knight）在內的經濟學家。他是朝聖山學社（Mont Pelerin Society）的創辦人之一，而時至今日，這個學社依舊致力於向輿論推廣自由市場經濟原則。在一九六二年，海耶克重返歐洲，並在弗萊堡大學和薩爾茲堡大學任教直到退休。一九七四年，他獲得諾貝爾經濟學獎。一年後，他被引介給剛當選保守黨領袖的瑪格里特・柴契爾（Margaret Thatcher）。柴契爾是最為景仰海耶克的人之一，儘管兩人的面談並不順暢，柴契爾對海耶克的景仰也未曾削減。海耶克在一九八九年親眼目睹了柏林圍牆的倒塌，儘管那時他已經罹患失智症。在一九九一年，美國總統喬治・布希（George H. W. Bush）授予他總統自由勳章，但海耶克因為太過虛弱未出席頒獎典禮。

這一章的主角，也是這本書唯一的一位經濟學家。馬克思當然常被描述成一名經濟學家，但在一八四八年，經濟學還不是獨立的學門。在當時，馬克思所探究的主題被稱之為政治經濟學，而這門學問包含了政治、經濟、哲學、歷史和幾乎其他所有學科。相較之下海耶克更是一位符合我們現今術語的經濟學家——他是經濟學這個學門訓練出身、具有這個學門的專業身分，而他作為經濟學家的職涯，讓他足以在一九七四年得到諾貝爾經濟學獎的認同。

然而海耶克是一位非比尋常的經濟學家，因為他並不認為經濟學作為職業或學門有多值得自恃自傲。他認為這是種狂傲，也認為經濟學誇大了自身的重要性。諾貝爾經濟學獎的設立就是這種狂傲的例子：它的成立是為了促進學科發展，讓經濟學能與醫學和物理學等學科並駕齊驅。這確實達到了推波助瀾的效果，每年的報紙總會報導誰獲得諾貝爾經濟學獎的肯定，彷彿經濟學與化學是沒有什麼差異的學科，哪怕自二〇〇八年金融危機以來，我們多數人都非常清楚經濟學與化學非常不同，因為它比化學來得不可靠許多。海耶克在很久以前就對經濟學有所懷疑，他領獎時的演講就表達了這些想法。他特別強調，他認為經濟學（尤其是經濟學家）過於誇大自身的重要性；而當經濟學家宣稱自己最能掌握事態時，他們同時也不該被人們信任。

海耶克真正懷疑的是經濟學家自認能夠預見未來這件事情。因為海耶克不相信有誰能預見未來，而他懷疑大多數經濟學家也明白這一點。經濟學家和政治學家一樣，應該知道他們的學科不是一門善於預測未來的科學，他們的專業不是一場較量誰的預測更為準確的競賽，但許多經濟學家還是難以抗拒地對未來做出預測，即便這些預測並沒有比隨機猜測好上多少。這點就和許多政治科學家一樣（我非常清楚我在說些什麼，畢竟我也是一名政治科學家）。當虛榮戰勝時，學者們很容易忘記學科所訓練的懷疑素養，並在一片黑暗中胡亂出擊。海耶克認為，如果世界上的人們真的相信經濟學家可以未雨綢繆，那麼這個世界將深陷嚴重的危險之中；而如果經濟學家以他們所謂的科學的名義，宣稱他們真的能夠未雨綢繆，那麼他們不是在欺騙他人就是在自欺欺人，因為他們所做的充其量只是猜測而已。正如霍布斯所說的，最好的先知其實不過是最幸運的猜測者。

這表示海耶克也屬於這本觀念史伊始的那個智識傳統。和霍布斯一樣，海耶克也是懷疑論者。他認為所有關於知識的主張都必須經過檢驗，這意味著，首先我們必須先懷疑那些主張；如果這些主張之中，沒有能讓懷疑者放心的元素，那麼這些主張就應該被拋棄。海耶克認為這個原則適用於大多數的經濟學預測，因此也非常適合用來檢視經濟學家。我們無法確切掌握社會裡的經濟模式會如何運作這樣的未來，部分原因是因為現代社會已經太過複雜。現代社會的複雜性遠超乎任何理論模型，但這同時也是因為未來在本質上便不可預測。事情之所以會發生，幾乎總是因為某種意料之外的偶然，而這意味著社會發展與自然界的生態發展並沒有那麼大的差別。社會發展也仰賴隨機的變異，世界之所以改變，可能是因為某些沒有人預料到的事情發生了，或是發生了當時沒有人意識到的事，又或是發生了人們太晚才意識到卻已經無法應對的事件。

在今天，那些時常從海耶克的著作汲取靈感的人們會說，數位革命就是改變世界的事件，因為沒有人預測到數位革命的到來，更遑論經濟學家們。數位革命的發生，與人們組織資料與知識的模式發生變異有關。《理性的樂觀主義者》（*The Rational Optimist*）的作者是十分仰慕海耶克的麥特．瑞德里（Matt Ridley），他用了一個比喻來形容網路的出現：這就像電話和個人電腦做愛後的產物；他也用了類似的語言來說明汽車的出現（哪怕這個例子有些浮誇）：他說汽車是自行車（或至少自行車的概念）和馬車有過性行為後的結果。他的重點在於，儘管社會演化的步調比自然演化快上許多，社會演化的規模存在著能與自然界比擬的複雜性與不可預測性，而即便是經濟學家也不會宣稱有辦法預測自然演化的發展趨勢。

海耶克的懷疑主義讓他加入一個可以回溯到霍布斯的理性主義傳統，但與此同時他也屬於另一個思想傳統，而這個傳統和前幾個章節也有所關聯。海耶克是一位自由主義者，是小寫的自由主義，不是當代北美政治常見的那種自由主義者，而是更接近自由主義的經典意義——那個現代歐洲的意義。海耶克相信個人的自由、相信免於被專斷干涉與強制掌控的自由，用以撒·柏林的話來說，海耶克相信消極自由。他同時也相信要透過憲法來監督政府的權力與權威，就算這個政府是民主政府也是如此。在這個意義上來說，他出身於一個可以被追溯到十八世紀末、十九世紀初的思想傳統，而這個傳統包含了一些前述提過的思想家，像是康斯坦與托克維爾。事實上，海耶克的著作《到奴役之路》的標題就取自托克維爾，來自《論美國的民主》第二部，托克維爾在其中表明了他對政府權威擴大，並以多數統治之名合理化其擴權行為的憂慮。托克維爾擔心一旦如此，民主國家會有什麼樣的轉變。他說，當這個現象發生，人民將開始淪為國家的傭僕，既消極、又服從，因為在這個情境下，那些宣稱代表人民的政治家將實質上成為人民的主人。托克維爾寫道：「人們終於發現了一條將他們引向奴役的道路，而這條道路將無法被阻止。在成為這必要的奴役之前，人們已然先折服了自身的靈魂，並對繼續保有自由感到恐懼與絕望，因為在他們內心深處，他們已經開始崇仰那些即將到來的主人。」

海耶克結合了懷疑主義與自由主義這兩種傳統來捍衛自由市場。他認為市場作為一個供給人們交易思想、商品與服務的場域，是一個自由的、也是一種知識的場域。市場掌握了一些人類無法掌握的事情，因為人類無法理解未來、幾乎無法全然理解現狀，甚至在很多時候也不了解過去。但市場作為資訊的來源，即便也缺乏預測未來的能力，但仍足以賦予我們一些關於現在世界的知識，而這些知識無法透過其他管道取得。然而市場之所以能這麼做有一個重要的前提：市場必須是自由的，而且必須擁有免於被干涉的自由。一旦政府試圖掌控市場，政府將會開始扭曲市場發展的結果，而市場所賦予的知識也將隨之喪失。市場將會從一個客觀理解事務的資訊來源，被扭曲成提供偏見的場域，而這樣的偏見將會基於我們自認應該要知道的事情——換言之，市場將淪為人類對不可知的未來的見解。

舉例來說，如果你持有某個物品，而你想要知道這個物品的價格是什麼、想知道它有多少價值，你可以這麼做：取得所有相關有用的資訊，並盡可能計算它們，而這包含了你認為人們在特定情境下，會有什麼樣的行為、會用什麼管道又以多少的價碼進行交易；當然你也可以直接試著出售它，比起諮詢經濟學家關於市場會怎麼做又應該怎麼做，你可以直接投入市場，在市場上提供你的商品或服務，同時看看人們願意付出多少，而當你積累足夠的客戶，你將能得到一個只有市場能夠給你的不同答案。這將告訴你一些其他人無法掌握的事物，即商品的價格，因為是市場決定了商品的價格。所以市場提供了一種特殊形式的知識，也擁有一種特殊形式的權力，但市場沒有強制力。相對的，國家當然擁有隨時能控制市場的權力，但若國家真的這麼做將毀掉所有無價的資訊與知識。

《到奴役之路》試圖以人們耳熟能詳的語言來捍衛自由市場的理念。海耶克寫這本書的時候，正處於他漫長人生的中期。早在他寫下《到奴役之路》之前，他已然投身多場智識戰役，指出強行規劃並預測市場會造成多大的危害，尤其是以社會主義之名來進行這些規劃與預測時。但這些戰役多半發生在學術期刊的書頁上，而這本著作則有所不同。海耶克希望那些非學術界的受眾也能夠閱讀，他也成功了。《到奴役之路》之所以能享有如此龐大的影響力，部分原因就在於這本書出版之後，美國的《讀者文摘》為廣大讀者提供了一個大幅刪節的版本。數以百萬計的美國人閱讀了這個《讀者文摘》的版本，但這並不是一本全然符合《讀者文摘》性質的著作，因為這本書有著嚴肅、細緻、複雜的論點，捍衛了一種特定的自由理念，也反對任何形式的政府控制。

就像許多最重要的政治著作一樣，這本書出自政治動盪的時期，而這本書所處的動盪，也許也是人類史上最嚴重的危機——第二次世界大戰。第二次世界大戰無疑是二十世紀最嚴重的破壞，其破壞規模甚至使第一次世界大戰黯然失色。但是在一九四四年，在這場戰爭即將步入尾聲的那一年（儘管在當時，沒有人知道他們有多接近終戰，因為沒有人知道未來），海耶克在寫作時並沒有真的在思考人們該如何面對戰時經濟的難題。雖然這是一本在戰爭期間寫成的書，但內容卻試圖想像戰後的世界。到了一九四四年，事態看來越發清晰：納粹政權看來很可能會被擊敗，儘管還不敢保證；在未來的某個時刻，西方民主國家很有可能得以持續回到戰前的模式。讓海耶克擔心的是西方政治社會為了應戰而自我動員及組織的方式。因為這種方式，只是延伸了西方面對二戰前最為重大的危機（經濟大蕭條）的模式。海耶克擔心，在戰爭與大蕭條結束後，這種模式會長久影響西方社會。

海耶克稱這種動員與組織模式為經濟規劃。為了參與如第二次世界大戰這樣的全面戰爭，國家認為必須盡可能地掌控社會與經濟活動：制定價格、規劃就業市場、規範工業模式、管理人口流動、分配軍備、供應軍事需求……凡此種種，只為了確保戰爭機器能取得一切所需資源來完成任務。在龐大的工業規模上落實經濟規劃的國家，需要握有龐大的權力，且很多時候是專斷的權力。這就是發生在美國與英國的事情，為了參與第二次世界大戰，國家得到了巨大的權力，也承擔巨大的責任與債務。海耶克認為這個現象並不會在戰爭結束後就突然消失，這正是他所擔心的。因為一旦擁有了這樣的權力、責任以及債務，現代民主國家會不斷走上積累權力、責任與債務的道路，而海耶克稱這條道路為「到奴役之路」。一旦踏上這條路，民主國家將無法離開，而為了面對危機所採取的手段將會在危機結束之後，持續影響民主國家。在這之後，接受海耶克思想的人們總會在面對每一次危機時體會到同樣的焦慮。我們要怎麼知道，為了渡過某個存在嚴重威脅的時期所做的事情，是否會隨著威脅遠去而停止？

海耶克為什麼會認為這些措施將會持續影響國家呢？為什麼在渡過危機之後，國家還會持續想要計畫、規範、控管那些無法被計畫、規範、控管的事物？第一個原因，用我們今天的話來說，就是科技決定論。這指的是在現代社會裡，科技需要政府組織介入，同時也預定了某種形式的政治控制。換言之，科技本身會告訴我們必須如何行事。這個論點延續到二十一世紀，並開始與數位科技產生聯繫。有許多人會說，科技告訴我們社會應該如何運作，因為科技正是社會運作的基礎結構。意即科技甚至凌駕了政治，而政府與國家的職責，就在於因應科技開創的可能性做出適時的應對與改變，而不是反其道而行，由科技來應對政府與國家的需求。因此在數位的世界，在可以藉由科技來監視公民、密切關注公民的所作所為，並深刻認識公民的行為模式與身分的世界裡，國家是不可能抗拒這種形態的知識，也不可能會抗拒這種形態的干涉。國家會負責判斷要用這種干涉的能力來做些什麼，而這種技術的存在，則意味著這種能力將成為政治的核心

——這就是由技術來決定政治生活的終極形態。

海耶克心裡所想的並不是數位革命。沒有人在一九四四年會想到個人電腦會和電話發生性關係，而這不僅是因為海耶克並不知道未來會出現一種叫做個人電腦的東西。海耶克顧慮的並不是網路形態的科技決定論，盤踞他心思的是以大規模工業為主的科技決定論。在一九四四年的現代社會（不僅是民主社會，還包含蘇維埃共產國家，而這個國家在擊敗納粹政權上可能十分重要），為了讓大規模工業有足夠的生產動能，需要有龐大的組織動員：規模龐大的工廠、大型的生產企業、新的通訊方式（包括無線電）、遼闊的交通網絡、足以支應大眾的房屋建設與衣物生產等等，以及大規模生產、大規模就業、大規模消費。難道在這樣大規模的社會中，不需要某種大規模的控管機制嗎？政府難道不需要介入規範工業、通訊與交通嗎？這麼龐然、複雜又全面的事態又怎麼可能不需要全面性的政治控管？這就是海耶克所擔心的科技決定論。他認為第二次世界大戰，尤其是當戰爭正逐漸走向民主社會獲勝的結局時，也同時強化了一則訊息：如果我們要管理這樣一個工業科技的社會，我們將需要與參戰時期具有同等規模掌控力的國家，否則科技將會超出任何人所能控制的範圍。

然而，海耶克認為這種科技決定論犯了致命的錯誤，因為科技無法決定任何事情，科技本身並不具有強制力，正如市場本身也不具有強制力。科技沒有軍隊或警察，也不會把人送進監獄——這是政府的權力，也是國家的權力。所以科技決定論犯了一種哲學上的範疇錯誤。科技是一種工具，不是構成政治的要素，雖然國家可以將科技視為工具來構成國家想要的政治。海耶克的論點，因此推翻了關於科技那日益增長的一般性知識。我們不會只因為科技提出了特定的指示或要求，便認為科技需要政府控管也需要政府來規劃。事實上，海耶克認為科技並不會提出指示或要求任何事物，因為它無法為自己發聲，而決定想要控管、規劃科技的政府將會對社會造成更多傷害，尤其當政府想要將科技作為控管工具時。

正如海耶克所說：「儘管現代科技發展本身並沒有任何強迫我們必須進行總體經濟規劃，但現代科技足以讓實施總體經濟規劃的政府擁有無限危險的權力。」換言之，只要你想，你可以利用科技來控管大型工業社會，但你無法控制經濟，也無法控制經濟發展會有什麼樣的成果。這麼做只是徒勞，因為這些都無法被控制。然而，你可以利用被科技強化的國家強制力，來迫使人們做任何想要他們做的事情。舉例來說，廣播本身並不會叫人們必須要做什麼事情，廣播本身並不是什麼壓迫工具，但高壓國家可以利用廣播來控管群眾。而在二戰期間，所有國家都這麼做了。唯有在政府選擇將科技用在政治目的上時，科技才會決定政治的生態；也因此，我們應該畏懼的並不是科技的力量，我們該畏懼的是政府的力量。

還有一個原因，讓海耶克認為政府對經濟的規劃與控管將會延續到二戰之後，甚至控管的力道會比二戰期間來得強大。而這個原因，就是民主。他認為當戰爭結束後，參戰且獲勝的民主國家的人民，將會要求他們的犧牲與付出應該得到補償（在戰後的幾年內，海耶克的擔憂看來是正確的）。而這個補償將會是安全、完全合理也符合人性，尤其考量到這些人民剛經歷了二戰與經濟大蕭條對經濟所帶來的劫難與不安全感。海耶克擔心，在戰爭期間，這些西方民主國家的人民，見識到他們的國家能夠做到什麼程度的控管，也多少適應了這樣的控管之後，會選出那些承諾要藉由控管來為人民提供安全的政府。而這意味著要贏得戰後的選戰，最簡單的方式是做出比對手更多的關於安全的承諾：承諾更多的安全措施、更好的社會福利、更完整的就業機會、更豐厚的退休金待遇、更動人的利益、更周詳的失業保障甚至是全民健康保險。[1]這些全是讓民主國家一步步轉化成現代社會福利國家的陷阱。更有甚者，不僅只是承諾社會福利政策，甚至承

1 編按：這邊海耶克所述的安全承諾，即二次大戰後的一九六〇年代，歐洲各國所盛行的「福利國家」政策，這種全方面照顧人民的政治思想，改變了公民對自由與平等的想像以及消費與生活習慣。福利國家政策因此被視為介於共產主義與資本主義之間的中間路線，也使得當時的政治光譜整體向左移動，直到一九七〇年代末期才改變。

諾會控制物價、提出固定薪資與大規模的企業國有化等等，讓政府控管一切事物。這很有可能會讓人贏得不少選票，因為這看來是一條通往安全的道路；但在海耶克看來，這不過是一條到奴役之路罷了。

海耶克認為，開出這種選舉支票的政治家如果不是在刻意騙人就是在自欺欺人，因為他們所承諾的這種安全不可能落實。他們的計畫（兩年期、五年期、甚至十年期的計畫），都是在試圖創造無法被控制的未來。沒有任何一個五年期計畫會成功，因為五年真的太長了，沒有人知道五年內可能會發生什麼變故。提出這種安全承諾，並試圖規劃出這種未來的政府，往往傾向於強化政府的強制力道，絕望地想要讓市場照著所規劃的藍圖發展。政府愈是想要讓市場照著規劃發展，同時如果市場的走向愈是不遵循規劃，政府將會試圖施加更多的管控，就連選出這樣的政府的人民，也會希望政府能夠取得更多的控制權——這將如此不斷地發展下去。

海耶克明確表示，在自由經濟中，當政府想要控管自由市場，那麼政府實際上在做的只不過是呼應某種特殊需求，而這些特殊需求往往以一種正義的語言來表述。但海耶克指出，一旦政府試圖以民主責任為名來伸張這種正義，實際上會發生的情況，不過是政府反覆嘗試收買人心——有一群人想要這樣、有另一群人想要那樣；工會成員想要更多工作、勞工想要更低廉的物價。在面對這類需求時，政府所能做的不過是試著滿足人們的需求，但滿足一個需求就只會引起下一個需求，而每嘗試收買一個群體，也只會提高收買下一個群體所必須支付的代價。

政府一旦開始為了正義規劃經濟，將無法拒絕為任何人的命運與處境承擔責任。在一個規劃經濟的社會裡，我們將會得知我們究竟過得比別人好還是比別人差，而這不會是因為沒有人在控管我們生活的情境，也不是因為我們不可能確切預見未來情境的發展——我們之所以如此，是因為政府的權威要讓我們知道自身處境為何。任何想要改善我們處境的努力，都不是為了盡可能做好準備以面對某種無法控管的情境所帶來的改變；這些努力都只是為了影響我們，讓我們更傾向於支持那擁有權力改變所處情境的政權。

這是一個滑坡論證，因為海耶克認為，一旦你開始踏上這條路，不管一開始的步伐有多猶豫，最終所能做的就是試圖收買所有人。零碎的控制將變成全面控制的測試；想要修復五年計畫，將會讓你開始嘗試著要控制一切。在海耶克看來，正因為沒有任何事物能被這種形式掌控，最終這種想要控制一切的嘗試，將以人們失去自由告終。

有另一種說法可以試著解說這個論述，並在某種程度上混合了隱喻，但這並不是海耶克的想像，因為與滑坡無關。對海耶克來說，經濟規劃有點像是想要釘下一張不合尺寸的地毯，你並不知道地毯不合尺寸的原因，也不知道地毯重疊的地方會在哪裡，所以能做的就是不斷地把地毯往地面敲打，但地毯總會在某個角落彈上來；於是乎你必須再去敲打那個角落、釘上更多釘子，但當你這麼做的同時，也逼得其他角落釘好的釘子又翹了開來。地毯就是不合尺寸，就像計畫就是不適用於經濟上一樣，但你所能做的就只是在地毯上釘下更多釘子，而最終藉著滿布的釘子讓地毯全面服貼，讓釘床實質上取代了地毯。這是海耶克最害怕的，經濟規劃最終將導致的結果：一個釘床的社會。

海耶克對民主的論點，與他對科技的論點有些相似。他不認為戰後的民主政治必然會導致釘床社會這樣的結果，因為沒有什麼結果是預定的。誠然，民主政治的選民有可能讓民主政治走上這條路，政府也的確在每一個踏上這條路的步伐上滿足選民的需求。但就如同科技一般，民主本身並沒有預定什麼事情。民主也是一種工具，人們可以用不同的方式來使用。海耶克明確指出，民主並不意味著規劃，正如科技也並不意味著規劃，但如果你有一個執意要進行規劃的政府，那麼民主可以讓這個政府變得危險，就像新的科技能讓這個政府變得危險一般，因為民主會成為規劃者極為有力的工具。執意要規劃的政府可以說，它們之所以這麼做，是因為多數人想要如此，這麼一來，多數人就成了政府壓迫的工具。「多數」成為了一種讓政府得以達成目的的手段，而屆時將再也沒有什麼能夠制衡政府，因為民主已經強化了政府的作為。「一旦真正的『無產階級專制政府』（就算有著民主的形式）開始專心指引經濟體系，將很有可能會像任何專制制度一樣徹底摧毀個人自由。」這正是為什麼海耶克是典型的自由主義支持者，因為他害怕各種形式的國家權力，而這包含（尤其是）民主國家。

儘管如此，海耶克堅持自己是民主政治的支持者。他聲稱從未放棄過民主，哪怕這個制度存在著許多陷阱。而他之所以愛好民主，正是因為民主不可預測（在某種程度上，海耶克的確對民主充滿熱情）。民主總展示著未來的不可知性，畢竟誰能預見哪一個候選人將會贏得選舉呢？坦白說，唐納．川普會成為美國總統幾乎是一件和網路的存在一樣令人訝異的事情。對海耶克來說，民主的好處就在於它提供了一種安全模式，可以防止那些宣稱自己掌握了未來的發言。因為包含政治家在內，所有人都應該不時為民主的結果感到驚訝。而民主的危險之處則在於，它可以提供一種確立確定性的模式，並以此用來控制市場。[2]這讓海耶克深信，唯有當自由民主政體具有強大憲法且足以約束民選政

2 譯註：海耶克所擔心的，是民主政治很有可能會賦予政府確切的正當性，使政府採去干涉市場經濟自由的政策。例如前文所提到的社會福利政策就是如此。

府的權力，尤其約束這個政府以舉新債、制定通膨、調節物價與就業等方式來控制經濟的權力時，才是唯一能夠生存的民主。

終其一生，海耶克一直熱切倡議著必須以憲法來限制民選政府的權力。這種限制可以採取許多不同的形式，從固定的憲政安排來防止預算失衡，到某種帶有理想色彩的憲政設計（就像海耶克晚年所擁戴的那種）。海耶克認為民主的一大危險之處，在於年輕人沒有充分了解他們的選擇可能會導致什麼樣的長期後果，而許多老年人的壽命也接近終點，更不會去在意這些年輕人的選擇可能對他們有什麼樣的影響。海耶克因此建議，一個真正負責任的民主政治的憲法，將會將投票權侷限在四十五歲左右的人們。不會更老也不會更年輕，就是四十五歲。而四十五歲正好是海耶克寫下《到奴役之路》時的年紀。

除了這點之外，海耶克同時也欣賞許多憲政自由主義者歷來欣賞的傳統方式，包含美國憲法所強調的權力制衡原則（checks and balances），藉此限縮任一政府部門擴權壓過其他政府部門的可能。他希望所有的民主政體都能夠有著類似的原則，包含英國。但更重要的是，他希望所有民主國家都能明白，民主的權力、民主繁盛的能力，取決於人民認知到國家權力必須被侷限。他希望民主政體的群眾能夠了解到，民主需要自我約束。

這意味著有另一個形象可以用來表述民主。這是一個隱喻的延伸，經常被用來表現海耶克對政治的理解。這個形象取自於一個古典神話：尤里西斯與塞壬女妖的故事。尤里西斯在從特洛伊返鄉的航程中發現，他必須航行過一段海域，而盤踞這段海域的塞壬女妖將會利用誘人的歌喉，引誘他與船隊撞上海岩遇難。在過往，航過這段海域的船隻與船隊無一能幸免於女妖絕美的歌聲，最終航向海難與滅亡。有鑑於此，尤利西斯做了個決定。他要船員把棉花塞進耳朵裡，這樣他們就聽不到女妖的歌唱，也不會受到歌聲誘惑；但作為船長，他想親耳聽聽看這樣的歌聲，他想知道是什麼東西會如此迷人。因此他要船員把他綁在桅杆上，並告訴船員，如果他們聽到他乞求解開繩索，是因為他想讓船航行得離歌聲更近，船員們絕對不能理會他的請求。如果他想要聆聽女妖歌唱，他就必須要束縛自我。對海耶克來說，憲法對民主權力的限制，有點像把尤利西斯綁在桅杆上。船長所代表的就是民主社會中的「多數」（the majority），因為這就是民主的涵義：人民當家作主。塞壬女妖與她們甜美的樂聲，就是社會保障、經濟控制、限制不確定性、保障人民就業、保障居住與收入。海耶克認為民主國家裡的「多數」也必須被綁在桅杆上，否則民主國家這艘船將會撞上海岩。

但這個圖景沒辦法真切地反映海耶克對政治的理解，因為原版故事的重點是，一旦船航過了那個充滿岩石的海域，船員們就可以把棉花從耳朵裡取出來，並解開船長的束縛。但在海耶克的民主觀中，你永遠不會駛離那段海域。就這個意義而言，我們永遠不會渡過這場危機，因為社會保障的甜美樂聲永遠會在背景裡繚繞並引誘著選民，這最終將誘使國家航向毀滅。對海耶克來說，毀滅的意思是國債高築、是通貨膨脹、是政府增強控制，也是政府日益增長的專斷權力，最終讓民主國家走向奴役。因此，在海耶克版本的寓言裡，我們會需要一部嚴格的憲法來永久約束「多數」，鬆開這種對「多數」的束縛永遠不會是個安全的做法，因為人們總是傾向接受女妖歌聲的誘惑。海耶克明白，人類總是會被誘惑，總會想要尋求更安全、更受控制的情境。這意味著在海耶克看來，政治從來不會走到一個階段，讓他能夠從在《到奴役之路》裡提出的論點放鬆。就算在二戰結束許久之後的未來，就算距離人們渡過最初危機的時刻已然遙遠，海耶克也不會放寬他的論述。因為對他來說，危機不曾過去。

如果真要評價海耶克的一生，比起鬆懈，海耶克的生命與思想走向了另一個極端，而他的立場也變得越發堅決；隨著年齡增長，他的觀點變得益發嚴苛，也對他所認定的事物變得更加執著。年邁的他不只堅持我們應該要保護市場，使市場免於政府的干涉，更認為市場應該要滲入那些民選政府所掌管的業務。這包含了教育、醫療保險與貨幣供應。在海耶克的晚年，他想要將一切都私有化，包含了貨幣。在有其他更適於儲置價值的載體的情況下，為什麼英國人必須要用英鎊作為唯一的貿易媒介？如果海耶克活到今天，他將會是比特幣的頭號粉絲。海耶克認為，沒有任何壟斷會是安全的，他想要開放一切被壟斷的事物，同時也加強了他對制衡民主統治的安全機制的立場、強化了他對制衡民選政府的保護機制的主張，尤其要制衡民選政府追求那種海耶克認定具有毀滅性質的政治。

在一九七三年的智利，由薩爾瓦多・阿連德（Salvador Allende）主政的民選政府在一場政變中被推翻了，取而代之的是由軍人政治家皮諾切特將軍（General Pinochet）領導的軍事政權。在一群受過西方訓練的經濟學家的幫助下，皮諾切特將軍在壓迫智利社會的同時，也開放了智利的經濟。海耶克與他在芝加哥大學的同事彌爾頓・費里曼（Milton Friedman）不但深刻影響了這群經濟學家，海耶克也支持皮諾切特，甚至為他的政權辯護，理由是有時民主政治需要從自身可能造成的危險中被拯救出來。與這本書到目前為止所談論到的人物幾乎全然不同的是，海耶克的作為到現在仍然是當代政治和民主重大爭議的主題。為皮諾切特這個折磨人民並將國有企業私有化的人辯護，並不是什麼歷史中蒙塵的遺寶。海耶克的作為在今天還是有所迴響，也還會使人刺痛。

在二十一世紀的政治辯論裡，被稱為海耶克主義者有著特殊意涵，可以是辱罵也可以是讚美，而海耶克的祝福或詛咒也仍舊有意義。最明顯的一點可能發生在二〇〇八年金融危機之後，在當時的政治辯論裡，有一方經常被歸類成海耶克主義者。這些人反覆呼籲不應該把這場危機作為政府擴權的藉口，就像海耶克一直以來的警告一般。他們警告政府現在所做的決定將不會消散，也提醒我們民主極不擅於自制，除非在民主之上施加極為強大的束縛。在這個情況下，這種警告特別針對政府紓困方案（Government Bailouts）和量化寬鬆（Quantitative Easing）政策。在他們看來，這將會導致通貨膨脹、債務積累、破產和毀滅，因為如果你鬆開了國庫的綁帶以協助度過危機，便將永遠無法恢復約束。在辯論的另一邊是那些凱因斯主義者，這是以經濟學家約翰・凱因斯（John Maynard Keynes）為名，儘管他們有時並不是真的那麼像凱因斯主義者，就像海耶克主義者並不總是那麼像海耶克主義者一樣。但無論如何，人們通常認為凱因斯主義者主張必須不惜一切代價度過危機，畢竟如果不採取能度過危機的必要行動、如果沒能度過危機，那接下來不管發生什麼事情都已經無關緊要。

在二十一世紀頭二十年，海耶克對決凱因斯成了政治場域的中心分水嶺之一。而這也表現了在海耶克一生中，他的思想是如何演變的。因為凱因斯本人正是最早支持《到奴役之路》這本書諸多論點的人，但凱因斯後來卻被與海耶克對立的思想連結在一起。凱因斯和海耶克一樣，也自認是一名自由主義者，而且凱因斯深受海耶克許多自由主義論點吸引，包含《到奴役之路》裡許多懷疑論的論點，雖然凱因斯也沒有全面接受海耶克的論點。凱因斯和海耶克一樣，熱衷於防範那些過於自滿、意圖明顯的政客。海耶克與凱因斯的關係，從在一九四四年站在同一陣線，到今天演變成海耶克對決凱因斯的事實，證明了海耶克的立場在所有面向上都變得越發堅決。

但除了與凱因斯對比，我們還有一種思考海耶克的論點與現代關聯的方式。如果海耶克必須要找到某個主義來代表他所堅決反對的事物，那有很大的機會是所謂的命定論——這意味著接下來要發生的一切事物都已經被命運決定了，而我們除了為這些事態做好準備之外別無選擇。經濟學家並不習於將論點以宿命論的方式呈現，但在海耶克看來，他所厭惡的那種經濟學家就是宿命論者。這些經濟學家總會規劃未來，認為自己別無選擇必須如此，即便根據定義，未來根本無法被規劃。海耶克認為未來是開放的，因此反對那些認為未來是封閉的人。

從某些方面看來，海耶克的想法最終被證明是正確的，儘管這個證明是建立在他自身也沒有能力預測未來之上——因為他的滑坡論述最終成為一個錯誤。西方民主國家並沒有追求規劃，也沒有追求政府控管，更沒有因為如此追求而淪為奴役。有數十年的時間，海耶克一直堅持西方民主踏上了到奴役之路。從一九五〇年代、一九六〇年代直到一九七〇年代，他的警告變得越發危言聳聽，他對憲法必須限制民主權威的論點也變得越發強烈，因為那些在他看來是宿命論者的人不斷反覆贏得選舉。他認為民主選舉常常沒有提供任何實質選擇，參選的往往是一組規劃者對抗另一組規劃者，有些仗勢凌人、有些膽怯許多，而選舉的勝利不過是屬於那些開出更好支票的人。但到了一九七〇年代末期，或至少在一九八〇年代初期，這個論點轉向了，海耶克所擔心的滑坡也變得平整，因為瑪格麗特．柴契爾在英國當選，而羅納德．雷根（Ronald Reagan）在美國當選。在當時流傳著這麼一個故事：在柴契爾夫人當上首相之前，當時還是在野黨的她參加了某一次的影子內閣（The Shadow Cabinet）會議。在當時，與會的政治家們熱烈爭辯著上台後應該如何規範經濟，而柴契爾夫人只是從手提包裡取出了一本書。這本書並不是《到奴役之路》，而是另一本海耶克的著作，更厚重也更難閱讀，是海耶克的《自由的憲章》（*The Constitution of Liberty*，一九六〇年）。柴契爾把這本書砸在會議桌上。人們說，她對在場的男同事直言：「這個，各位男士，才是我們所相信的。」

由柴契爾夫人與雷根所代表的政治，有時被稱為新自由主義革命，而這場革命正是斜坡可能會在一段時間之後趨於平穩的證據。換言之，巨輪有可能會朝另一個方向轉動，因為政治就像經濟一樣，從來都無法預定。但還有另一種方式可以幫助我們思考海耶克對命定論的論述。海耶克宣稱他對未來的開放性抱持著開放的態度，宣稱他與那些不知道未來會發生什麼事情的人站在同一陣線。他認為懷疑論是政治與經濟當中唯一可能的安全基礎，因為我們要知道自己究竟有多麼無知。但在海耶克的思想當中，也在某些他追隨者的思想當中，同時存在著另一種形式的命定論。開放的未來才是最好的未來，這個預設本身不也是一種命定論嗎？我們要怎麼確定，限制國家權力會是讓我們能擁有開放選擇最為可靠的方式？如果我們一直不把船長從桅杆上的束縛解放開來，如果我們一直束縛「多數」，如果我們永遠都在阻止政府招攬過多權力、過多權威、過多控制，我們要怎麼能確定這麼做的同時，沒有封閉某個更好的未來的可能，而這個可能是政府的行動將會是唯一能拯救我們的事物？我們有足夠的證據顯示，海耶克反宿命論的論點預設了某種對未來的知識，也就是預設了最後是什麼東西會發揮效用：那就是開放的經濟與開放的心胸；但真正的懷疑論者永遠不該有這種預設、也永遠不該預設他們掌握了什麼知識。

讓我用另一個例子來為這一章劃下句點：氣候變遷。這在當代政治中存在著一種深層對立。其中一邊希望政府能立即採取行動、希望政府能竭盡所能、希望國家能夠控管並制定長期計畫，以應對氣候變遷的威脅。另一邊則認為在面對氣候變遷時，最好的籌碼是開放市場以及創新科技，希望這些能帶來我們無法想像的驚喜方案，因為沒有人知道會發生什麼變異。再一次地，這是一場在海耶克的支持者（那些支持開放市場與科技驚喜的人）與另一群人（那些相信我們不能承擔任何風險，也無法承擔等待的人）之間的辯論。無論誰對誰錯，我認為沒有辦法說，在這場辯論裡，抱持海耶克式的論點的人是相信開放未來的人，而他們的論敵是封閉未來的人。如果你接受海耶克的論點，你認為你確信未來將青睞開放的市場，也將青睞限制國家管控市場，但你要怎麼確信呢？有人能確信，如果現在不讓政府做些什麼，科技會在災難發生之前及時解救我們嗎？有誰能確信，我們並不會來到必須解放船長，讓國家接手控管的地步？民主國家、具備權威的國家、多數決的國家、技術官僚的國家，不管是哪一種國家都無所謂，因為在這場危機裡會有某個時刻，國家權力可能具有關鍵影響。這場氣候變遷的危機並不會在短時間內結束，而是會長期陪伴著我們——這意味著科技將有充分的時間能拯救我們；但這也意味著，市場主導的科技將花費太多時間，使得科技無法及時拯救我們。

這表示我們有可能有另一種更為深層的懷疑主義。這種懷疑主義與海耶克的懷疑主義相悖，幾乎可以說這是霍布斯的懷疑主義，至少從我的觀點看來，這是現代國家概念創始者的懷疑主義。如果我們真的是一名懷疑主義者，如果我們真的相信我們並不知道未來會發生什麼事情，我們也應該抱持著開放的態度，看待在未來的某個時刻可能會需要國家的力量來解救我們的想法。

第9章

漢娜·鄂蘭論行動

《人的條件》

（*The Human Condition*，1958）

漢娜・鄂蘭（Hannah Arendt，一九〇六年至一九七五年）出生於德國林登（Linden）一個優渥的世俗猶太家庭。在她前往海德堡大學之前，她在馬爾堡大學就讀時與老師兼哲學家馬丁・海德格（Martin Heidegger）有過一段短暫而熱烈的戀情。在一九三三年，她因為參與支持猶太人的運動被蓋世太保逮捕並拘禁了八天。她在獲釋後逃往巴黎，直到一九四〇年代被納粹拘禁。在一九四一年年初，鄂蘭逃到美國，定居紐約。一直到一九四五年，她都定期為一份美國猶太裔報紙《建制報》（*Aufbau*）撰寫專欄。在一九五一年，她出版了《極權主義的起源》（*The Origins of Totalitarianism*）。她的其他重要著作包括《論革命》（*On Revolution*，一九六三年）、《黑暗時代裡的人》（*Men in Dark Times*，一九六八年）和《共和國危機》（*Crises of the Republic*，一九七二年），其中《艾希曼耶路撒冷大審紀實》（*Eichmann in Jerusalem*，一九六三年）是她最著名的著作，最早連載於《紐約客》（*The New Yorker*）雜誌。她有過兩段婚姻，第一次婚姻是與哲學家和詩人根特・安德斯（Günther Anders），第二段則是哲學家與詩人海因里希・布呂歇爾（Heinrich Blücher）。她是重度的煙癮者，在自家公寓裡招待朋友來訪時因為心臟病發作逝世。由瑪格麗特・卓塔（Margarethe von Trotta）執導的電影《漢娜・鄂蘭：真理無懼》於二〇一二年上映。

到目前為止，我所談到的許多作者都激烈批評現代政治的基本觀念，因為他們厭惡他們所見到的現代國家。沃斯通克拉夫特因為被國家拋棄的一切（那些國家視而不見，試圖隱藏或忽視的權力和腐敗）而厭惡國家；馬克思和恩格斯厭惡國家，因為他們認為國家試圖將一切（資本主義經濟秩序中的所有權力、腐化與壓迫）凍結在原地；甘地則出於現代國家對生而為人的經驗所做的一切（國家機械化、理性化、扭曲而後腐化了人作為人的經驗）而厭惡國家。

這些思想家以不同的方式拒斥霍布斯對政治的理解。因為現代國家過於機械化、過於理性化也過於客觀，而這讓它遺棄了、僵化了、扭曲了也腐化了許多事物。然而，沃斯通克拉夫特、馬克思、恩格斯與甘地都不曾真的將霍布斯納入思辨的一環裡。他們並不需要這麼做，因為對他們來說，霍布斯不過是觀念史上一個偶然的過客。如果你是甘地，如果你正在為印度獨立而戰，你不會浪費時間去在意霍布斯；而馬克思與沃斯通克拉夫特也不會這麼做，因為他們有其他事情要擔心。

但這一章的主角非常明確地在擔心霍布斯。漢娜・鄂蘭認為，現代政治之所以出問題，有許多（不是全部，但夠多）因素必須歸咎於霍布斯。她認為這種將政治視為經過精密計算、理性主義的理解方式，這種機械性、化約、迴避風險的理解方式，不只扭曲了政治原本的樣貌，也大大降低了可能的發展。在現代政治發展的過程中，它同時也削弱了人之為人的條件，而在這個意義上，也攪亂了現代世界。鄂蘭賦予這種災難性的政治思維什麼樣的名稱呢？她說，這是「霍布斯式」的政治。當然，這不會只是霍布斯的錯，這麼想很荒謬；但用鄂蘭的話來說，利維坦的形象代表了某種像是現代政治的原罪，人們想利用利維坦來建構一個更龐大、更機械、更非人的自我。在《人的條件》這本書裡，鄂蘭盡了一切努力想要消除這麼一個現代政治的形象，而這表示她想要擺脫我在這本書裡所講述的關於現代政治的故事。

正如我在本書開頭所說，如果想要講述一個政治觀念史的故事，可以有許多不同的起點。鄂蘭認為《利維坦》將是非常危險的起點，因為它忽略了所有更早之前且十分重要的政治觀念。某方面來說，鄂蘭之所以把霍布斯看作政治思想上的其中一個反派角色，是因為她想藉著這麼做來說明這個關於政治的現代故事不過是種偶然。這並不是我們作為現代人的起源，只是在一個更長遠的人類故事中間偶然出現的事件；甚至，在這個故事裡，它的出現相當晚近。它不過是一條可供採納的道路，也不過是恰巧成為被採納的道路，但這不是我們唯一的選擇，除了霍布斯式的政治之外，我們還有許多其他種運行政治的方式。鄂蘭並不緬懷前現代對政治的理解，也不思念前現代的政治概念。她並沒有想要倒轉時間，讓我們回到古希臘或古羅馬的時代。然而，她確實認為，前現代的政治概念，那些在現代國家之前的事物有些值得被從過去拯救回來──幾乎可以說，鄂蘭試圖想要從現代國家對政治的所作所為中拯救它。

在今天，許多人仍然深深著迷鄂蘭。她是一位迷倒不少人的政治思想家，特別是在英國和美國的大學裡。很多學生都讀過鄂蘭，也有很多學者發表研究鄂蘭的文章。至少在英文世界，她也許是二十世紀裡人們最常著述探討的政治理論家，而人們之所以被鄂蘭吸引，並不全然都是因為她的思想，同時也來自鄂蘭的一生、來自她所經歷的一切。鄂蘭的人生，在許多不同層面上，被現代政治的黑暗核心、被現代國家最糟糕的一面、被現代國家恐怖暴力的核爆點觸及：希特勒的納粹政權。經歷過納粹政權的陰影籠罩了鄂蘭的一生，在她被黑暗觸及的經歷裡有三個特別的面向，讓人們持續深為鄂蘭著迷。

第一個面向，發生在鄂蘭還年輕時。當時還是個學生的她，與她的老師──著名的哲學家馬丁．海德格，發展出一段深刻依戀的關係，包含了性關係。海德格將會成為另外一位影響二十世紀思潮的重要人物，在科技哲學與心理諮商等領域，其影響力延續迄今。但海德格同時也將成為另一種人。在他與鄂蘭的關係告一段落不久，幾年內海德格便成為納粹黨員，而這意味著他與納粹政權的惡行在某種程度上成了共謀。他究竟是如何看待那群統治他的國家的怪物呢？沒有人有辦法知道這個問題的答案（雖然這並沒有阻止歷史學家們對此進行猜測）。這是一段關於一位才華橫溢的年輕猶太女性，與一位才華橫溢的老男人的故事，而那個老男人正好是一名納粹黨員；這也是一段令人著迷的故事，魅力也不曾隨著時間褪色。

第二個面向，發生在希特勒上台後。和當時許多猶太人一樣（至少那些有能力這麼做的猶太人），鄂蘭逃離了德國，渡過了一段流亡歲月。最初，她逃到巴黎；而後，隨著法國被納粹入侵，她又逃到美國，兩度成為流亡者。這種流亡經歷本身也體現了二十世紀中葉觀念史的特質：有許多逃離納粹的德國人，包含許多最終流亡到美國的猶太裔德國人，形塑了當時世界的思潮。儘管鄂蘭在一九五〇年成了美國公民，她仍沒有成為一個真正的美國人。人們通常以「出身德國的美國哲學家」來稱呼她。就像當時許多離開德國來到美國的哲學家，她的思想結合了兩個國家的特質，而這本身也是流亡經歷的結合。

鄂蘭與納粹的關聯的第三個面向，讓鄂蘭成了國際名人。在美國時，她已經憑著一九五一年出版的《極權主義的起源》建立了一些聲譽，也讓她備受那些受過高等教育的讀者們關注。但在一九六三年，她受到更廣泛的讀者群注目——那一年，她出版了《艾希曼耶路撒冷大審紀實》。這本書讓鄂蘭享譽全球，也為人們提供了一句標語，讓人們能夠輕易記住鄂蘭的思想。「平庸的邪惡」（The Banality of Evil）是她為這本關於艾希曼的著作所取的副標題，這五個字構成了鄂蘭最為人所熟知的詞彙，也是人們最常用來記憶她對這場大審的論述的標語。這個標語部分地總結了鄂蘭廣泛的思想，當然也只總結了部分，而這個部分是，盤踞在現代政治最為黑暗核心裡的並不是什麼恐怖駭人的存在，而是某個極為平庸的人。在一九六一年，鄂蘭前往耶路撒冷，觀察並報導了艾希曼的審判。在審判中，艾希曼被以猶太大屠殺的主要策劃者之一定罪，隨後被處決。然而，在這場大審中，鄂蘭所得到的結論是，一旦你摘下那些無名小卒的技術官僚的面具、如果你摘下那個戴著眼鏡瑟縮的人的面具，你並不會因此看到某種怪物，你也不會看到法西斯主義那惡魔的角與滴血的獠牙——不，如果你摘下技術官僚的面具，在面具之下，你所見到的終將只會是那個身為無名小卒的技術官僚本人。艾希曼是一個從頭到腳都再平庸不過的人，讓他變得如此危險的並不是因為他有著殘暴嗜虐的性格，而是因為他不會動腦思考。他就是一個聽命行事的人、一個國家的公務員，而他體現了理性主義與官僚主義政治的危險：如果公務員沒有能力思考，如果公務員只是機械化地聽從國家機器的指示行事，他們可以犯下最可怕的罪行。

在過去和現在，這個論點都深具爭議。這有一部分是因為這個論點似乎可以讓艾希曼脫身。有些讀者認為，鄂蘭的這個說法欠缺道德上的義憤填膺，而這畢竟是一本筆觸冷靜和諷刺的著作，因此這些讀者認為這是本失敗的著作，它沒有把納粹政權視為某種邪惡象徵、沒有把納粹視為現代世界的特例，而是將納粹視為現代世界的表現。鄂蘭本人當然拒絕把她的人生與思想化約成她對納粹的經歷，但她也確實把法西斯主義當作現代世界的象徵，而不是邪惡的符號。她認為法西斯政權是極權主義的典型代表，但極權主義不等同於法西斯，因為極權主義也包含史達林主義。在鄂蘭看來，這些極權主義政權有著遠超乎彼此意識形態差異的相似性，這是因為極權主義本身就是現代性的表徵，且極權主義國家有許多與現代國家互通之處：都是機械化、都欠缺思考能力、都沒有心靈也都足以動員大眾。一旦國家這個機器被設置成要推展一條毀滅性的道路，鄂蘭認為再多的現代性都無法拯救我們，因為現代性就是問題的一部分。以現代進步理念為名的那種道德義憤，永遠沒辦法阻止現代政治的慘案。

鄂蘭盡了一切可能，想要讓她的思想不至於被化約成她的傳記。鄂蘭肯定會對那種，認為她對海德格或艾希曼的經歷形塑了她的思想的理解感到震驚。但與此同時，她的性格也是讓她如此深具吸引力的重要原因。我必須承認，我一直對鄂蘭有些抗拒，因為她的思想既富爭議又如此流行。我有很長的一段時間不曾閱讀鄂蘭，至少不曾好好閱讀鄂蘭，因為我曾經認為鄂蘭筆下有些論點聽來有些自命不凡的意味。她的論述當然極富野心，但與此同時，鄂蘭的名聲也有些浮誇，而說實話，那些著迷於鄂蘭的人也會有些令人不悅的表現。有很長的一段時間，我對鄂蘭的感受就像英國作家保羅・梅森（Paul Mason）最近一本書其中一章的標題：「閱讀鄂蘭是不夠的」。

但緊接著，在幾年前，我被一名學生說服了，並開始閱讀鄂蘭在一九五八年出版的《人的條件》。這本書是在她出發前往耶路撒冷的幾年前出版，讓我徹底驚懾。這是一本完全超乎我期望的書，雖然還是有那麼些自命不凡的味道，但與此同時，這本書也非比尋常地廣博。書裡的觀念疊加交錯，寫作風格時而浮誇，時而又精準清晰得驚人。但真的讓這本書超乎我的預期的是，我沒有想過一本在一九五八年寫成的書會帶有如此接近當代的色彩，幾乎以自身的風格帶有先見之明。這是因為這是一本關於即將到來、屬於機械科技的時代的書。這本書警示我們，可能將要面臨被這種新機器主宰的世界。鄂蘭稱這種機器為「電腦」（computers）與「計算機」（calculators），而霍布斯也曾經使用這兩個詞彙。鄂蘭所思慮的，是那種新型、足以消化數位資訊的強大設備，就算這些設備還無法具有自主意識，卻幾乎就要具備某種獨立思考的能力。但鄂蘭指出，這種設備的運作只有在一種條件下能被稱為「思考能力」——就是我們把我們的思維模式化約成單純的計算與運算，然而我們不應該這麼做。我們是人類，不是機器。

鄂蘭指責霍布斯，認為霍布斯為這種拋棄智識責任的作為奠定了基礎，認為霍布斯是一個把政治化約成數字運算的哲學家。鄂蘭認為，她在一九五〇年代末期所見到的那些機器，就是現代思想趨於化約的最新證明。除此之外，這種帶有數理思維的現代性所呈現的孿生機制（利維坦與計算機）將會相互滋長，而這種機械式、理性至上的現代國家，將為這種化約思維的機器鋪路，與此同時，這些機器則會引導出現代國家最為糟糕的一面。如果這個觀察在一九五八年是正確的，那麼在二〇二一年又是多麼適用？在二〇二一年，機器學習[1]為電腦與國家提供了多少新力量？讓這本書看來如此具有先見之明的原因，在於它對一個特定議題的憂慮。鄂蘭擔心這種機械式、自動化的思維模式會如何影響工作的本質。這也是我們今天時常擔心的課題：工作機會將會何去何從？這種機器的發明，對人類擁有工作的經驗會有什麼影響、又會怎麼影響那些靠著工作維生的人？當我們看看未來的就業前景，隨著這種足以取代人類勞力、足以完成我們的工作的機器開始出現，維生方式似乎開始受到威脅——或至少，我們開始為這種機器的出現感到緊張。

有一個最簡單的方式得以總結鄂蘭對政治的看法，那就是解釋她對工作的想法。要這麼做，我們必須要區別三種人類行為的類別，工作只是其中一類。在《人的條件》裡，鄂蘭提及了人類在世界上採取作為的三種方式：第一個類別是所謂的「勞動」（Labour）；第二個是「工作」（Work）；而第三個則是「行動」（Action）。勞動、工作與行動。我們並不總會區別這三個詞彙，尤其是前兩者的勞動與工作，但鄂蘭認為我們必須做出這個區別。

什麼是勞動呢？在鄂蘭看來，勞動是人類行為的自然領域，人類本來就會從事勞動，因為生而為人就是如此；這是屬於消耗的領域，我們藉由消耗足夠的能量來維繫生命──這是一個根本、幾乎帶有霍布斯色彩的想法，認為我們就是必須要做些什麼以確保自身是在運動中的生物。我們攝取能量，也付出能量。勞動的原初形態就是試圖攝取讓人得以充分維生的食物，而這通常是某種不屈不撓、足以折斷腰背的農業勞動，包含了翻土、播種、收割，就只為了從大地中攝取足夠的養分。這也可以意味著某種更具現代意義的勞動，藉由就業以賺取維生所需的一切，從事那些能夠讓我們照養自身或是養家糊口的工作，是卑微的、工業的、也是沒有靈魂的勞動。讓勞動之所以是勞動而不是其他形態行為的原因在於，勞動是無情的，人們必須持續勞動以維持生命。勞動因此時常

1 編按：屬於人工智慧（AI）的一種，基本概念為可根據所使用的資料來學習或改善效能的系統。

是不斷重複、讓你日復一日反覆做著同樣的事情。從另一個角度來說，勞動也是間歇且零碎的，你取得了食物、食用了食物，然後幾個小時過後你又需要更多食物。這個循環永無止盡，但這同時也是不可或缺的基礎，因為沒有勞動，我們就會死亡。

相比之下，鄂蘭所說的工作並不屬於人類行為的自然場域，而是人為場域。工作所帶來的是鄂蘭所謂的「人造物」(artefacts)，而人造物無法脫離人類而存在。驅使人類勞動的是自然對人類存續的要求；驅使工作的則是同一批人試圖逃離自然的侷限，以組造某種原先不存在於自然的事物。從椅子到桌子、從房屋到工廠，工作可以有各種不同的形態。當然，工廠有可能是人類勞動的場域，但工廠的存在本身所能創造的事物，不會僅限於勞力。一個人造物可以是基於美感而出現，也可以是基於效能；可以是非常實用的器物，也可以是非常精緻的物件；可以是一個藝術品、更可以是一部憲法(而憲法是國家的架構)。讓工作有別於其他兩個類別的，是它所創造的事物將會持續存在(如果這些事物被合理創造的話)。人類可以製造出比人類存在得更久的事物，工作意味著人類的行為不再只是攝取能量與消耗能量，更意味著勞力的自然循環是可以被打破的。

對鄂蘭來說，工作這個範疇，和技藝與技巧有著重要關聯。人們能夠製造出品質良好，也能製造出品質奇差的物件。想當然，不是所有由工作創造的事物都會長久延續下去。一張粗製濫造的桌子可能在隔天就倒塌了，但被精心製造的物件，通常會存在的比人類的自然生命來得長遠。這意味著當不斷付出勞動的人類生命結束時（這包含了製造人造物的人或工匠的生命，是的，藝術家也需要飲食才能維生），工作所創造的物件依然會存在。這個想法適用於藝術作品，但同樣地，也適用於憲政秩序。

最後一個範疇是行動。如果說勞動是自然的範疇，而工作是人造的範疇，那麼行動則更接近於虛構的想像世界這個範疇。行動指的是人類試圖想要講述關於自身生命故事時所做的事情，是指他們想要藉由在世界上做些什麼，留下屬於自身的印記。要能做到如此，人們主要仰賴的方式是語言，而行動是一種溝通的形式。另一個用來表述行動的詞彙是政治，這不是唯一的詞彙，但卻有可能是最重要的。這裡的政治，所指的並不是作為結構、骨架、規則、法律或律法的那種政治。這種政治的表現形式是人們共同在世界上展開行動，藉由語言互相交流彼此的希望與恐懼。這種政治所試圖要創造的是無法獨立於人類而存在的事物；但這種政治之所以無法脫離人類而存續，並不是因為它是人造物，而是因為這種政治就是一種人之為人的表現。我們可以把這種「行動」，和「敘事」（narrative）在小說中所扮演的角色相提並論——因為藉由行動所建立的事物永遠都是一種故事，而這個故事存在於行動產生的當下。這幾乎是一種不合時宜、與時間格格不入的存在。對鄂蘭來說，人類行動的一個特質就是行動總是倏忽即逝，你可以試著講述一個精彩的故事，而這個故事將會因為你的述說而存在；但當你把故事說完了，人們將不再清楚這個故事還留下些什麼。然而一個精彩的故事有可能是永恆，尤其當這個故事永存於聽眾的心理並被以各自不同的方式反覆傳誦時，因為只要還有聽眾，故事將會一直持續下去。這樣的故事甚至可以存在得比一張精心製造的桌子還要長久，也可以延續得比一個精良建構的國家來得長遠。

值得一提的是，鄂蘭並沒有要暗示這是一種歷史進程。她要說的並不是一個，人類的存在條件從勞動進化到工作再進化到行動的故事。事情沒有那麼簡單。在一九五八年，甚至在今天，多數人對人之為人的條件，最主要的經驗都是勞動、是不懈怠地追求那些必須被消化的事物以資維生。對許許多多的人來說，這就是人的條件，而且從來不曾改變過。但與此同時，鄂蘭的行動觀念卻是早先於工作觀念而存在，因為工作是一個屬於現代世界、屬於人工製造的概念，而行動的觀念則來自古代世界。除此之外還有一個常見的錯誤認知：有些人認為鄂蘭的論點在於我們可以保留行動而不需要工作或勞動，並認為鄂蘭的論點，是要闡述一個理想的人類生命體驗，而在這樣的體驗中，人們一切的行為都是為了政治。然而，我們需要勞動，因為那些積極在這個世界上採取行動的人，也必須要滋養自身，即便這些人並沒有親身到田野付出勞力，也總會有人為他們付出勞力；與此相同，工作也總是會存在，因為總是會需要有人來製造那些能長久存續的事物。

鄂蘭明確指出，穩定且成功的政治，會需要一個精細構築的憲政架構，因此不能夠隨性打造憲政結構。所以鄂蘭的論點，並不是在指出行動是好的，勞動次之，而工作是不好的——這是一個指出現代人的生命到底哪裡出了錯的論點，但現代世界之所以出錯，就在於將這三個範疇相互混淆滲透。即便在一定的程度上，這三個範疇必須互相支持，我們也不應該混淆，但鄂蘭認為，漸漸地，我們這群現代人把它們混淆了。

鄂蘭特別警告了兩種混淆的形式。第一種是誤以為工作就是勞動，而混淆了兩者。這種混淆之所以會發生，是因為人們將想要製造耐久人造物的念頭，化約成某種形式的消耗。鄂蘭的論點，批判了一種以消耗為核心理念運轉的社會。在這樣的社會裡，公民將逐漸被化約成消費者，當人們擔心自然與人工的關係出錯時，人們往往認為真正的危險在於人造物開始殖民宰制自然界，擔心我們將會占有自然世界，並用機械化、沒有生命的人造架構來掩蓋自然。正如喬尼．米歇爾（Joni Mitchell）在他的歌詞裡所說：「人們鋪平了天堂，並在上頭蓋起了停車場／人們砍下樹木，好把它們送入林木博物館中／而他們向其他人收取一點五美元的門票，讓人們得以觀賞被砍伐的樹影。」這樣的景況發生在人造事物宰制自然界的情境裡。但這並不是鄂蘭所擔心的事情，我不認為鄂蘭對世界有一種喬尼・米歇爾式的觀點，因為比起擔心自然界被人造物殖民，鄂蘭更擔心的是人造物被自然殖民時，會發生什麼事情。

讓鄂蘭感到恐懼的，是屬於工作的世界會被勞動與消耗的結構與韻律所吞噬。她害怕工作變得像勞動一般不容休憩、循環反覆、永無止盡，而這都是基於消耗的核心：即便每一個人的生命都會結束，但讓人類這個物種得以延續的勞動將永不止歇。勞動與工作不同，勞動沒有靈魂，而工作往往需要匠心獨具。某種程度上，鄂蘭的這個論點，是在攻擊十九世紀對工作與政治的理解。勞動（或用馬克思的話來說，勞工）與鄂蘭所說的工作毫不相同，馬克思所謂的勞工只是付出勞力的人，他們的人生毫不懈怠地追求維生所需的消耗；在鄂蘭看來，想要以這群人為基礎建構政治，並宣稱從這些人的人生經驗、從無產階級的視角來看待世界，將會帶來最深刻的洞見，便是一種範疇錯誤。

但讓鄂蘭的書如此有趣的另一個原因在於，它同時也批判了二十一世紀的政治與社會。我們畢竟不是活在馬克思的世界裡，我們所生活的世界，是傑夫・貝佐斯（Jeff Bezos）的世界。這是屬於亞馬遜（Amazon）的時代，也是網路消費的時代。在這個世界裡，我們藉由工作所製造的一切、所創造的所有人造物（不管是現實的還是虛擬的），都可以在網路上被消費。這讓我們消費人造物的方式，逐漸地染上自然消耗那種永無休止的節奏：永遠無法感到滿足、循環反覆、永無止盡。你買了某個你認為可以滿足欲求的東西，卻在兩個小時之後認為自己需要更多或其他東西來滿足。我們的慾望變得愈來愈難被滿足。誘餌式標題（Clickbait）[2]就是工作被化約成勞動、人造物被化約成自然的現象。這就像我們不斷地想餵飽飢餓這個概念一樣，正是這種充斥著廣告的生活方式，創造了一個把我們都變成毫無止歇的消費者的世界。廣告創造了現代網路經濟，而從某種可能非常奇怪的方式看來，鄂蘭其實預見了這點。鄂蘭警告了這種化約對人的條件所造成的影響，而她的警告有著深刻的見識。

鄂蘭有另外一個更深層的政治憂慮，她把這歸咎於霍布斯。這個憂慮在於，人們可能會把行動化約成工作，但就像工作不應該被化約成勞動一樣，行動也不應該被化約成工作。這意味著人類透過語言與說故事所開展那些具有創造力、富含人性、政治的交流，不應該被化約成某種機械式的建構，因為這些都不應該是人造的，也不應該像機

2 編按：最簡單的理解就是在社群媒體、網路上藉由誇張、聳動的標題，吸引閱聽者點進去。

械。在鄂蘭心中，霍布斯是一個把行動的世界轉化成機械行為的世界的思想家，因為他打造了利維坦。而儘管霍布斯借用了《聖經》裡海怪的名字來稱呼他所打造的事物，彷彿他是在把人造物簡化成神話，但霍布斯實際打造的是一個計算機器、是一個自動機器、是一部處理數理運算或人體運算的機器。這台機器把公民化約成國家的主體，而國家的主體不過是國家機器的一部分。這就是鄂蘭對霍布斯的批判：《利維坦》創生了政治機器，而政治機器最終製造了像艾希曼這樣的人。

關於鄂蘭有一個奇特之處在於，這本著作既深具見識卻又徹底過時。過時的原因在於，鄂蘭所看到、所憂慮的那種會不懈怠地將人類轉變成某種機械的機器，並不是我們今天所擔心的機器。當她想到「電腦」這個詞彙時，她想到的是某種處理數理運算的機器，而不是我們今天所使用的那種仰賴晶片運作的電腦。這是她在《人的條件》一書裡所說的片段：「大型電腦所證明的，是現代過於信任霍布斯所犯下的錯誤。這個錯誤是以為『考量後果』這種理性是人類最強、最人性化的能力。」這句話讓我特別留心的詞彙並不是「霍布斯」，而是「大型」，尤其是大型電腦。這種電腦是一九五八年出現的電腦，是當時商業世界的利維坦。它們體積龐大、足以占據整個房間，運作起來時不只聲量驚人還熱氣炙人，而它要花上整整一小時，才能做到手機在毫秒之間就能做到的事。鄂蘭在這種電腦上看到的是那龐大的體積可能會宰制人類；但鄂蘭沒有從電腦在處理運作事物的效能規模與速度上，來認識電腦的力量。換言之，她所看到的是物理規模上的巨獸之間的戰鬥。

與此同時，鄂蘭最擔心的另一個科技是太空旅行。這在一九五〇年代末與整個一九六〇年代盤據了人們的想像，但在二〇二一年的今天，我們並不怎麼常想到它。對鄂蘭來說，把火箭送到太空是最先進的技術，在一九五七年，蘇聯的史普尼克一號（Sputnik）成了第一顆進入行星軌道的人造衛星，打入地球的軌道。而在一九五八年初，美國發射了自己的人造衛星，並在同年稍晚成立了國家航空暨太空總署（NASA）。鄂蘭在寫作時，同時也想到了能夠觀測宇宙的大型望遠鏡。她在《人的條件》裡提到了，這會如何影響人類對自身的理解。我們可以觀測宇宙，意味著我們可以想像我們會怎麼看待宇宙；同時我們也會發現，與宇宙相比，我們顯得微不足道，不過是浩瀚宇宙中的微末斑點。事實上，從宇宙的觀點看來，我們所居住的星球、那唯一一顆可以供人類生存的星球、那唯一一顆讓鄂蘭所珍視的人的行動成為可能的星球，也不過是個斑點罷了。在鄂蘭看來，這就是科技的可怕之處，讓人類變得渺小、把人類和生存的環境縮小到幾乎不存在。人類成為了科技的一小部分、成了那看透宇宙的機器視野涵蓋範圍裡的一小部分，而我們正在利用這個機器來觀測宇宙。

在今天，我們不再那麼在意火箭和望遠鏡，因為有其他的事情要擔心，而且我們也不覺得電腦是什麼體型龐大的利維坦。我們認為的電腦，是我們隨身攜帶、體積愈來愈小的物品，或是某個存在於所謂的「雲端」、難以簡單說明的系統。電腦可以主宰我們的生活，而我們甚至不會意識到它們的存在。然而，鄂蘭對科技的恐懼還是能與我們現在的經歷有所關聯，尤其是她提到人類將會因為機器而顯得渺小這件事——這不是一種體積上的比較，不是因為人類在龐大的機器面前顯得渺小，而是因為人類的生活與經驗將會被機器切割得瑣碎。某種程度上，新的科技使人類的經驗變得支離破碎，而科技讓人類變得渺小的方式，並不是像大型望遠鏡那樣在看入太空後反觀人類，進而把人類視為居住在浩瀚宇宙中一顆渺小星球上微不足道的生物；現在科技的視野關注在人類自身、觀測著我們的行為，並逐漸把我們視為分析網絡裡的數據點。套用歷史學家尤瓦爾・哈拉瑞（Yuval Noah Harari）的說法，科技所做的是個人的「去個人化」（de-individuation），而這是新的資訊科學與新的數位科技所導致。我們變得支離破碎，因為被變成數據點的我們散落於各地。各種數據點記錄著我們想了什麼、我們那無止盡的消費欲索求著什麼、我們相信什麼、我們對什麼懷抱夢想、我們愛著什麼又愛著誰。哪怕是最為人性、最以鄂蘭所謂的行動為導向的行為，都可以被化約成數據點，即便是政治亦然。這就是一旦混淆了行動與工作的後果，而這正是鄂蘭所畏懼的，也應該讓我們感到畏懼。

鄂蘭希望能夠在這樣的情境裡，挽救一種遠比機械化的政治更為人性化的政治。這必須要是以人類為政治的基本範疇，在這之中，人類得以思考、得以行動、得以述說屬於他們的故事。我們需要這樣的政治來解救人類，以免人類被科技的力量矮化乃至切割分裂。鄂蘭認為，政治是人類行動的根本場域，而她認為霍布斯扼殺了這個場域。政治是人類得以真正成為人類的場域，人類應該要是自身故事的作者，而政治行動正是人們得以授權自己的人生、成為自身人生的作者的方式。

霍布斯也使用了「授權」這個詞彙。他說，我們是國家的主體、是國家的作者。這意味著我們允許國家來講述我們的政治故事。對霍布斯來說，政治故事不會是我們的生命故事，因為我們生活中幾乎所有重要的事物、那些符合我們利益的事情，都可以被排除在政治之外。十七世紀的國家並沒有殖民人類生命經驗的能力，儘管它們有能力結束人類的生命；然而，在二十世紀，極權主義國家的確想要以政治來述說整個人類的故事；在二十一世紀，我們不得不去猜想，國家會不會想要做得更進一步，尤其當新的科技使得國家得以觀測每一個組成國家的個人時——在這之下，人類的故事可能徹底消失。

鄂蘭希望我們可以創造屬於自身的政治故事。她用一個醜陋又略為隱晦的詞彙來形容她所追求的成果，她說，行動是一種屬於「誕生」（natality）的空間。她的意思是，行動是某種意義上的重生，是我們讓非自然的事物誕生的地方，不是我們生產自然人的地方，因為這種自然的生產是一種勞力的形式，就如同我們還是使用「誕生」這個詞彙來描述分娩的過程一般，至少在機器介入之前，分娩屬於勞力的範疇，然而，隨著機器介入，連分娩這再自然不過的勞力也開始機械化。相比之下，政治是孕育自我並讓自我誕生的地方，這樣的自我會是一個我們能與之共存、賦予我們自主性、讓我們可以因應情境變化而重新自我形塑的自我。我們不會把這樣的自我變成某種人造物，我們在政治中所創造的自我會是人類的典型——也就是公民。

唯有藉由政治，公民才有可能誕生；鄂蘭認為，唯有當我們成功地擺脫霍布斯式理性主義那冷酷、機械的政治才有可能，因為那樣的政治把公民轉化成臣民。唯有當我們擺脫了那種視政治為計算機器延伸的想法，我們才能真正地活著。鄂蘭這麼寫道：「透過言說與行動，我們將自身投射進人類的世界裡。這種投射有如新生，而藉由這樣的新生，我們確認也接受了自身原初外貌的真實。這種投射既不像勞動那樣強加於我們，也不像工作是出於效益。這種投射是被其他事物所驅使，例如我們可能會意識到其他人的存在而渴望加入他們，就算我們加入了，我們也永遠不會被他們所限制。這種投射出現的衝動，從我們最早誕生於這個世界之時就已存在，而我們回應這個衝動的方式，是主動創造新的事物。」我認為鄂蘭的這個論點彷彿預見了什麼，也因此令人不寒而慄，哪怕從某方面來說，她根本上是錯的。這個論點弄錯了一件重要的事情，它完全誤解了霍布斯的現代國家概念想要達到的目標。也許這是因為我太關注霍布斯了，但我之所以關注霍布斯，有一部分是因為我認為霍布斯的理論展現了一些對我們來說已經成為基礎的選擇。而他之所以能做到這點，就在於他成功顛覆了前現代政治那種非此即彼的選擇。

鄂蘭誤解霍布斯的地方，在於她以為霍布斯試圖想把人類的行動化約成機器的運轉；她以為霍布斯把國家建構成一個自動機器，是因為他也想要把構成國家的人民轉化成某種自動機器；她以為霍布斯想把人類轉變成機器人。我不認為在《利維坦》中有任何片段顯示霍布斯想把我們變成機器人。的確，在某種意義上，霍布斯認為人類就是機器人，因為他認為宇宙中的一切動靜都可以用機械運轉的原理、用數學的語言來解釋。但要成為人類，不僅只是成為一個自動機器，而霍布斯也沒有想要把政治化約成機器。用鄂蘭的話來說，霍布斯想做的是藉由工作、人造物、想像力、結構與技藝來創造一個人造人。這表示，他想要為那唯一有能力創生行動的自然物種，打造一個人造的版本——而那個物種就是我們。

換言之，霍布斯並沒有要把行動的世界化約成機械的世界；與此相反，他是想要為行動的世界添加新的事物。他所做的是利用人類心智的非凡能力，來創造某種足以模仿人類行為的事物，而這個事物與人類相比，將會具備所有成功的人造物所擁有的特質：將長久存在。霍布斯想要建造一個能夠比人類的行動還要存在得更加長久的國家，並藉此來確保人類的行動將永遠會有得以存在的空間。但這不是鄂蘭對行動的理解，因為鄂蘭認為最終會持續存在的事物是故事。即便如此，我們還是可以說，霍布斯所做的事情也包含了闡述故事，他說了一個關於現代國家的故事，《利維坦》這本書之所以會充滿如此多的隱喻與寓言，正因為它其實是一個故事。而它的目的，就是要激發我們對國家的想像。

因此，霍布斯與鄂蘭的說法存在著重大差異。說國家是一種人造版本的我們，和認為我們是一種人造版本的國家，本來就是兩件極不相同的事情。如果國家真的按照霍布斯的方式被好好地打造，那麼這個國家將會開始擁有自身的生命，也會有能力得以說著自身的故事。這些故事可以充滿想像力、充滿創造力、富含力量也充實；當然這些故事也可能不是如此，也可以是恐怖、愚昧、粗魯與殘暴的。人們所說的故事存在著各種可能，因為說故事本身是最富創造力的行動，人造人說的故事也是如此。如果霍布斯想做的是建造某種得以模仿人類行動的存有，那麼他所發明的實際上就是一個會說故事的人造機器，他認為這是人類政治問題的解答，而這很有可能是錯誤的認知。這很有可能是一個不切實際的計畫，因為這種人造人有可能過度化約，使得國家所說的故事也可能過度化約。也許國家的故事是只有機器會講述的故事，而這些故事可能會摧毀那些被牽扯進其中的人類。[3]這種毀滅性的確是二十世紀的故事的一環，而這也是籠罩鄂蘭的生命、言語與行動的陰影——在所有的故事裡，最糟糕的故事便來自最糟糕的國家。

但就算鄂蘭誤會了霍布斯，她的論述還是有可能存在一些正確的內涵，而我認為正是這些內涵，讓鄂蘭的論點得以呼應我們對這個充滿機器的世界所感受的焦慮。我們不會再為史普尼克一號這類的人造衛星煩心，也不會再擔憂IBM所製造的那種龐大、撼動邊牆、熱氣燙人、霸占你的辦公室讓你不得不搬到走廊避難的電腦。最常盤據我們心頭的是網路、智慧型手機、人工智慧與擁有獨立思考能力的機器，以及它們所帶來的各

3 譯註：作者在此所暗示的，是當國家淪為機器所造成的一個可能結果，是如二戰時期納粹的國家機器確實地以機械式的方式，展開了大規模地種族屠殺。

種可能。這些機器的確有辦法思考一些超乎人類能耐的事情，哪怕這些機器的思考方式與人類不同、哪怕它們沒辦法用鄂蘭認為是行動表現的語言來溝通、哪怕它們還沒有辦法講述屬於自身的故事。這些機器的運算能力、辨識模式的能力以及其他所有那些我們稱之為機器學習的能力，都超越了人類的思維能力。機器的確具有這種能力，對這種能力的恐懼也真實存在，而我們很可能必須要與這樣的恐懼共存上一段時間。

鄂蘭的論證中存在著一個錯誤的假設。她認為正因為霍布斯式的現代國家是一台機器，使得它必然會與其他機器站在同一陣線。這意味著在人工智慧的時代，國家這台機器將全然為機器人服務，因為機器人得以滲透國家系統、因為國家不過是一台機器。但霍布斯式的國家絕不僅只是一台機器而已，它同時也是某種人類，機器的宗旨並不是要模仿機器如何運轉，而是要模仿人的行動。這個機器是為了與我們站在同一邊而被設計出來的，這是一台我們製造出來用以控管其他機器的機器，是我們建造出來站在我們這一邊以對抗那種沒有靈魂、沒有感情、機器人形態的政治與行動。在人工智慧的時代，在這個我們所生存的新的機器的時代，國家很有可能不會與機器站在同一陣線，而是與我們站在同一陣營。我們甚至有可能說，在面對這些新的科技時，國家是我們唯一擁有的工具，因為這是我們以自身為模型所打造，是我們唯一可以用來對抗機器的工具。

鄂蘭寫道：「問題不在於我們是機器的主人還是奴隸，而是機器是否仍舊為這個世界及事物服務，又或是機器已經展開自動運轉的程序，並開始主宰甚至毀滅這個世界。」這仍然是重要的問題，是關於現代國家本質的問題，也是現代國家必須面對的問題。

第10章

法蘭茨·法農論暴力

《大地上的苦難者》

（*The Wretched of the Earth*，1961）

法蘭茨・法農（Frantz Fanon，一九二五年至一九六一年）出生在法國殖民地馬提尼克島（Martinique），父親是一名海關關員，母親則是店主。他有七個兄弟姊妹，而他的父母湊錢支付他學費，讓他前往島上最好的高中就學。在一九四二年，年僅十七歲的法農加入了自由法國軍隊，參與了二次世界大戰的歐洲戰場，並於一九四四年到一九四五年間，與軍隊一同在法國作戰。戰後法農前往里昂大學，完成了醫學和精神病學的學業。在一九五二年，他出版了《黑皮膚，白面具》（*Black Skin, White Masks*）一書，並在書中以精神分析和存在主義哲學的角度，探討了殖民主義對種族意識的影響。從一九五三年到一九五六年間，法農在阿爾及利亞的布利達—尚維耶（Blida-Joinville）醫院擔任精神科主任，同時也加入了阿爾及利亞解放運動（FLN），並成為這場運動的報社《聖戰士報》（*El Moudjahid*）的編輯。在一九六〇年，他被新組成的阿爾及利亞解放運動臨時政府任命為駐加納大使。隔年法農被診斷患有白血症，並前往蘇聯和美國尋求治療。他在《大地上的苦難者》出版後不久，於馬里蘭州去世，這本書的前言是由法農的朋友，哲學家讓—保羅・沙特（Jean-Paul Sartre）執筆。

我到目前所講述的，是一系列關於現代國家的故事。這個故事可以存在著許多版本，就算在我所述說的版本裡也只說了故事的其中一面。我目前所關注的思想家都把焦點放在國家的內部事務上，探索他們生存的國家。這是一種內在觀點，探究著身為現代主權國家的公民或臣民是什麼感覺？在公民的內心或在政治領袖的內心裡，又在思量著些什麼？同樣地，我所一直關注的是從國家內部的觀點探討國家可能崩潰的形式，而這包含了革命與內戰，但這也只是故事的一個面向，因為現代政治裡，有許多事務是外於國家、發生在國與國之間、發生在主權國家的關係之中。在今天，學術界稱這個領域為「國際關係」（International Relations，IR），既是政治學的一部分，也是獨立的學門（在今天，這類的系所通常被稱為「政治與國際關係學系」）。儘管在這本書裡所提及的許多危機，最終是以內戰或革命的形式告終，但在初期都是國際關係的危機。

第一次世界大戰在成為一場瓦解國內秩序的危機前，是一場瓦解國際關係的危機。法國大革命除了是一場法國內部的政治事件之外，也是一場牽涉歐陸的國際事件。時間再往回推移，霍布斯也參與了這個國家外部觀點的故事。事實上，「霍布斯式」（Hobbesian）這個詞彙，比起用在分析國內政治，更常出現在探討國際關係的脈絡裡。在這個情況下，「霍布斯式」成了一個具有特殊政治含義的術語，前提是我們不嫌這個詞被過度濫用的話。國際關係上的「霍布斯主義者」（Hobbesians）所指的，是那些認為國與國的關係就是自然狀態的人，而這意味著每個國家都可以自由地做任何對國家最為有利的事情；表示國際秩序並不存在真實意義的秩序，國際場域也只是充斥著利益競爭、毫無法秩序規範的場域，而這些競爭往往致命。因為這種霍布斯式的理解，同時意味著認為自然狀態中的自然法並無法約束國家，就如同自然法在自然狀態底下、在沒有主權存在的情況下，無法有效地約束個人一樣。從這個意義上來說，國際關係上的「霍布斯式」政治與「無政府的」（anarchic）政治相去不遠，而這本身帶了點諷刺的意涵，因為霍布斯最極力想避免的正是無政府狀態。

這可能會產生一個簡單的問題：如果國際狀態是霍布斯所說的自然狀態，那麼為什麼霍布斯解決自然狀態的論證邏輯無法用來解決國際狀態的問題？如果國家總是陷入衝突，為什麼它們不能對威脅與追求和平的目標產生共識、為什麼不願意建造一個超級國家（甚至一個涵蓋全世界的國家）來代替國家們做出抉擇呢？為什麼這群利維坦不再創造一個更巨大的利維坦？對這些問題的回應，恰巧表現了把國際狀態預設為自然狀態的假設存在著什麼樣的錯誤。國家之所以沒有選擇製造一個超級國家的原因在於，國家不是自然產生的，國家是人造人。對我們來說，自然狀態之所以毫無秩序、充滿威脅的原因，是因為我們是自然的生物，是因為我們是自然的、脆弱的人類。這意味著，很不幸地，要殺死我們是一件容易的事情。在自然狀態裡，沒有任何人是安全的，因為我們每一個人都很脆弱也很容易被攻擊，即便是那些看起來比我們還弱小的人，都有可能擊敗我們；但國家並沒有這麼脆弱，而這才是霍布斯的重點，因為國家是被人造出來的、一點也不脆弱的人造物。國家是機器人，要殺死這些機器人非常、非常困難。也因為要殺死機器人是一件困難的事，這使得國家在自然狀態裡，可以有一種與我們自然人大不相同的處事方式：國家可以承擔得起沒有一個主權確保和平、為所有人做決定的狀態，甚至能夠承擔得起自然法所隱含的代價。國家也可以認真地追求和平，並相信其他國家也願意如此追求和平，因為知道其他國家和自己一樣難以滅絕。國際秩序裡不一定存在著自然狀態那種共同的脆弱，當然這在很大程度上取決於國家是否被精細構築：如果國家的結構與設計不當，這些國家就會顯得脆弱，而穩定的政治秩序最大的敵人正是這種脆弱，而非國家擁有什麼樣的力量。我認為霍布斯很有可能會相信，一旦他所構思的國家概念真的成為世界各國立國的典範，那麼這樣的國家概念確實可以帶來某種形式的世界和平，且不需要藉由在國家之上再創造一個超級國家。但霍布斯的想法是正確的嗎？我們不知道，也還沒有定論。很多時候這種想法看來有些一廂情願。在國際政治的場域裡仍舊存在著許多毫無秩序的要素，但這些要素往往與那些令人驚訝的長久合作關係共存。同時，隨著國家變得越發強大，國與國的衝突所能帶來的負面衝擊也將變得更加懾人，但這並不表示霍布斯是一個認為國際秩序就是無秩序的政治哲學家。與此相反，霍布斯是一個和平主義者。

國際關係，這就是我一直還沒能提到的故事；除此之外，還有一個與國際關係有關，但不全然是國際關係的故事，而這個故事才是我在這一章想要討論的。這個故事內容，不只是國家對其他國家做了什麼或少做了什麼，而是國家對生活在國家疆界之外、生活在另一塊土地之上的人們做了什麼又少做了什麼，尤其是當國家取得了那塊土地，並開始統治原本就在當地生活的人以後。這些人沒有辦法獲得公民權，卻依然生活在國家權威之下，這些人的經歷便是帝國與殖民地的經歷。這個故事也存在著一個霍布斯式的版本。霍布斯在為卡文迪許家族服務時，他的其中一項工作就是管理他們部分的商業事務，而卡文迪許家族是維吉尼亞公司（The Virginia Company）早期的股東，這間公司是最早拓展美洲殖民事務的公司，但這時候的殖民形式還極為基礎，藉由在新的土地上獲取一小塊安身之處，以期渡過嚴冬。霍布斯曾經參加過維吉尼亞公司的股東會議，也必然曾經目睹那些關於殖民的爭論，而這些爭論將會永遠伴隨著帝國擴張而存在。想像一下股東會議上可能會有的問題：你要怎麼控制那些代替你在海外控管殖民地的人？你派遣了一小隊的殖民者前往維吉尼亞（維吉尼亞這個殖民地是以那維持著處子之身的女王為名，而這是一種宣稱統治權威的方式），但這些人畢竟與你有著一海之隔，這表示你不知道他們究竟在殖民地上做了些什麼，而且也沒有可靠的管道可以聯繫他們。你信任他們嗎？你要讓這些人實質上握有處理那些當地居民的權力，還是你想要控制這些殖民者？你會想要試著約束他們嗎？這些問題將一直困擾著英國與這些殖民公司之間的關係，而這些公司之中規模最龐大的英國東印度公司，最終的確獲取了太大的權力，成為了規模龐大的帝國征服工具；接著，這家公司最後變得太像一個國家，迫使國家必須把它逼回原形。

這本書所談及的每一位作家，都有意識到帝國主義的問題，儘管他們對這個問題的看法分歧。沃斯通克拉夫特知道東印度公司有多腐敗，而最強烈批評東印度公司的人正好是她的論敵柏克；康斯坦看著拿破崙試圖在歐洲建立帝國；托克維爾寫完關於美國的文章後，成為了研究法國在北非（包括阿爾及利亞）的帝國領地最重要的專家之一；馬克思和恩格斯認為帝國主義是資本主義的露頭，是資本主義冒出地貌的表徵。而追隨他們的馬克思主義者，尤其是列寧，認為帝國主義是資本主義的最終形式，因為正如馬克思和恩格斯所說，資本家總是必須要尋找並征服新的市場，在這些被征服的新市場裡，資本家得以對被殖民、別無選擇只能接受統治的人們傾銷滯銷產品。像列寧這樣的馬克思主義者確信帝國主義不會持久，因為資本家總會面臨到沒有市場得以征服的時刻，而這意味著將不再有新的受害者任他們剝削。當這樣的時刻到來，革命也會隨之而來。

但即使是馬克思和恩格斯這類立場堅定、批判帝國的人，他們仍舊是從帝國主義者的角度來了解與體驗帝國，而不是從被殖民者的角度來看待一切。

在這些人之中，甘地是唯一的例外。甘地從被殖民者的經驗出發，告訴我們帝國主義有著什麼樣的樣貌。而這一章要討論的作家法農，也同樣是以被殖民者的視角出發著述。法農並沒有從握有權力的人的視角來認識帝國，他所寫的是在天平另一端的人，那些被帝國壓迫的人；但法農在多數面向上都與甘地有別，因為法農寫作的靈感，有一部分來自馬克思與恩格斯，法農對帝國政治提出了一種轉化過的馬克思主義批判，甚至批判得比馬克思與恩格斯本人來得更加深遠。

法農的批判在兩種意義上比馬克思和恩格斯還要深刻。首先，與馬克思和恩格斯不同的是，法農真的經歷過他筆下的那些壓迫。馬克思與恩格斯並沒有真的寫出他們自身對帝國的體驗，他們所寫的不過是從自身的理論基礎出發對帝國產生的推想，而在某個程度上，推想很多是虛構編造的。除此之外，法農還在另一個意義上比他們來得深刻。對馬克思與恩格斯來說，帝國利用國家的力量來殖民與征服市場，不過是國家基礎功能的延伸，即國家將極盡所能支持資本主義發展。在他們看來，現代政治的壓迫核心是資本家對勞動階級的壓迫，而被殖民者受資本家壓迫也不過是這種壓迫的延續；但法農翻轉了這層關係。法農認為，作為現代政治基礎的壓迫透過帝國來顯現，而帝國壓迫以赤裸的形式展現了現代政治的本質：純粹的壓迫，以及那徹底抽離所有關於自由、權利與代表制謊言的純粹暴力；除此之外，其餘一切都是次要。

在法農看來，唯有被殖民者才能見到那些馬克思與恩格斯認為是勞工才能體悟的事。在一九六〇年代初期，當法農動筆寫作時，他認為當時歐洲勞工已經徹底地被資本主義迷惑，不再清楚知道身邊究竟發生了什麼事情。在應該解放勞工的蘇聯體制裡，勞工們一方面受到各種關於解放的語言迷惑，一方面卻又過著被高度制約管控的生活；而與此同時，西歐並沒有踏上馬克思與恩格斯所預見的道路，革命並沒有發生——相反地，勞工們被資本主義收買了。在法農眼裡，當時世界上唯一還能理解國家本質不過是以自由語言粉飾壓迫權力的人，便是帝國主義的受害者。

法農以各種不同的形式經歷了帝國的壓迫。他出生在法國殖民地馬提尼克島，在他成長過程中，活在馬提尼克島意味著要經歷雙重的帝國壓迫。在法理上，馬提尼克島是法國國土，而不是海外殖民地；但實際上它仍然被視為殖民地，並且被作為殖民地剝削，在當地也充斥著針對向法農這樣的黑人必然會面對的種族歧視。然而與此同時，法國本身也被納粹政權殖民。當法國在一九四〇年戰敗後，隨著被當作傀儡的維奇政權（Vichey regime）建立，法國本身成了另一個國家的權力延伸，而雖然法國並沒有被像是殖民地一般對待（至少沒有像法國先前對待其殖民地那般殘酷），但法國的處境與殖民地已相去不遠。這表示從一九四〇年起，到法農離開馬提尼克島加入自由法國軍隊對抗納粹壓迫前，法農經歷了雙重的殘酷。那些殘酷對待他的人，自身也被其他人殘酷地對待著。對法農來說，這樣的經歷意味著政治不再具有任何幻想的空間。這種經驗裡並不存在著以自由、權利或正義的語言來粉飾現代國家的可能，因為這樣的經驗所存有的只是壓迫。當法農從軍為法國而戰時，他發現即便並肩對抗著納粹的種族主義，法國人本身也是根深柢固的種族主義者。他在自由法國軍隊裡所經歷的各種歧視，與在馬提尼克島的童年經歷沒有太大的差別，而這些經驗讓他明白，法國人根本不想被那些被他們殖民統治的人解救，就像他們根本不想解放殖民地一樣。

在戰後，法農到法國留學，接受醫學訓練。他是這本書裡提到的第一位醫生。法農成為一名精神科醫師，並以精神科醫師的身分來到法蘭西帝國的另一塊領地：阿爾吉利亞。一九五〇年代阿爾吉利亞爆發血腥的獨立戰爭時，法農一直待在那裡。戰爭期間的經歷提供了法農靈感，也讓他動筆寫下《大地上的苦難者》。這本書在一九六一年以法文出版，並在一九六三年被翻譯成英文。法農在經歷阿爾吉利亞獨立戰爭的同時，也在一間精神醫院工作。這是一場非比尋常的暴力衝突，法農也親身經歷了這場衝突的暴力。《大地上的苦難者》有極重要的篇幅，是法農對這種殘酷情境對心理影響的研究，討論了活在這麼毫不掩飾的暴力裡意味著什麼，也討論了當這樣的暴力試圖偽裝成非暴力時，對人們的理性又會有什麼樣的影響。

韋伯明白現代政治可以讓政治家們發瘋，因為政治家們必須要嘗試面對暴力的雙重性。這些政治家們以現代國家為工具，而現代國家正是暴力的工具；但與此同時，政治家們想要利用這個工具所達到的又不僅只是暴力。正如韋伯所說，除非你格外謹慎，否則這樣的經歷將會讓人神智錯亂。但法農書寫的對象不僅是政治家，而是所有那些因為想要與帝國的謊言共存卻反而被逼得發瘋的人，這包含了那些殖民者（那些濫用暴力的人）、那些想要與暴力妥協的人、那些想要逃離暴力的人與那些想要改革暴力的人。在這種程度的極端暴力面前，任何人都有可能被逼瘋，尤其因為這種暴力不會表露自我。唯一不會被這種程度的暴力逼瘋的人，會是那群深知暴力底細的人，是那群在殖民地被這種暴力壓迫、那群不願妥協、那群不想活在這種體制中卻仍舊被殘酷對待的人——換言之，是在大地上蒙受苦難的人。法農認為，殖民地的被害者與歐洲的勞動階級最大的差異在於，如果你在殖民地體驗了那殘酷的剝削，沒有人會為了你而粉飾權力與暴力，人們根本不會想要欺瞞你，他們只會直接地開始凌虐。

法農寫道，殖民地是一個被一分為二的世界：

> 軍營和警察局構成了分界線與邊界。在殖民地，警察和士兵是官方建立的中間人，是殖民者及其壓迫統治的代言人……在資本主義社會，將會有許多道德導師、顧問與「蠱惑者」來區別那些有權力的人與被剝削的人；與此相反，在殖民社會裡警察與軍人才是指引被殖民者們應該如何言行的人，他們藉著槍托與汽油彈來指引，而他們之所以如此，是因為他們是直接出現在殖民地並經常採取直接舉動的人。在殖民地裡，政府的代言人使用的語言是純粹的力量，這些中間人並沒有試圖要減輕壓迫，也沒有想要隱瞞宰制——中間人直接展示並實踐壓迫，帶著以和平締造者自居的良知，但他卻是將暴力帶到當地人心靈與家庭裡的人。

殖民地的處境與現代歐洲國家不同，不會有人想要去埋藏壓迫者與被壓迫者之間的劃線，這樣的劃線也沒有內化成社會的一環。殖民地的劃線，是被暴露在外的開放傷口，直接區隔有權力的人與無力抵抗的人。在資本主義國家裡，有一整個社會階層的存在是為了粉飾這種剝削，並將剝削裝飾成教育、改革或正義；但在殖民國家裡，警察和軍人這些國家力量的表徵，藉著存在與行動直接接觸當地人，並以槍托和汽油彈指引人們的行動。

在現代歐洲社會，法農筆下所謂的「蠱惑者」包含了民主政治的政治人物。這些人宣稱他們代表勞工發言、宣稱會致力改善勞工的生活，卻只是為勞工們提供馬克思所警告的妥協。「蠱惑者」也包含了教勞工識字的教師與道德改革家，這些人在學校與教會推動著資本主義社會。在現代歐洲國家成長，意味著被這類無情的宣傳機制轟炸，被永無止盡地告知資本主義社會不是謊言，也被告知只要表現良好便有機會得到權利、自由與正義；而法農認為，任何經歷過純粹、野蠻的殖民統治的人，都無法相信這些。殖民社會裡的中間人（不是蠱惑者）是警察與軍人，他們不會像政治人物或教師一般試著談判妥協。警察與軍人的工具也不會是授課、演說、選舉、報章社論或布道，他們說服你的工具是步槍的槍托與汽油彈。

法農認為，帝國的殖民同時也會摧毀公共領域與私人領域的界線，而人們總會相信這種界線存在於現代歐洲國家，是自由主義堅守的界線。警察和士兵除非有正當理由，不然他們不應該踰越公共與私人的分界；在現代國家（即使是霍布斯式的國家），我們應該要能夠找到一條劃分公共與私人領域的界線，讓人們可以安然撤回到私領域裡，而國家將不會干涉私領域中的作為。但如果你活在被殖民的社會裡，暴力將會闖入你的私生活，也會闖進你的家裡。你將會無所遁逃，因為代表殖民國家的官員並不會尊重個人界線。在殖民地的經驗將會讓人們不再錯信他們被權利保護、錯信他們有權利對抗暴力；在殖民社會裡，當你退回到私領域時，暴力也會尾隨而至、將會進到你的家裡，而後，如法農所說的，將會侵占你的心靈；一旦暴力侵占了你的心靈，便將永遠無法擺脫暴力；一旦你無法擺脫暴力，哪怕你多麼善於逃避也將無法逃離暴力——這意味著我們必須要面對暴力，並且，在最終我們必須推翻暴力。

這是一個強而有力的論點。它的力道在於指出，只有一群人不會對殖民權力懷抱幻想，而那就是承受殖民統治的人。這暗示了其他所有人都深陷在殖民政治的謊言裡，就連那些施加暴力的人、那些警察與軍人，也都活在這種謊言裡，這也解釋了為什麼殖民統治裡有這麼多人發瘋。這個論點有另外一個版本，出現在世界上最著名的其中一篇文學作品之中。與法農不同，它的作者出身於殖民暴力的彼端，這是喬治．歐威爾寫下的故事，而歐威爾是誕生於西方傳統內部，對帝國主義最強烈的批評者之一。歐威爾的故事同樣來自於他對殖民統治的經驗。他知道他在說些什麼，因為他曾經是帝國的警察，是他的第一份工作。從學校畢業以後，歐威爾來到緬甸，成為緬甸帝國警察的一員，而他的職責是負責維持英國殖民地的秩序。歐威爾用許多不同的方式寫下了這段經歷，這包含了那本名為《緬甸歲月》（*Burmese Days*）的小說。除此之外，歐威爾也在二十世紀英文散文寫作中最著名的兩篇篇章裡，寫下了這些經歷。第一篇散文的標題是〈絞刑〉（'A Hanging'），第二篇是〈射殺大象〉（'Shooting an Elephant'）。在這兩篇散文裡，歐威爾用寥寥數語描繪了他的殖民經歷如何表現出他身為帝國警察時受限的自主性，同時也表現出作為帝國公僕的人有限的道德選擇。

在〈絞刑〉裡，歐威爾負責押送一個人到絞刑檯上。在〈射殺大象〉裡，他受命射殺了一頭大象。歐威爾並不想射殺大象，但他所能做的只是描述當他手中握有槍枝時，他越發覺得自己別無選擇的過程。歐威爾這麼寫道：「在這一刻，我所意識到的是，一旦白人成為暴君，他所摧毀的是自身的自由，他成了某種空洞的假人、成了符合人們想像的殖民官員形象，因為能讓他持續殖民統治的條件，是他必須終生致力於符合當地人對他的想像。於是乎在每一次危機發生時，他必須要採取那些當地人認為殖民官員會採取的行動。他戴上了一張面具，而他的臉開始成為面具的形狀。」拿著步槍的人和被步槍指著的人，有著根本的差異。拿著步槍的人同時也穿著面具，最終面具成為了那些人的身分認同，他們沒有辦法取下面具，但面具終究只是面具。身為帝國統治下配戴武器的公僕，歐威爾深陷在帝國謊言裡，而讓歐威爾射殺大象的原因是什麼呢？歐威爾說：「當我手持步槍跋涉而來，身後跟了兩千個希望我射殺大象的人，我能夠什麼都不做就轉身離去嗎？不，這是不可能的。這些群眾會嘲笑我，而我的人生、每一個在東方生活的白人的人生，都不過是不想被嘲笑的漫長掙扎。」這表示歐威爾得以述說某些關於帝國的真相，但他也無法說出真相的全貌；或至少，歐威爾無法在他的生命裡揭露真相的全貌，因為身為帝國警察，他所能做的就是戴著面具直到他全然失去了摘下面具的能力。

法農深信，承受這種慘忍壓迫的人，並沒有戴著面具。他們過著悲慘的生活，而這種悲慘的生活正是殖民統治的真實經歷。這些人的人生被全然化約成暴力，暴力就是他們的現實，而體悟到這一點為被壓迫者帶來力量；就像在馬克思看來，當無產階級發現自己過著被壓迫的生活時，他們將獲得力量一樣。法農的《大地上的苦難者》試圖喚醒這樣的力量，他以用來闡釋現代政治的語言，刻意將現代政治與現代以前那種古代的、中世紀的、神學式的對真相的理解做對比。法農拒絕現代政治的雙重性，他不認為政治可以同時是兩件事情，也不相信截然不同的概念可以被視為是不可分割的整體，而這些不該被混為一體的概念包含政府與人民、手段與目的、正義與暴力。他想要挽回在政治中存在著真正的選擇的想法，並用來取代認為這些非此即彼的選擇可以被避免的理解。

法農在《大地上的苦難者》裡談到了亞里斯多德的殖民主義邏輯，而他把這個邏輯和現代歐洲民主社會那蠱惑人的辯證法做了對比。法農想要表達的是，我們不該以雙重性來理解被殖民的生命；與此相反，殖民政治是依循著那種截然二分的古代邏輯所運作，因為殖民是一種非此即彼的生命體驗。在殖民地裡存在著涇渭分明的邊界，也沒有人能夠跨過鴻溝。你如果不是在邊界的這端，就只能是在彼端，任何一種想要告訴你可以同時橫跨邊界兩端的政治都是謬論。法農也把殖民經歷稱之為一種摩尼教般的體驗，意味著這是一個存在著良善與邪惡衝突的宇宙，而這又是一種前現代的比喻，指出政治是非善即惡而非身兼善惡。除此之外，法農也形容殖民的體驗是獸性的，因為被以這種方式對待，意味著不足以為人。獸性與野蠻相去不遠，而野蠻正是霍布斯用來形容自然狀態的詞彙。

法農在描述的是一個幾乎帶了點自然狀態意涵的殖民世界，充斥著前現代與非此即彼的意涵。但法農並不是要說，生活在被殖民的社會就像活在更為原始的狀態裡。對法農來說，被殖民的經歷是一種典型的現代體驗。他想要說明的是，這種掩蓋殖民暴力的現代政治是虛假的，而我們需要前現代的概念來剝除這種偽裝、揭露現代政治的真實面貌。法農堅決認為，我們不應該相信有任何現代政治的工具得以修復這樣的慘況，如果殖民壓迫是非此即彼、是正邪兩立、是獸性的，那麼人們也應該要認識到，民主與代表政治的語言所扮演的角色，不過是法農所說的用來裝點門面的工具，因為你無法把獸性的情境變得民主化，也無法在正邪對立的衝突中找到一種能夠體現正邪差異的代表方式——你要怎麼在不持續作惡的情況下，代表一個為惡的人呢？法農認為，你無法單純透過選舉制度，就把非此即彼的選擇轉化成一種兼容並蓄的妥協。

在《大地上的苦難者》中，法農的怒火指向了那些身處於殖民社會之中的公眾人物，因為他認為這些人試著想要調節現代政治的雙重性。法農反對改革、反對合作、反對妥協，同樣地也反對那種後來被稱為「現代化」的方案。有許多人認為，改善殖民地處境最好的方式，是讓殖民地現代化，尤其是以歐洲社會為模型的現代化方案。讓殖民地擁有自己的議會！讓他們有現代教育體系！為他們打造現代公共衛生設施！凡此種種，在法農看來，都只是用來掩飾殖民地真實樣貌的方案。法農不信任那些相信這類原則的政治人物（尤其是那些和他一樣受過西方教育的人），他懷疑這些人只是在玩兩面手法。法農同時也深深懷疑那些想要將殖民經驗智識化的人。當然我們可以認為法農自己也是這樣的人，畢竟他寫了兩本智識含量極高的書，充滿了各種心理分析、存在主義哲學與文學典故；但法農自己並不這麼認為，他之所以在晚期著作裡開始大加描繪殖民社會裡的心靈創傷，部分原因是因為他認為這些創傷必須被看到，而不僅只是被理論化。作為心理醫師，他目睹了這些，而現在他要把所見的一切呈現出來。

與此同時，法農也費盡苦心地強調，他筆下的殖民景況並不是殖民地最真實的樣貌。見證者並不是真正造成改變的人。法農欣賞那些他所謂的「偏遠地區的人們」，而他這麼稱呼他們，並不是因為這些人比城市裡的人要來得落後，而是因為這些人被壓迫的經歷還沒有因為被教育與智識化而妥協。這些人受迫害的經歷最為清晰也最少被瞞騙。

但除此之外，最重要的是，法農擁抱暴力。這也許是法農的著作中最讓人震驚的地方，但在法農看來，暴力是解放的工具，是擺脫殖民統治的手段。在他看來，「偏遠地區的人們」深深明白這點，哪怕知識分子並不明白。暴力有著強大的澄清作用，它揭露了真相，而甘地同樣也認為暴力揭示了帝國統治的真相。但與甘地不同的是，法農相信唯一的真相是唯有暴力得以對抗暴力。這種欣賞暴力的方式，讓法農實際上更為接近他所不屑的某些歐洲傳統。從馬克思與恩格斯自身開始，馬克思主義思想蘊含了各式各樣對暴力的欣賞。最明顯的例子，也許是一名法國工程師喬治・索瑞爾（Georges Sorel）在一九〇九年出版的著作《對暴力的反思》（*Reflections on Violence*）。在這本書裡，索瑞爾提出了一個論點，認為暴力是必要的，而這個論點與法農有些相似。兩人的差異是索瑞爾指涉的對象是歐洲的無產階級。索瑞爾認為，暴力自身足以揭露勞工的困境，而光憑這點就讓暴力應該被擁戴。如果你駁斥暴力，等於是拒絕了那讓你了解自身真實處境的經驗。索瑞爾尤其欣賞美國在二十世紀初期爆發的暴力，在當時，勞資關係的衝擊相當殘忍，而瓦解罷工的方式往往是軍人開槍擊殺參與罷工的工人。索瑞爾提倡全面罷工的想法，認為這將迫使壓迫者露出獠牙。罷工者面對手持槍械的軍人的時刻，也是你知道你的政治發揮作用的時刻；同樣的，這也是讓你明白你必須反擊的時刻，因為當軍人的槍枝指著你時，你別無選擇。

在二十世紀初的馬克思主義思想中，索瑞爾不過是邊緣人物，他的思想也很快就被列寧所取代，因為列寧的觀點更從國家的角度出發。索瑞爾所希冀的全面罷工從來不曾發生過，發生的是俄羅斯革命。但當法農採取了索瑞爾的思維，並把這個想法應用在分析殖民政權時，這個觀點重獲新生——遠離了巴黎，來到阿爾及利亞，而後又重返巴黎。

到了一九六八年，當學生和勞工再次走上巴黎街頭時，法農和索瑞爾都是他們口中不容忽略的人名、是揭露真相的人，他們揭露了現代性致命的妥協，而當壓迫你的人開始著手準備採取最壞的舉措時，這種妥協將會隨之暴露。索瑞爾與法農都認為，被壓迫者應該要主動逼使壓迫者出手，並藉此揭露壓迫者的真面目；但他們兩人所求的並不是一場公民不服從的運動，而是要號召革命，因為擁抱暴力卻不使用暴力沒有意義。對法農和索瑞爾來說，重點是要以其人之道還其人之身。

法農沒能活著見到一九六八年的巴黎街頭，也沒能見到當時對革命的期許以及隨後的失落。在一九六一年寫完《大地上的苦難者》不久，法農死於白血病。但法農本來就不怎麼相信歐洲會發生任何有實質意義的政治轉變，在他看來，歐洲已經病入膏肓，歐洲人已經浪擲了改變的可能。他寫道：「解決人類重大問題的所有要素，都曾在不同的時間點存在於歐洲的思想當中。然而，歐洲人並沒能完成他們所肩負的使命、沒有傾盡全力來推動這些要素，進而改變他們的生活與本質。他們沒能改變，也沒能把人類的問題推向更高的層次。」最終，歐洲人沒有能夠以暴力或激烈的方式來面對他們的問題，他們始終停留在單純的思想層面。

法農認為歐洲深陷在它的過去，儘管歐洲有著改變所需的正確觀念，但無法從自身的政治與社會結構中解放，而這些政治與社會結構掩蓋了表述正確觀念的正確語言。歐洲得以藉由帝國擴張，向外投射自我；但沒有辦法向內投射自身，最終使得歐洲的政治充滿了議論卻始終沒有行動。歐洲的政治淪為法農口中「毫無動力的運動」，而這可以被用來描述某個版本的現代國家。這場毫無動力的運動所揭露的危險在於，現代國家有可能逐漸癱瘓，因為它的每一個環節都緊扣其他環節，最終成了某種維持平衡的邏輯，但在這樣的邏輯裡，一切都被固鎖在原地，不足以產生任何動力。正如歐威爾所說，面具會變得太過合身而無法摘下面具，但面具終究只是面具。對法農來說，這就是歐洲的命運，也是歐洲政治的命運。歐洲創造了一種富含改變潛能的政治模式，但這種政治模式卻被「蠱惑者」、教育家、政治人物與政治代表們困住。這些人除了凍結政治以外什麼也做不了，最後只能把壓迫這樁原始的事務，交託給帝國的官員。

法農想要一種有別於歐洲的政治。他認為非洲存在讓一種新國家形態出現的可能——他所想的不僅是阿爾及利亞而已，而是整個非洲大陸，因為整個非洲幾乎都經歷過帝國最為殘酷的壓迫。誠如法農所說，他認為這種新的國家形態將會有能力將人類視為一個整體，將會是有能力重新思考「人類全體心靈」這個問題的國家，也會是能夠重新賦予大地人性的國家。法農的想法極富野心，且他是真切地相信唯有殖民經歷、唯有非洲國家經歷過的那種經歷，才有機會讓這樣的國家成真。

我們很難去界定這麼一個政治計畫。無論從精神上的野心來看，或從願意不計一切地擁抱暴力作為手段來看，這個計畫都超越了我到目前為止所討論的事情。我們也許可以試著用一個詞彙來為它定調；也許，我們可以說它是「後現代的」（Post-Modern），是超越現代國家的國家；是藉由非洲的體驗，而非歐洲的辯證思想來超脫現代政治雙重性的國家。法農真切地相信這樣的國家可能實現。從二十一世紀回顧這一切，這種野心充其量是一廂情願，而這已經是比較有禮貌的說法。非洲國家這幾年來的歷史，甚至其他在殖民解放之後獨立的國家的歷史，都沒有超脫現代政治的歷史。非洲還沒有能夠超越現代政治的兩難，也還沒有能力去擁抱人類的命運。真要說的話，非洲的政治看起來就像被卡在政治難題當中，而這正是霍布斯式的政治所陳述的政治難題。在這樣的政治裡，安全不能被視為理所當然；國家內部崩潰是真正的危險；主權權威一旦失敗將會導致混亂，但為了維繫主權權威卻又可能導向貪腐與剝奪。在這樣的情境裡，人們所能希冀最好的情境，是擺脫非此即彼的選擇，並擁抱某種安定、運作正常的現代國家，但這麼做本身還是存在著重大風險。這麼一個霍布斯式的國家不會是唯一的希望，但對這個地球上的多數人來說，很多時候這依然是政治現在的處境——對必須面對人口急速增長的非洲國家來說，也是如此。

「後現代」這個詞有許多不同的意涵，但這個詞彙確實捕捉到法農的一個重要論點。法農理想的新形態國家，的確是出現在現代國家之後；法農的理想國家是看向未來的國家。他非常清楚，若他如此強調這種國家的非洲性，可能會有什麼樣的風險，尤其對那些可能被他的著作吸引的西方讀者來說。這個風險就在於，他的西方讀者可能會認為法農在鼓吹某種原始國家，認為他想要撤回到一個不那麼人造、更為原初的時代。在《大地上的苦難者》裡，法農批判了那些欣賞非洲文化的歐洲人，而他們之所以欣賞非洲，是因為他們認為在非洲找到了更為純粹與自然的事態。這些人欣賞非洲的手工藝品，並展示、穿戴它們，因為這些人認為這些物品將喚醒他們更為純真的內在，但法農並不認同。即便法農歌頌著「偏遠地區的人們」、欣賞他們並沒有被歐洲的教育腐化，但法農從來不曾想要倡議回歸原始狀態，他所相信的是政治那超越現狀的力量。對法農來說，非洲對殖民體驗的純粹性，所指的是對暴力的純粹體驗，也是對直接壓迫的體驗。不是非洲人的人，沒有辦法單純透過穿戴非洲工藝品就能模仿這些體驗，他們也不應該如此嘗試。

法農的論點讓當時許多思想家感到驚駭。漢娜．鄂蘭就是其中之一。鄂蘭因法農對暴力的欣賞、對她稱之為法農的「暴力自然主義」感到震懾。鄂蘭認為暴力具有毀滅性的本質，而她將暴力與她所謂的「力量」做了比較：與暴力不同的是，力量能夠在這個世界上發揮作用，力量雖然不是行動，但也能夠創造有價值的事物。我們應該要能夠把國家的權力當作某種形式的力量來使用（會具有創造力），而不是把國家的權力當作某種暴力的載體（這只會有破壞性）。鄂蘭抱怨法農的暴力自然主義，也暗示無論法農再怎麼強調政治的轉變，法農所做的不過是把暴力化約成勞動：暴力變得循環反覆、永不止歇。鄂蘭寫作這些時是在一九七〇年，她目睹了六八學運的學生們徒勞無功地倡議著法農對創造性暴力的論點，並試圖想用這個論點來達到某種徹底的變革。在鄂蘭看來，創造性暴力是一個自相矛盾的詞彙。

鄂蘭和法農幾乎沒有任何相同之處，但我認為還是有一件事情把兩人串連在一起——他們兩人各自以截然不同的方式，強調現代政治並不是唯一一種政治運作的方式，也都強調現代國家的起點帶有某些偶然，現代這種認為政治的基礎結合了暴力與安全的理解方式，不過是偶然的結果。他們都想要跳脫這種思維，並說明這些被霍布斯綁在一起的觀念可以被解開；雖然霍布斯認為，他用了一種無法被拆解的方式把這些觀念綁在一起。他們甚至認為，這些觀念必須要被拆解開來。所以，無論這兩位思想家有多大的差異，他們都對現代政治提出了最根本的問題——現代政治是偶然的嗎？是一個我們能夠摘下的面具嗎？還是這個面具已經緊緊黏在我們的臉上，再也無法摘下它了？

這個關於現代國家的問題不再只是一個殖民經驗的問題。這個問題關乎的是我們所身處的環境，是那個現代性、可能困縛卻又可能自由的環境，而地球的命運可能便取決於我們對這個問題的答案。如果法農認為，殖民的經歷有著讓這個問題變得真實的特殊能力，又有誰能夠說法農是錯的呢？

第11章

凱薩琳・麥金農 論性別壓迫

《邁向女性主義國家理論》

（*Toward a Feminist Theory of the State*，1989）

凱薩琳·麥金農（Catharine A. MacKinnon，一九四六年至今）出生於明尼蘇達州，父親是一名國會議員，母親是法官。她在耶魯大學接受了律師訓練，並在耶魯大學獲得政治學博士的學位。她目前是密西根大學（University of Michigan）的法學教授。在二〇〇八年到二〇一二年間，她是國際法庭的特別性別顧問，參與了許多女性主義運動，包括色情非法化、要求法律承認種族滅絕中的強暴案件，與反對販賣女性人口聯盟。她的著作包括《職業女性的性騷擾》（*Sexual Harassment of Working Women*，一九七五年）、《女性的生命、男性的法律》（*Women's Lives, Men'ss Law*，二〇〇五年）和《蝴蝶政治》（*Butterfly Politics*，二〇一七年）。在《蝴蝶政治》這本書裡，她寫道「在不穩定的政治體系裡，做出正確的小規模干涉，將為造成龐大複雜的迴響」。[1]她持續寫作，也持續參與在美國與世界各地的性別平等議題，她對不平等、色情與仇恨言論的研究，影響了加拿大最高法院的判例。

這本現代政治觀念的歷史，正一步步把我們帶向今天。在這一章，我們來到一九八九年，但在我們正式邁入一九八九年以前，我想很快地回到這本書的起點。不是回到霍布斯，而是回到瑪麗．沃斯通克拉夫特和她的著作，《為女權辯護》。在我討論過的所有作品中，這是我最喜歡的一部，因為在我看來它最具人性化。《利維坦》是一部鉅著，卻是一本稍嫌不近人情的書，它與科幻小說只有一步之遙，但沃斯通克拉夫特與珍．奧斯汀也只有一步之遙。沃斯通克拉夫特對現代政治的基礎提出了挑戰，而我們之前尚未回應。然而，試著說出這個挑戰的回應，或甚至指出提出回應之困難卻十分重要。

沃斯通克拉夫特所提出的挑戰是：我們建立了現代國家，而現代國家是現代政治的基礎。與此同時，藉由建造現代國家，我們創造了一個怪物，並希望它能夠保障我們的安全。現代國家存在的目的是為了保護我們，因此我們賦予它特殊的權力，因為我們認為國家需要這樣的權力以保障我們的安全。但我們也知道，在絕大部分的時間裡，我們的生活不會被國家干涉。沒有國家是無所不能，而事實上，多數的國家會對多數事務置之不理；但，我們也意識到，那些生活中不會時時被國家干涉的面向卻也不是毫無惡意的，因為生

1 編按：麥金農將「蝴蝶效應」（Butterfly Effect）的概念套入了政治領域中，而蝴蝶效應亦即一種細微的連鎖反應，看似無關的事件將帶來劇烈的改變，即遠方蝴蝶的振翅卻可能引發此地的龍捲風。

活裡不會只發生好事——在我們的家庭生活、私人生活、個人生活中，甚至是我們的家裡或街上，不好的事情總是會時不時地發生。這包含了那些不公正、殘忍、暴力的事情，甚至是釀成死亡的事情，而國家通常對這些苦難不感興趣。所以我們應該怎麼做呢？我們該怎麼面對那些在我們生活中，那些國家不感興趣、而我們卻依然需要被保護的面向？這不是霍布斯所想的那種關乎政治基礎的保護，不是保護我們免於戰爭、內亂、外國侵犯、經濟崩潰和其他大規模災難；這是關乎在日常基礎上，保護我們免於日常壓迫者的侵害，而這些壓迫者有可能是我們的丈夫、愛人、父母、雇主、陌生人，甚至是男人。

我們可以這麼回答這個難題。既然我們建立了國家，那麼我們可以微調國家的存在，可以重新設計這個人造物，讓它也有能力處理日常基礎上的不正義。正因為國家只是機器，所以我們可以試著讓這個機器運作得更加良好。但這種理性主義的論述，正是讓沃斯通克拉夫特對國家抱持懷疑的原因，因為國家不僅只是一台機器，而是一台由我們製造而成的機器，因此它原型是人類。既然如此，我們怎麼有辦法能確定國家不會單純複製那些我們希望國家能解決的日常出現的不正義？比起作為能把我們從常態威脅中救出的機器，國家反而有可能讓這種常態的不正義升級，這就是沃斯通克拉夫特藉由描繪日常的男女關係所指出的危險。從許多層面上看來，男女關係從根本上來說就是不正義的，而且兩者會相互腐化，因此這種關係需要救治。然而，如果我們選擇了國家作為救治這些不正義關係的工具，如果我們在選擇之前沒有先確定國家不是這些不正義關係的升級版本，那麼我們只是在惡化整個腐化的情境。

在沃斯通克拉夫特看來，她在十八世紀末所見到的國家確實只是單純複製了男女關係中的錯誤。她眼中的國家充斥了男性的慾望、權力、殘暴，以及隨之而來的男女雙方的相互依存與相互腐化。這意味著如果國家要解決這些問題，國家必須先解決自己的問題，而我們目前還不知道國家要怎麼做到這一點：因為機器無法自主修正。這構成了沃斯通克拉夫特挑戰的政治難題：如果國家是由我們所組成，而我們人類又是如此容易腐化，那麼我們要如何能夠擁有不只是再現甚至放大問題的國家，尤其是在「國家」原初便是被創造出來解決這些問題的前提下？針對這個挑戰，我們討論過的作者群基本上提供了兩種答案：第一種是自由主義的答案；另一個則是馬克思主義的答案。

自由主義的答案是，我們應該專心把國家視為一種機器，並且只使用它機械、無人性的那一面，盡可能讓國家遠離這些日常生活中的不正義。我們讓國家處在超然的位置，藉由把國家變成依循規則運轉的機器來確保國家是可靠、不會涉及不正義的。其中一個用來描述這種國家的詞彙，是說國家是中立的，國家不會偏袒任何一方，因為國家對這些不正義的經歷不感興趣。國家所做的將只會是應用已然建立的規則。如果這意味著國家會有點去人性化，那我們也只能欣然接受；而如果這麼做依然失敗，如果因為多數機械化的國家依然保有人性的一面（畢竟這些國家是依照人類為範本所建造），那麼還有一個解決方法：賦予公民權利，讓公民得以藉由這些權利保護自我免受國家侵犯，並試著確保公民能夠被保護，確保他們免於被國家的專斷權力干涉；同時也藉此希望，如果情境允許，公民得以藉由權利影響國家。這些權利有些被明文寫在法律裡、是被法律保障的權利，有些則是透過投票的方式表態出來的政治權利。這讓公民有辦法令國家得知其作為踰越了職責、讓國家知道它正在惡化事態、讓國家知道其盲點，甚至讓國家知道國家對其所作所為一無所知。這種想法呼應了康斯坦對自由國家的理解。在康斯坦看來，國家是中立組織，保護我們免於互相傷害，但同時也仰賴我們來告訴國家，什麼時候我們需要國家保護我們免於國家的侵犯。

這種自由主義論點有個極為強大的女性主義版本。採取自由主義立場的女性主義著重於賦予女人權利，包含對抗那些潛在壓迫者的權利，以及那些當國家成為壓迫者時得以對抗國家的權利。這將意味著重要的是確保女性有投票權，並因而構成了現代自由女性主義的一種經典論述，即國家必須賦予女人投票權。然而投票只是必要條件，卻不是充分條件。自由女性主義者希望能夠賦予女人更全面的參與權，包含得以享有不同形式社會福利的權利。唯有如此，當國家表現出偏袒其中一方的利益時，另一方的人能夠有足夠的基礎救治國家偏頗的情形。

以上就是自由主義的模式。在馬克思主義者看來，這種版本的政治只是圖利自身的胡言亂語，因為認為可以創建公正中立的國家過於天真。建構現代國家的是資產階級主導的資本主義社會，這種社會建立國家的目的，自然是用來保障這個社會賴以維生的不正義。國家是被用來確保這種不正義不會被救治，而非用來確保我們有辦法救治既存的不正義。這表示馬克思主義者提出了與自由主義截然相反的論點——給予人民更多權利並沒有辦法拯救人民；同樣地，確保國家盡可能地中立也無法拯救人民。唯一拯救人民的方式，是擺脫這種宣稱是中立的國家，並且用另一種存在著明顯偏好的國家取而代之，因為你會需要與被壓迫者站在同一陣線的國家。

馬克思與恩格斯——尤其是恩格斯——把這個論點套用在家庭關係上，也用這個論點來解釋性別與權力的問題。馬克思主義的論點指出，在資產階級社會裡男人實質上占有女人，而那管理男女關係的法律、理應要是中立的法律，實質上一點也不中立。資本主義情境底下的婚姻關係只是一種財產關係，這產生的結果是婚姻與賣淫在本質上沒有什麼差別，因為女人只是財產，而男人剝削女人。從這個馬克思主義的觀點看來，正因為婚姻的定義是把女人視為財產，所以任何想要改善婚姻法、想要讓婚姻法變得更為公正的嘗試都沒有意義，因為要保護女人，該做的並不是改變法律，而是改變整個社會的根基，但這會需要一場革命。我們看到了自由主義者與馬克思主義者各自從自己的理論基礎出發，試圖回應這個問題：我們要如何阻止國家重現那些我們希望國家能夠解決的不正義？自由主義者說，我們需要更公平的國家；馬克思主義者則說，我們需要更公平的社會。這一章的主角凱薩琳・麥金農提供了一個很特別的答案。她說，從要賦予女人權利這長久掙扎的歷史看來，兩派的答案都不夠充分，自由主義與馬克思主義的回答都無法奏效，因為他們實際上並沒有回答這個問題。

麥金農是一位訓練有素的律師，這本書裡唯一提及的另一位律師則是甘地。有些人會認為，甘地也是某種女性主義者。但如果是這樣，甘地會是相當奇特的女性主義者。甘地對性別（甚至可以說尤其是性別）有一種相當奇怪的態度。他崇尚貞節，也抗拒性的誘惑，甚至提倡結了婚的伴侶應該禁慾。甘地也試圖落實他所宣揚的理念，會特別花時間與年輕女性近距離接觸，只為了確認自己不會和她們有性行為，而他從來不曾相信他的性生活足以作為整個社會的典範，因為他對性生活的態度太過嚴苛。他認為女人應該抗拒被視為「性的符號、玩物或洋娃娃」。有一種說法是，甘地對非暴力的理解是一種女性的政治，而他所對抗的則是那充斥著暴力與壓迫的父權政治。

但要說甘地是一名女性主義者，意味著我們必須要將他思想中不同的面向分立出來、重新編織組合。女性主義最多只是激發甘地寫作的眾多原則的其中一個分支。事實上，在麥金農眼中，多數的女性主義者都是如此，因為女性主義只是他們思想的一個元素，而這也是麥金農認為自由女性主義出錯的地方。自由女性主義對日常壓迫的回應，並不是以女性主義為主、自由主義為輔的回應，而是以自由主義為主、女性主義為輔的答案——這個回應是先以自由主義的原則出發，再而嘗試著挪用這些原則來回應所謂的「女性問題」，在這樣的政治分析裡，女性只是附帶而非主要。

馬克思主義也是如此。馬克思主義的女性主義論述並不始於對男女關係的討論，而是起於資產階級與無產階級的關係，再而嘗試著將這個論點延伸至所有其他面向，包含性別與性關係。麥金農認為這不是真正的女性主義。在她出版《邁向女性主義國家理論》前不久，麥金農寫了一篇文章盡可能清楚地說明了這一點。她說，世界上存在著各式各樣的女性主義，包含自由女性主義和馬克思主義的女性主義以及其他。她指出，如果你願意的話，你可以擁有任何形式的女性主義，只要你把某種關於正義的原則應用到女性在社會中應該被如何對待的問題上，你就會得到一種新的女性主義。你可以有生態女性主義（Ecological Feminism）、素食女性主義（Vegan Feminism），你甚至可以有一個霍布斯式的女性主義（如果你真的想要的話）。但麥金農堅持認為，唯有激進女性主義（Radical Feminism）才是最純粹的「女性主義」，因為這種女性主義不帶有任何前綴。女性主義的激進形式，只是單純地以女性主義作為出發點思考問題的模式，從女性主義出發，而不是以女性主義結束。如果你從女性主義出發來思考問題，那麼你會發現，不管是自由主義還是馬克思主義的答案，最終都不是在保護女人免於男人的壓迫，因為它們的答案所關懷的是其他事物，是保護個人抵抗國家（自由主義），或保護勞工抵抗資本家（馬克思主義）。而正因為它們所關切的是其他事物，它們並沒能真的回答沃斯通克拉夫特所提出的問題——我們該怎麼保護女性免於男性的壓迫？

那麼在麥金農眼中，自由女性主義到底出了什麼問題？她認為自由主義的問題在於，自由主義想要建立一個中立、獨立於所有衝突之上的國家是錯誤的嘗試。自由主義所理想的國家，是不會選邊站、只會單純從證據判斷優劣的國家，並認為這將會是個公正的國家。這樣的國家將不會複製人類的偏見與激情、將會是人類的救贖，因為自由主義國家的目的，就是要拯救我們免於落入我們最糟糕的一面。但麥金農說，如果你有一個從根基上就不正義的社會，如果社會裡男女之間的權力關係從根本上就不正義，那麼中立的裁判也不會試圖去糾正這種不正義，因為中立只會重現這樣的不正義。即便一名裁判拒絕在一場比賽中選邊站，但只要這場比賽中有一方享有所有權力，那麼這個裁判所做的，也只會是確保比賽的結果終將由享有權力的一方持續獲勝。

麥金農認為自由主義國家本質上是由男性主導的國家。自由主義國家試圖藉由宣稱自身的中立來掩蓋這個事實，但正如她所說，任何嘗試與國家打過交道的女人都會明白，國家一旦宣稱保持中立不選邊站，實際上就是選擇站在男人那一邊。自由主義國家總是由男性組成，國家裡那些享有重要權力的角色，也幾乎都是由男性所構成，包含了政治家、法官與警察。這樣的國家將藉由男性的視角來觀看世界，並且讓男性的權力完好無缺，然後再自稱這是中立的立場。我們可以透過一個比喻來理解這件事情（這是我的比喻，不是麥金農的）。讓我們想像一場體育競賽，然後選擇一項你想要參與競賽的運動，這可以是足球、籃球、網球或其他運動，參與運動的運動員可以有男人也有女人，這無所謂。重點不是體育競賽裡的男女關係，而是權力關係。在決定好競賽項目與參賽選手的組成之後，讓我們接著把這場比賽設定成由十八歲以下成員組成的隊伍對抗十二歲以下成員組成的隊伍；然後我們繼續假設，這場比賽的規則將會依照那個運動項目的常規舉行，因為這些常規通常都是公平中立的。在這種團隊競賽裡，通常都會有一個裁判，而裁判的工作就是盡可能維持全然的中立、不選邊站、依據規則判罰。讓我們想像一下，就算所有人都遵守規則，這兩個隊伍之間的競賽會發生什麼事情：十八歲以下的隊伍會遵守規則，十二歲以下的隊伍也會，裁判也會公平地依據規則判罰，因此這是一場有著中立裁判的比賽，但十八歲以下的隊伍永遠都會獲勝。

對麥金農來說，這就是在存在深層結構性不正義的社會裡，引介全然中立的裁判，然後要求這個裁判全然中立地依據規則判罰後會發生的事情。無論裁判多麼謹慎地依據規則吹判，他的所作所為都確保了永遠獲勝的一方將會持續獲勝。如果從一開始，所有的權力就集中在男人身上，然後在這樣的情形下開始中立地吹判，男人最終還是會享有所有的權力。

麥金農認為，自由主義之所以會失敗，與消極自由的觀念息息相關。誠如她所說的，人們之所以會被消極自由的觀念吸引，是因為他們希望能得到免於國家專斷權力的保護。人們想要能夠自由地生活、自由地犯錯，自由地用他們的身體、財產、信仰與價值觀來做想做的事情。消極自由的觀念預設了我們是自己命運的主人，但是麥金農指出，消極自由是一種會吸引不需要消極自由的人的觀念，被吸引的人根本不需要消極自由，因為他們早就已經擁有這樣的自由——他們擁有了權力，而這意味著沒有人能夠在實質意義上阻止他們做他們想做的事情。與這些人比起來，那些相對無能為力的人，即便會因為在生活場域擴展自由的疆界而受益，他們也不會想要更多的消極自由，因為這些人知道，消極自由並不會對他們的處境造就任何差別。

麥金農認為，那些熱愛消極自由卻又不需要它的人往往是男人，更重要的是，有財產的男人。如果你想要過一種能夠擁有犯錯的自由的人生，這往往是因為你有足夠的本錢讓你犯錯，因為你幾乎能夠確定你所犯下的錯並不會對你造成致命的損傷。這和托克維爾對美國的看法有些相似。托克維爾認為美國有本錢犯錯，因為它犯下的錯誤不會致命，而最終，這導致了某種政治上的自滿。在麥金農看來，任何認為自己犯下的錯不會是致命錯誤的人，都是已經被制度保護的人。消極自由在本質上是一種富含這種自滿意味的觀念，對那些隨便犯下一點小錯都可能造成致命損傷的人來說，他們深深明白，制度不僅沒有保護他們，系統甚至選擇了與那些有本錢犯錯的人站在同一陣線。在現存的制度裡，消極自由對那些真的能從這個觀念中受益的人來說，沒有半點好處，因為這些人所需要的是截然不同的制度。

從這個角度看來，麥金農聽起來應該要是個馬克思主義者，或至少是積極自由這個觀念的捍衛者，而積極自由這個觀念多少受到馬克思主義啟發。如果單純被保護、單純免於被專斷權力干涉尚不充分，因為我們真正需要的是有自我滿足的能力，我們難道不應該活在賦予我們這種能力的國家嗎？但麥金農指出，這種馬克思主義的論點犯下了一個致命的範疇錯誤，那就是它以為我們可以輕易地轉化一種階級不正義，並用它來解釋所有形式的不正義。馬克思主義以為一旦正視階級不正義的問題，那麼所有其他不正義的問題也將迎刃而解。在馬克思主義思想的背後存在著一種信仰，相信一旦有了正確的政治革命（那種讓勞工掌控一切的革命），那麼包含婚姻、家庭關係、工作關係與所有社會裡的人際關係，也都自然而然地會趨於和諧。麥金農認為，我們完全沒有理由要相信這種信仰會成真。

當幾乎所有馬克思主義理論都預設了勞工是男人的情況下，為什麼所有存在於男女之間的不正義，都會隨著勞工掌權而消失？麥金農用非常驚人的術語來形容馬克思主義者得勢後的事態。她說，馬克思主義版本的女性主義，讓女人淪為被「公民社會」（civil society）宰制的對象。歸根究柢，社會主義是一種以社會對抗政治的主義，因為它是「社會的主義」（social-ism）。在純粹的馬克思主義理論裡，一旦勞工掌權，國家或多或少就失去意義，國家將不再是必要的存在，因為社會得以自我管理；在麥金農看來，自我管理的社會就是自然狀態，而這也是她認為一旦國家消失後，女人將會面對的命運。她說，在馬克思主義革命之後，「女人將被交給公民社會處置，而對女人來說，這更近似於自然狀態。」自然狀態是霍布斯的術語，但麥金農用它來表述的並不是如霍布斯那樣用來說明國家出現以前的事態，而是用來說明男性主導的革命取消了國家之後的事態。

這意味著麥金農的論點，實質上認為霍布斯版本的自然狀態是錯誤的，她認為霍布斯理解錯了順序。霍布斯的基本預設是，當人類之間的關係只存在著自然關係時，人與人之間是平等的，我們都一樣脆弱，因為人類是脆弱的動物。我們有強大的腦袋，卻有著脆弱的身軀，而這讓我們很容易就會被殺害。對霍布斯來說，自然狀態的基本事實是，任何人都有能力可以殺害任何人。所以霍布斯式的國家是被創造出來，確保人們可以脫離這種脆弱的平等；但麥金農認為，即便你接受了這點，即便你以這種方式來建構政治社會、讓國家來保護你，在自然狀態中最深層的不平等依然存在。對麥金農來說，自然狀態的核心事實便是人類並不平等，這並不是任何人都有能力殺害任何人的狀態，而是男人會殺害女人的狀態。在這個狀態下，殺害女人的男人數量遠超過了殺害男人的女人，因此一旦你認為成功救治了公民社會根本的不正義，並因此抹消了國家的存在，你所做的只是在革命大業中遺漏了自然狀態中深層的不平等。在奠基於這種不平等的社會裡，一旦沒有了國家的存在，只是把女人拋給男人宰制，男人便會讓女人的生命變得可憎、野蠻、短暫。

麥金農使用了霍布斯式的語言，但她拒絕接受霍布斯關於國家起源的故事，而她也認為自由主義和馬克思主義版本的女性主義都無法解決最根本的問題。從這點看來，她的論點幾乎全然地批判了我在這本書所談論的一切，但她的論點並沒有要全然否定國家；與此相反，她的論點旨在邁向一個女性主義的國家理論。但要邁向女性主義的國家，也意味著要遠離我們所接受、從霍布斯以來對國家的想像。

麥金農很直白地提及韋伯，認為韋伯所提出的國家只是重現了國家應該要解決的問題。韋伯提出了對國家最著名的定義：把國家定義成得以成功宣稱它合法壟斷暴力的組織，而人們之所以接受國家的宣稱，是因為想要藉由合法的暴力來保護自身免於其他形式的暴力與壓迫。然而麥金農說，在這樣的國家裡，有許多暴力並不會被國家觸及，尤其是存在於男人與女人之間的暴力、男人對抗女人的暴力。如果國家是唯一一個被允許行使暴力的組織，但與此同時國家又默許其他形式的暴力持續存在，那麼國家等同於合法化了這些被默許存在的暴力，而對女人來說，現代國家便喪失了基本功能，因為國家沒能制止的所有暴力，都將成為國家所認可的暴力。

麥金農的論點不只是關於霍布斯和韋伯。麥金農從根本上不認為現代政治（甚至是現代性本身）是如同其先知們所宣稱的那種重大轉折。她抨擊那些認為一旦我們建立現代國家，我們就把中世紀的迷信拋諸腦後的人。我們並沒有因為建造現代國家就改變了世界，我們沒有把世界從髒亂醜陋又暴力的環境，轉化成乾淨有效率又機械化的世界，麥金農認為這種想法只是幻覺。維多利亞時期有一位名叫亨利．曼恩（Henry Maine）的律師，曾經提出一個區別前現代與現代世界的方式，而這個區別變得非常有名。曼恩說，隨著現代性的到來，我們從階級的社會踏入到合約的社會。在階級的社會裡，你可以藉由出身而恣意妄為：你是某某人的兒子、擁有某某頭銜之類的（而如果你是女人，除非你非常幸運得以剛好是某某人的女兒或妻子），這是一個出生就有各種利益伴隨的世界；然而合約的社會則不然，合約的社會是自由主義的理想，運作的根本前提是我們得以自由地與其他人進行交易，並且在交易的過程測試彼此的底線，藉此營造人際關係。根據這個維多利亞時期的觀點，當我們從階級邁向合約社會，我們同時也逐步邁向自由。

我們有許多理由（不只是馬克思主義的理由）認為這是一個太過簡化也太過美化、沒有說服力的觀點。而麥金農所提出的理由是，這個觀點誤解了階級。有一個更為根深柢固存在的階級，在我們從階級社會過度到合約社會後，依然沒能擺脫。在《邁向女性主義國家理論》中，麥金農指出，一旦你見到現代政治與社會深層的社會分化，你就會注意到這種階級依然存在，「由此看來，一旦我們以社會分化的媒介來理解性別，我們將會發現，那種構成中世紀法律基礎的階級範疇，並沒有如人們所想的被自由主義政權對階級、抽象化人格的理念所取代。中世紀的階級範疇依然存在也未曾改變，因為自由主義論述預設了性別是外於法律經驗的階級範疇，這使得性別被壓縮進入那憲政秩序出現之前的假想社會秩序裡，而這種壓迫，正是來自於那被設計成刻意忽視這種階級範疇的憲政結構。」這意味著在這樣的自由主義政治裡，男人依舊享有他們的階級特權，女人則沒有階級，而最終人的階級將會決定所有號稱是中立競爭的結果，因為如果把中立建構在階級之上，只是在確保有階級特權的人將永遠得勝。

麥金農把這個分析應用在更為廣泛的事務上，不只用這個方式來分析暴力犯罪，也用來分析女性想要改善那根深柢固的經濟與其他形態的不平等。在麥金農看來，常見的反性別歧視立法是一種全然不足的取徑，因為這種立法往往被自由主義者認為是改善女人所經歷的日常不平等與不正義的方式，認為這麼做就會使女人得到與男人相同的待遇。但麥金農認為，這種立法的失敗之處，恰巧反映了把中立視為法律根本原則的想法，存在著什麼樣的根本問題：「在反性別歧視法所處理的議題上，人類的隱性參照是男性，而男性特質被作為平等權的衡量基準。在主流的詮釋中，這個法律是中性的，因為它不怎麼賦予女人那些它也無法賦予男人的事物，法律一方面維繫著性別不平等，一方面表現得彷彿面對了性別不平等的問題。在這個法律所闡釋並維繫的性別觀念裡，性別依舊被視為權力分化。」

如果男人享有階級特權而女人沒有，女人將會持續地落敗，因為中立的法律永遠不會賦予女人那些男人獨享的特權。這有點像是一場十八歲以下的隊伍與十二歲以下隊伍進行的賽事，唯一能確保十二歲以下的隊伍有機會獲勝的方式，是法律不會對兩方採取公平與平等的判罰標準。如果有一方需要一些協助才能克服困境，我們應該要拋下中立原則，並正視在規則與競賽之前便存在的基礎的結構不正義。在這樣的不正義面前，決定誰贏誰輸的並不是競賽本身，因為早在比賽開始前我們就已經知道誰勝誰敗。

如果要讓十二歲以下的隊伍有機會取得勝利，那麼只仰賴中立原則全然不足。我們必須要有某些規則來約束十八歲以下的隊伍。在麥金農的論述裡，存在著一個很基本的霍布斯式的前提，儘管麥金農反對霍布斯對政治應該如何運作的論點，也反對他認為人們藉由建立現代代議制國家進而徹底改變了事態的想法。麥金農如此樂於使用自然狀態與國家這些霍布斯式的語言，並不是純粹的巧合，因為國家之所以存在，便是為了使用暴力來對抗其他形式的暴力，而核心問題始終不曾改變：有哪些其他形式的暴力，是我們希望國家可以處理的？

麥金農不曾掩飾她蔑視許多理解現代政治的不同方式，但麥金農並不反對國家這個現代政治的基本觀念。在她看來，自由主義國家不足以處理問題，因為所謂的沒有立場的公平本身便是不公平；馬克思主義國家也不足以完成應該要完成的工作，尤其是考量到國家在馬克思主義革命後並不會存在這一想望。在麥金農看來，我們還是需要武力與壓迫來對抗武力與壓迫，因為除此之外別無他法——這有點法農的色彩，法農也認為唯有暴力能對抗暴力；但這也不像法農的論點，因為法農是個馬克思主義者，他相信終究會有一種暴力得以全面轉變國家，把國家變成某種超然於既存社會秩序以外的事物。法農相信在未來，所有人類關係中的問題都將得到和解，而他幾乎不曾提及男女之間的政治關係（除了他對病患的筆記，而在其中他又太過於描繪男性的性能力）。在法農的思想中，幾乎不存在任何論點讓人們得以相信男女之間的關係將會隨著暴力革命而改善。

讓麥金農知名的不只是她的政治理論而已，她同時也實際參與了許多女權運動。其中一個讓她聲名大噪的也許是她投身反對色情的運動，試圖讓色情成為非法事物。色情這個議題展現了麥金農的理論如何能夠被應用到廣泛的議題上。在麥金農看來，色情是一種針對女人的暴力，是一種暴力的展現。而針對那些認為色情只是表現了暴力（畢竟色情不是真正的暴力）的人，麥金農反擊道：表現暴力就是複製了真實的暴力。色情就是色情，所蘊含的暴力存在於所表現的事物上，但對許多人來說，色情是棘手的政治議題，這些人也包含了自由主義者。

對某些自由主義者來說，色情的問題並不棘手，尤其是當他們開始轉向放任自由主義（libertarianism）時。色情可以單純地被視為原則問題，而這會把色情變成了一個關乎言論自由與合約自由相關的問題。如果有些女人將色情視為一種謀生方式，我們憑什麼去阻止她們？如果有很多人（多數是男人但也包含女人）想要享有色情消費，我們又憑什麼去阻止他們？我們應該要阻止的是在製造色情時可能會發生任何不容懷疑、針對弱勢尤其是孩童的暴力，而這一點連放任自由主義者都會同意。但如果色情是合意表現性行為的結果，且在這種色情表現中，人們得以自由選擇其作為，也能自由選擇其消費內容的話，色情將會成為關乎權利的問題。如果我們認為有些形式的色情有礙觀瞻，不只是因為這些色情被生產的方式，也因為我們認為這些色情所蘊含的內容與良好社會不符，也許我們會想要把這些形式的色情定為非法。但一旦色情成為一個關乎自由的問題，那麼在多數的自由主義社會裡，多數的色情會被允許，因為自由主義者傾向對色情寬容。

馬克思主義者對色情的看法，就像他們對多數事情的看法一樣。他們會認為，如果我們能改正現代社會的基本結構問題（即資本主義），那麼所有其他問題都會跟著消失。在馬克思主義者看來，色情是典型的資本主義產業，有許多資本家的財富都是構築在色情相關的產業之上。這意味著在革命之後，人們將不再需要色情。因為人們將會得以享有自在尋愛的自由，人們也能在求愛關係裡，自由地向彼此展現彼此應得的敬意。沒有人會想要在尋愛的過程中獲取利益，人們將會找到適宜的表達自由。在這個論點中，一個馬克思主義社會裡，是絕對不容許色情存在，因為在這個社會裡色情沒有存在意義，也悖離了馬克思主義的傾向。在真正的馬克思主義社會裡（這表示這些社會經歷過馬克思主義者所宣稱馬克思主義革命，並建立所謂的共產政權），人們對色情往往抱持某種清教徒一般的態度，也遠較自由主義社會更有可能將色情視為非法。

當我還是一名學生時，一九八九年發生了一件最讓我印象深刻的事情。那一年，凱薩琳．麥金農出版了《邁向女性主義國家理論》；同年，柏林圍牆倒塌，而這會是我們下一章的主題。但在這裡，我要說的是一個小故事。在一九八九年的春季，我前往羅馬尼亞旅行。當時的羅馬尼亞仍然是所謂的共產主義社會，由東歐最糟糕的獨裁者中之一，尼古拉．塞斯庫（Nikolai Ceausescu）和妻子埃琳娜（Elena）統治。在當時，我去了東歐旅行幾次，包括波蘭、匈牙利、東德與捷克斯洛伐克。但一九八九年的羅馬尼亞，絕對是我旅行過最糟糕的地方。那是一個極度壓抑、非常貧窮和悲慘的社會，但在這樣的社會裡，卻充斥著最為可愛的人。我那麼喜歡在東歐旅行，部分原因是東歐的人們總是非常友善，在旅行之中很容易交到朋友。在當時，想要進入這些國家並不是那麼容易，但是一旦你到了那裡，人們總會對你敞開心扉，歡迎你造訪他們的家園。

當時的我是一名二十一歲的學生，也在羅馬尼亞旅行的期間與一群學生成為朋友。他們有些人和我同年，有些人比我年長。然後他們邀請我到其中一個人的家裡，因為那個人的家裡正舉辦某種聚會。顯而易見地，就算這些人不是什麼異議分子，這也是由對政權日漸失去耐心的人們所組成的聚會。聚會的人有男有女、相談甚歡，他們也招待我許多食物，是段美好的時光。然後在夜暮深沉時分，房間裡的男人們突然說，女士們必須回家了。於是在場的女士離席，而男士們則邀請我們（當時我和另一個英國男子共遊）留下來渡過這個夜晚的高潮節目。他們把我們帶下樓，來到地下室、拉上窗簾，然後放了一部電影：那是一部西德的色情片。我們應該要帶著一種虔敬的心態來觀影，而這是我人生中最幻滅的一刻。我還記得當時的我有多震驚，也記得當時的困惑：難道這就是自由對他們的意義嗎？先不管共同觀賞色情片所帶來的社會意義有多難堪，這也是一種政治上的難堪感受。當時的我並不知道該怎麼理解這一切，也不知道該怎麼反應。於是我們找了個藉口離開聚會。

色情似乎是非常困難的政治問題，因為看起來它的確觸及自由的基本問題。但麥金農說，如果我們還記得國家的存在是為了保護我們免受暴力侵害，那麼色情就不會是困難的問題。我們不必寬容色情，不用假設色情關乎了人們的自我表達與藉由自認合適的方式自我享受的權利，因為色情不是消極自由的問題。麥金農的論點在於，色情更像是人口販賣而不是言論自由。我們幾乎可以肯定，被捲入色情的人總會在某些方面受到壓迫，這些人是更深層次的結構不正義、不平等與潛在暴力的受害者。

我們知道要怎麼處理人口販賣的問題，因為這不是困難的政治問題，雖然把政治理論付諸實踐總會存在著困難。當我們發現人類被強行轉移、拘禁、僱用和剝削時，我們知道必須要採取什麼樣的行動、必須要解放他們。我們不會去煩惱那些非法販售人口的人的權利和自由，因為我們要解放被壓迫的人。麥金農認為，正因如此，在面對色情時，我們該做的事情就是把色情視為一種人口販賣的形式。在良善的自由主義社會裡，我們會對人口販賣採取什麼行動(或至少當我們發現時，我們會試圖採取什麼行動)？我們會竭盡全力確保這是非法的，我們會禁止人口販賣、打壓人口販賣以確保它不會存在，我們會採取暴力來對抗人口販賣，而我們所採取的便是國家暴力。麥金農認為，我們也應該如此對待色情，這依舊是以國家為基礎的論點；但這同時也是一個，指出在這本書裡所提到的其他以國家為基礎的論證都有所不足的論點，因為在那些論證中，我們忘卻了國家的目的是什麼：國家應該為我們服務，但如果身為女人，在那些論證中，國家並沒有保護我們，國家棄我們於不顧。

麥金農關於色情的論點，以及更廣義地，她對國家應該如何使用權力的論點，都極富爭議。即便在女性主義裡，這也是極具爭議的論點；但在女性主義之外，這個論點的爭議性更強。自一九八九年迄今，世界發生了重大的轉變，女性主義也產生重大的變化。在今天，我們有各式各樣的女性主義思潮，論及各式各樣的議題，包含了色情。還是有許多自由女性主義者不喜歡禁制色情的想法。有些女性主義者認為麥金農的論點太過法學，因為這是以國家為基礎的論點，但同時也是以法律為基礎的論點。麥金農是一名律師，她筆下的許多議題都是關於法律議題的技術性討論，而有許多女性主義者想要得到不受法學概念束縛的正義觀——這些女性主義者想要思辨的是更宏大的問題，這包含了文化、表現與性別認同的問題。

但從一九八九年迄今，還有一些其他事情也產生變化，色情也有所改變。它不見得變得更糟（我對此並不清楚），但確實變得更加廣泛，其中一個變化就是網路。網路是一部傳播色情的機器，當我想到一九八九年的羅馬尼亞，然後又思及今天的羅馬尼亞，我相當確定色情在今天的羅馬尼亞就像色情在世界任何角落一般普遍。在今天，要接觸色情應該已經沒有必要等到晚餐過後，聚在某個人家裡的地下室並拉上窗簾。儘管中國是世界上最後幾個仍然堅持想要反對色情的地方，而部分原因是因為中國依然自詡是馬克思主義國家，但坦白說，這種堅持正在失敗，因為在網路的時代，色情無所不在。我們無法想像在這個時代要怎麼禁止色情，色情無所不在，因為資訊也無所不在。現在看來，我在一九八九年的經歷彷彿不是上個世代發生過的經歷。我已經不記得當年在羅馬尼亞，人們用什麼樣的科技來播放那些色情片，但我很確定片源不是來自網路。一九八九年並不是前現代的世界，但它是數位化之前的世界，而從今天看來，那幾乎像是某種前現代的體驗。

這意味著在麥金農的分析裡，還有一個基本的問題沒被解決。這是關乎今日國家的基本問題，而這也是我在本書最後一章將要討論的問題。我不會討論這個問題和麥金農或女性主義或色情的關係，因為我想討論的是更大的議題。在網路的時代，在這個網路串聯、資訊無孔不入、無限存取的時代，在這個資訊（包含色情）超脫了消極自由的範疇、幾乎如同成為呼吸的空氣，讓我們難以察覺其存在的時代，國家還有足夠的權力來面對自身的不正義嗎？我們還是可以如此宣稱：我們創造了國家，並且賦予國家所有合法壓迫的權威，並期望國家會使用這種暴力來保護我們。但現在是二十一世紀了，不是二十世紀，更遑論十七世紀。我們可以問：我們賦予國家所有的權力，但這樣夠嗎？

第12章

法蘭西斯・福山論歷史

《歷史之終結與最後一人》

（*The End of History and the Last Man*，1992）

法蘭西斯・福山（Francis Fukuyama，一九五二年至今）出生於芝加哥的海德公園，祖父是移民美國的第一代日本移民，他在一九〇五年日俄戰爭期間抵達美國，並在第二次世界大戰期間遭到美國政府拘留。福山就讀於康乃爾大學，師從保守派政治哲學家艾倫・布蘭姆（Allan Bloom）。他在哈佛大學取得政治學博士學位，隨後曾分別在知名智庫蘭德公司（RAND Corporation）與美國國務院工作。他曾在喬治梅森大學（George Mason University）、約翰霍普金斯大學（Johns Hopkins University）與史丹佛大學任教。他所出版的其他著作包含《後人類未來》（*Our Posthuman Future*，二〇〇二年）、《強國論》（*State-Building*，二〇〇四年），與兩冊講述政治秩序從史前時期到現今的鉅著：《政治秩序的起源（上卷）：從史前到法國大革命》（*The Origins of Political Order*，二〇一一年）與《政治秩序的起源（下卷）：從工業革命到民主全球化的政治秩序與政治衰敗》（*Political Order and Political Decay*，二〇一四年）。他最近的一本書是《身分政治：民粹崛起、民主倒退，認同與尊嚴的鬥爭為何席捲當代世界？》（*Identity: The Demand for Dignity and the Politics of Resentment*，二〇一八年），探討近年民粹主義的起源，而這包含了那場讓川普當選總統的運動。

在這本書裡，我盡可能地把討論的思想家和他們的名言串連起來。這些名言通常只有四個英文字長，例如：「惹人厭、野蠻與短促（nasty, brutish and short）」（霍布斯）；「有錢人雇傭管家（riche men hire stewards）」（康斯坦）；「多數人的暴政（tyranny of the majority）」（托克維爾）；「全世界的工人，團結起來！（workers of the world, unite!）」（馬克思和恩格斯，雖然這句有五個英文字）；「到奴役之路（the road to serfdom）」（海耶克）；與「平庸的邪惡（the banality of evil）」（鄂蘭）。我猜想漢娜．鄂蘭應該已經受夠了人們把她的思想和這句名言連在一起，因為這句話已經泛濫到開始顯得有些平庸。

然而，在我所討論的思想家中，只有一位作者的名言成了他的代名詞，而他甚至花了三十年左右的時間想擺脫這句話的標籤。這位就是本書最後一章的主角，他的名言成了他筆下最為人熟知的事物，甚至對許多人來說，人們除了他的名言之外，對他的著作一無所知。在一九八九年，法蘭西斯．福山宣告，我們來到了「歷史的終結」（the end of history），而這五個字成了他揮之不去的標籤。在一九九二年，他出版了一本名為《歷史之終結》的書，而他為這本書的標題加了後綴：「與最後一人」（and the Last Man）。從這本書出版以來，福山還寫作了許多書籍、涵蓋了諸多主題，這包含了一部分成上下兩冊、解釋現代國家如何在完成現代世界政治秩序的同時，又摧毀了現代世界政治秩序的鉅著，但他並沒能藉此走出那句讓他出名的名言的陰影。在二〇二〇年三月，我在線上聆聽了一場他在慕尼黑一個會議上發表的演說。這場會議想必是德國封城前最後一波大型聚會。在那場演講中，福山講述了他對歷史的終結的想法，以及長期以來，這句話如何被人們誤解。歷史沒有終結，歷史持續著，而福山也持續想要解釋他真正的論點。

〈歷史的終結〉是福山在一九八九年發表的一篇論文的標題；三年後，他用同樣的標題出版專著。這同時也是柏林圍牆倒塌的一年，實質上標示了冷戰的終結。乍看之下，在一九八九年，西方或自由民主取得了勝利，就像有些人所說，「我們」獲勝了。這表示福山的名聲不僅與「歷史的終結」這句名言串連在一起，在某些人看來，他也和冷戰終幕的勝利主義與狂妄連結在一起。人們常常以為，當福山說歷史終結的時候，他是在說歷史在一九八九年以西方的勝利終結。

結果是，人們誤會了福山。人們總以為福山是一個歡慶自由民主的人，以為他慶祝歷史在自由民主的現代政治崛起並戰勝其他形式的現代政治（包含馬克思主義）後邁向終結。換言之，人們總以為歷史的終結是由勝利者所書寫，也會認為福山是天真的樂觀主義者。人們以為福山認為自一九八九年之後，事態將順風順水地朝著自由民主的方向發展，因為冷戰的終結意味著自由民主再也沒有意識形態上的對手，但歷史的發展顯然不是如此。然而，正如福山不斷堅持的，在《歷史之終結與最後一人》這本書裡，他從來不曾說過以上這些事物。他不可能這麼說，因為這些想法一點道理也沒有。

首先，這不可能是一篇慶祝冷戰結束的文章。這篇文章發表於一九八九年夏天，遠早於柏林圍牆倒塌的時刻。當時人在華盛頓特區、身為一名國務院年輕官僚的福山，不太可能預先知道柏林圍牆將會倒塌，因為在當時應該根本沒有人會這麼預想。〈歷史的終結〉一文最初發表在一本名為《國家利益》（*The National Interest*）的雜誌上，而這雜誌有著略帶晦澀的中間偏右理念。我不認為那本雜誌的負責團隊裡，有任何人會想到福山以及他的論文將會舉世聞名，而正如福山在那篇論文裡所說的，他沒有要預測任何事情。事實上，那篇論文並沒有談論任何現實政治中的特定事件，它所關注的是從更宏觀的角度來論述歷史的軌跡，而這與任何接下來可能會發生的事件都沒有關聯。

這篇最早名為〈歷史的終結〉的論文有些特別的地方。當這篇論文開始推測事態時，它所推測的內容往往會混淆整篇論文的論點。在那篇文章裡，福山認為，無論接下來幾個月或接下來幾年發生什麼事情，他的論點都會成立。在一九八九年夏季，蘇聯和東歐的政權顯然身陷困境，但福山說，就算蘇聯和東歐沒有解體，或甚至解體後發生了政變使得舊體制得以復甦，他的論點依然會成立；他也說無論中東發生什麼事情都不會威脅到他的論點的有效性。他猜想，也許中東會出現某種哈里發政權，這個政權會對西方發出伊斯蘭教令（fatwa）[1]——我們現在知道，這確實發生了，以基地組織（Al-Qaeda）與伊斯蘭國（ISIS）為名。福山說，不管發生了什麼事情都不重要，歷史依然處於終結。在那篇論文裡，福山沒有想要預測個別事務的發展，他的論點是關於某種政治形式，關於那獲得勝利的政治形式，而這樣的政治形式之所以勝出，並不是因為歷史終止了或歷史停滯了，而是因為歷史遇上了一組觀念，而這組觀念讓人類的歷史無處可去。這組觀念沒有任何合宜的後繼者，因為自由民主這種現代政治的形態，同時也是現代政治所能企及的最終形態；唯一的替代方案是擺脫這種形態的政治，重新回到那些已然失敗的觀念與制度裡。歷史並沒有因為一九八九年發生在自由民主政體上的事情而終結。事實上，正如福山所堅持的，這是一個荒謬的想法，因為在一九八九年，自由民主並沒有什麼改變。蘇維埃政權發生劇變、開始分崩離析，但在一九八九年，自由民主整體的情境與一九八八年相比並沒有太大的差異；坦白說，將一九八九年的自由民主政體與其他歷史時期的自由民主政體相比，也沒有什麼太大的差別。如果歷史在一九八九年終結了，那將意味著歷史早就終結了，因為自由民主這個代表現代政治意識形態最終樣貌的政治形式，早在冷戰終幕的高潮前就已經成形——成形的時刻甚至遠先於冷戰。福山認為，歷史終結的起源始於十九世紀初期，他把這個現象聯繫到一位我在這本書裡沒有論及的哲學家：黑格爾，而我也不會以黑格爾作為現代政治形式的起點。重點是，福山認為十九世紀初期概念化政治的方式以及當時對政治的理解，到了二十世紀末依然適用，但除此之外其他一切都逐漸凋零。

這個論調並沒有什麼勝利主義的意涵，他認為我們僅存的就只剩現代、自由、民主的國家。這是在歷經二十世紀恐怖的創傷後，唯一倖存的政治形式，因為其他的政治理念都在二十世紀的經歷中走向毀滅。作為個人，我們擁有全然開放的人生選擇（因為我們所享有的自由確保了這一點），但我們已經失去了集體構思更好的政治形態的能力。正如福山在二〇二〇年年初的演講中所說的，他依然認為這個想法基本上是正確的。中國很有可能提供了一個不同於西方的政治模式，但福山認為，至少就意識形態的場域上來說，中國的模式並不是西方意識形態的競爭對手。中國模式的現代政治當然不是民主政治，而從許多面向上看來也不是自由的政治（儘管是一個資本主義式的政治）。中國可以做出一些西方國家無法完成的事情，尤其是對公民的控管權，但中國和西方的差異，就

1 編按：由伊斯蘭學者對於伊斯蘭教法議題做出的宗教性詮釋。

會讓中國的模式構成比西方更好的政治觀念嗎？福山對此抱持懷疑的態度。福山是正確的嗎？在這一章的最後，我會回過頭回答這個問題。

福山不是勝利主義者，也不是一名先知。但我們可以肯定的是，在一九八九年年底，福山變得非常有名，成為世界最著名的公共知識分子之一。當他在一九九二年出版專著時，他已經把原始文章中的黑格爾置換成另一名十九世紀的德國哲學家：尼采（Friedrich Nietzsche）。福山從尼采得到了靈感，為《歷史的終結》這本書加上了後綴：最後一人。福山之所以轉向尼采，是因為他接受了他大學教授布蘭姆的建議。布蘭姆寫了一本出乎意料的暢銷書：《美國智識精神的封閉》（*The Closing of the American Mind*），之所以說出乎意料，是因為這是一本學術專著，也是一本極度悲觀的著作。藉由擁抱尼采，福山旨在表明歷史的終結並不全然是好消息，因此他竭盡可能地向人們表明他不是誇耀勝利的人。事實上，在今天閱讀《歷史之終結與最後一人》時也會發現，這是一本悲觀、甚至打擊人心的著作。無論這是因為福山對他的名氣感到不自在，或是因為福山預見了那些可能的潛在批評，無論原因為何，這本書都不是一部誇耀冷戰結束與西方勝利的著作。這本書幾乎沒有提到冷戰。《歷史之終結與最後一人》陳述了不少在過去兩百年的政治思想中，對自由民主政治獲勝而產生的憂慮。這是一本談論在歷史終結後，有多少事情可能會出錯的書。

書名裡的「最後一人」所指的，並不是最後的人類。這不是一本關於人類滅絕的著作，因為福山心中所想的那種「終結」並非如此。「最後一人」是尼采的術語，它所指涉的是一旦我們失去了身為人類的基本動力，失去動能、創造力與重新塑造自我的能力，我們會成為什麼樣的存有。在尼采看來，一旦人類停止努力想要超越自身環境，一旦我們淪為單只是隨波逐流運動的生物，人類就完了。福山認為，在自由民主得勝後的時代，最危險的並不是人類將成為機械一般的存在，他與鄂蘭的恐懼並不同。福山所想見的，並不是我們失去了自身的智識與心靈並成為機械生物的世界，他的憂慮沒有這麼複雜；他害怕的是，我們變得不那麼有想像力、變得有些輕率，而我們的政治變得無聊、欠乏想像力、安全、繁盛、健康、良好、存在許多價值——但歸根究柢，還是無聊。在這個意義上，最後一人所指的是失去動力的人，這是托克維爾式的主題，而托克維爾和尼采一樣，是出現在福山的專著裡卻不見於原始文章的思想家。福山特別採用了《論美國的民主》第二冊中的論點。在第二冊裡，托克維爾表達了他的恐懼，他擔心隨著民主成為了主流的政治形式，我們將不會再挑戰民主對我們的控制；相反地，我們隨波逐流地活在民主政體裡。

在這個帶有托克維爾色彩的矛盾意義上，歷史的終結是神意的，因為這是我們的命運。我們處在一條航向特定方向的河道上，而危險之處就在於，我們很可能只會順著水流而生，任水流恣意引領我們。繁盛、安全而自由的民主政治，並不會把我們帶到任何特定的方向上，就只是在那裡運轉自如。如果歷史是由人類所創造，那麼當我們任由歷史塑造我們時，歷史就終結了。這並不是最糟糕的結局，因為世界上總會存在著更糟糕的命運，何況二十世紀的歷史向我們展示了許多更加糟糕的結局。無聊的自由民主遠好過恐怖的法西斯主義或粉碎人的共產主義，因此福山對民主可能淪為暴政的看法，比托克維爾來得樂觀。他認為如果民主真的淪為暴政，至少會是軟性的暴政；他也和海耶克不同，沒有把多數決的暴力視為對人類自由的最大威脅，因為對福山來說民主並不是一條到奴役之路，真正的危險是這是一條無處可去的道路。

在一九九二年，福山想像了兩種民主可能的未來，舒適卻又黯淡無光的未來。其中一個未來，是我們都有可能變得像日本人。這並不帶有任何邪惡的意涵，沒有要暗示民主的未來可能會走向日本在二十世紀上半葉所展現的軍事擴張。他所想的日本，是一個在二十世紀下半葉趨於穩定、繁盛、成功且和平的民主政體。當時的日本已經脫離二戰後支離破碎的處境，成為一個現代的自由民主國家，也是一個掌握現代細膩科技的社會。在一九八九年看來，日本幾乎就是下一個超級強權，而在一九八〇年代末期出現了許多著作，也預言著二十一世紀會是日本的世紀。在當時，日本的工業領先全球、科技遠遠領先其他各國，而日本的企業正在收購美國的公司。

到了一九九二年，日本很可能會是下一個主宰世界的強權的想法，看來有些虛幻。在一九八九年，一直盤勢高漲的日本股市（在最巔峰的時期，日經證券交易所占了將近四成的全球股價市值）突然崩盤，而這正是另一件福山沒能預言的事情；但正如福山所說，重點不是預言。在一九九二年福山依然相信民主政治的整體走向是明確的，因為日本經濟泡沫化並沒有阻礙日本政治的穩定性與安全性。日本代表了安全、穩定又略帶無聊的未來。福山曾經用一種令人印象深刻的比喻來形容政治。他說，歷史終結後的政治，有可能會變得像是日本的茶道：典雅、莊重、體面，但在這個外表下沒有任何事情發生。這就是純然在動作中隨波逐流的政治。

福山認為，在歷史終結之後，另一個政治的可能形態是歐盟。這是在一九九〇年代初出現的歐盟，在《馬斯垂克條約》簽訂時，歐盟也有著類似的樣貌：一個官僚組織，體面、繁盛，基本原則是為了迴避風險，以及同樣的有些無聊。歐盟看來並不會是一個能夠創造出重要想法的組織，而歐盟內部絕對不存在讓政治深刻轉型成為可能的要素，因為歐盟是一種媒介，我們藉此可以確保持續擁有已經擁有的一切，我們想要確保這一切是安全的，並只在可能的時候稍稍改善它。因此，歐盟是一個漸進式的組織，並把歐洲過往曾經擁有的野心掩蓋在乏味的技術性語言裡。「別讓船隻晃動」似乎是指引歐盟行事的哲學；或者，我們可以借用另一個常見的片語：「別驚擾馬匹」。

在現今，我們距離《歷史之終結與最後一人》出版之時已經隔了三十年。福山所給的兩個關於歷史終結的例子已然過時。二十一世紀不會是日本的世紀，雖然當日本的經濟泡沫化時，有許多人認為日本捲土重來只是時間問題。在一九八〇年代後期，日本看來就要取代美國成為世界最強勢的經濟體，看起來有著足夠挺過經濟風暴的資源，但日本並沒有捲土重來。在接下來的幾十年間，日本陷入了停滯，這是所謂的「失落的十年」（失われた10年），日本的經濟停滯、通貨緊縮，而日本的政治與社會看來只是在空轉，試圖想要重新激發那一九八〇年代的火花，但火花不復存在。這有點呼應了福山所擔憂的事情，但又和他想像的有點不同，因此這不是福山所謂的歷史的終結。日本並沒有認為它是在歷史的洪流上順著神意漫無目的的漂流，反而看來是一個被水草絆住的社會，沒有順著水流流動，而是停滯不前。

歐盟的情境又不相同。如果在一九九〇年代初期，歐盟看起來有點無聊、有點技術性、有點缺乏想像力，那麼現在看來，歐盟已經不再如此。這不僅只是因為英國脫歐。歐盟看起來既脆弱又易怒，看起來很可能因自身的狂晃而受害。歐元這個令歐盟自滿的重大轉變計畫、這個由官僚語言在一九九〇年代初期創生的單一貨幣，造就了歐盟今天的脆弱，也造就易怒的性格。歐元區的政治絕不無聊，許多歐洲的政治家會希望歐盟的政治更無聊些，但在這個安靜的事態裡存在著太多的能量與動能，這看起來像是一種存在著許多風險、許多事務都可能出錯的政治形態。

就算歐元作為政治與經濟計畫都失敗了，這看起來也不會像是福山在一九九二年所描述的那種歷史的終結，因為這會太過戲劇化，也充滿太多的不確定性。日本與歐盟都不再代表著安全、相對平穩的未來。然而，正如福山在最早那篇文章所說的，他的論點並不會被未來發生的特定事件佐證，而這些事件也不足以構成對他論點的挑戰，就算歐元政策失敗也不會影響福山的論點，因為這不是一個針對特定地域、特定制度的論點，而是涉及一個觀念，或更精確地說，一組觀念的論點。

福山依然認為，這些觀念無法被超越。那麼究竟是什麼樣的意識形態組合會立足於歷史的終結？在福山看來，自由民主存在著兩大特質。讓自由民主無懈可擊的，正是這兩大特質的組合，是因為唯有在自由民主的國家，這兩大特質才會結合在一起，且正是這兩大特質構成的雙重性，進而構成了民主政治的獨特之處。

其中第一項特質是繁盛，或繁盛與和平，因為這兩者一體兩面。穩定的自由民主政體為人民提供了一個情境，讓他們預期能夠有著相對長久、安逸的人生，除非遭逢不幸，但民主也提供了預防這類不幸的保障。在一個成熟的民主國家裡，公民們得以預期他們的孩子將會過上比他們舒適的人生，而就算這些孩子們沒能過得更好，至少也會得到國家與制度的照護。在一九九二年，這是民主呈現的樣貌。在當時，自由民主政治證明了它們有辦法實際落實這種期望，而能否落實國家的目的也許是對任何形式的國家最根本的挑戰。無論我們怎麼定義「過得更好」（這不一定要由GDP來定義，甚至不用以數字來衡量），自由民主國家都可以達成：不是無時無刻讓所有人都過得更好，但是至少在多數時候，讓多數人能過得更好。在一九九二年看來，在福山所描述的那種民主社會中（這包含了歐洲、美國與日本的民主），這種形態的政治運作得比其他模式的政治還要良好，因為從長遠看來，它會提供更好的結果。

與此同時，這種政治給予人們一種尊嚴與被尊重的感受，因為它讓人們擁有發言權，而這便是民主的第二種特質。自由民主在讓人們得以過得更好的同時，也讓人們能夠表述自我。而在福山看來，這是任何政治社會都應該具有的根本政治價值與需求。政治社會必須存在著讓人民的欲求得以被聆聽的方式，而我們透過選舉的方式被聆聽，因此選舉依然是民主之所以吸引人的重要元素。一人一票的意思是，我的聲音和你的聲音有著同樣的份量，即便我們沒有得到想要的結果，我們依然無法說我們沒有得到表述自我的方式。除此之外，還有其他形式的言論自由也隨此而來，而這包含了在選舉與選舉之間抱怨政治的自由。康斯坦相信，這是現代自由主義政治的根本要素：現代公民不僅有權利當一個擾人的抱怨者，他們也應該要成為擾人的抱怨者。如果我們不喜歡周遭正在發生的事物，我們不必隱忍熬受，我們可以藉由大聲抱怨來降低難受的程度。

這是一個難以擊垮的組合：實際的政治成果與受到尊重的感受；繁盛加上尊嚴；利益加上發言權。更有甚者，讓這個組合強大的原因在於，這兩種特質還會相互強化彼此。自由民主之所以能夠讓人民過得更好，其中一個關鍵的原因就在於它讓人民享有發言權。當人們認為自己的處境被忽略或被遺漏時，人們有辦法發聲讓統治者留意到這些問題；當政治家們未曾預期的問題出現時，自由民主提供了多種讓社會潛藏的不滿得以發聲的管道，同時也警告政治家們，必須正視這些出聲的不滿。

在自由民主的國家裡，選民有能力去告訴政治家們他們需要做些什麼，而政治家們也會有強烈的動力想要完成選民的願望。如果他們沒有做到，他們將會被其他能夠完成選民願望的政治家取代。海耶克認為這是一種很快就會腐化的制度，因為這把民主政治轉變成某種拍賣場，販賣無法實踐的政治承諾。但福山比海耶克來的有信心，他認為這種制度的優點將會持續存在。他認為，如果一個民主國家有著足以持續存在的良好制度與充分掌握訊息的群眾，如果這個民主國家的政治人物對於民主政治的運作有一定的認識，民主國家的事態只會愈變愈好。自由民主的自我修正機制，應該要能夠超越自我毀滅的衝動，這是民主應該要運作的方式，而這也是為什麼當歷史終結時，自由民主會是唯一存在的觀念。

然而，隨著我們邁入二十一世紀的第三個十年，情況還是如此嗎？如果我們拋下眼前的時事新聞——從川普到黑人的命也是命（Black Lives Matter）運動、從選舉到抗議、從環境變遷到新冠病毒——只看待自由民主的觀念組合，我們可以合理詢問這些觀念是否依舊有效。這不是福山所提出的問題，福山的問題是「我們可以想到比自由民主更好的觀念嗎？」然而，即便我們不能想到更好的觀念，我們依然可以追問自由民主的觀念是否依然奏效，而且在這個時代，這樣的追問非常重要。自由民主之所以是最好的觀念，單純只是因為這是一個持續奏效的觀念。這也表示如果自由民主的觀念開始失常、如果結合了兩種特質的觀念組合開始分崩離析，那麼我們很有可能根本還沒來到歷史的終結。

在今天，自由民主的觀念組合面臨了什麼樣的挑戰呢？其中一個挑戰是中國現行的國家資本主義，這既不自由也不民主，但同時極有效率也成功地取得物質成果，而最重要的是，它讓上億的公民得以擺脫赤貧。福山承認這個模式的確表現了某種對自由民主的挑戰，而這個挑戰與二十世紀馬克思主義政權帶來的挑戰截然不同。在中國的模式裡，政治成果與讓人尊重的感受存在著另一種組合方式。在自由民主的模式裡，我們所獲得的尊重是作為一個個人，或作為得以自由選擇群集的個人所得到的尊重，因為這是自由主義政治裡最為根本的自由，伴隨著我們擁有作為自我被聆聽的權利。但中國的公民沒有這種自由，中國模式的現代國家試著藉由國族主義與集體投射的國家尊嚴，來讓公民享有這種被尊重的感受。而伴隨這種尊重而來的，是以官僚管控的方式來為個人帶來實質的經濟成果。

換言之，如果自由民主政治將公民享有發言權的尊重，與政府將會實踐長期成果兩相結合；那麼在中國模式下，尊重與成果則有另一種結合方式。中國模式將國族尊嚴與技術官僚在短期內以促進發展與繁榮的能力相結合，原本屬於自由民主模式下那種短期尊重加上長期成果的組合，被長期尊重與短期成果的組合取代，而中國正在證明這也是一種強力的組合，儘管這不是福山所想像的那種，在歷史的終結時會出現的組合。誠然，這種中國模式所提出的替代方案還在發展初期，而福山也承認，如果二十年後這種政治形態持續證明其價值，那麼他也許必須要承認他在一九八九年提出來的論點並不完善，但他還不相信這個模式有辦法長久運作。

福山之所以懷疑這種中國模式的未來情境，有一個重要的原因是，我們並不清楚從長遠來看，對國家自負的驕傲要如何與藉由官僚管控所達到的經濟成果相互滋長，我們找不到這兩者之間的直接關聯。很多時候，國族情感只是在經濟成長出現問題時的包裝，而這很有可能也是中國會面臨的情境。但除此之外，我們也有理由認為福山對這種模式的懷疑以及他對歷史的終結的主張來得過早。這個原因是，在中國模式裡有可能存在著某種比自由民主模式更長久存在，並且更早就證明其價值的事物，因為中國模式的政治有一個根植在前現代世界的基礎——這個基礎就是對中國文明的認知，而在這種認知裡，這是一個延續千年，不僅只是幾個世紀的文明。

從更長遠的歷史的角度看來，西方在過去三百五十年間所取得的主導地位，有可能才是真正的偶然事件，而這會讓自由民主國家的時代，成為歷史長河中的一個過渡階段；有可能中國這種處理政治的方式，這種不把政治焦點放在權利之上的政治，才是歷史的正常現象。中國是現代國家，但這個現代國家所仰賴的不只是從霍布斯出版《利維坦》後才發展開來的觀念。對中國這個現代國家來說，孔子還是重要的，而孔子的時代比柏拉圖與亞里斯多德還早了數個世紀。現代自由民主國家的盛況，有可能是更長期歷史中的一個特殊斷代，如果我們可以想像過去三個世紀的政治發展只是例外而非常規，那麼這就不會是歷史的終結。

有另外一個認為自由民主的觀念集合可能瓦解的理由，那就是數位科技對自由民主造成的影響。自從福山第一次動筆寫下關於歷史的終結的想法後，資訊的場域已經徹底變化，我們藉由科技來相互溝通與聯繫的模式也徹底變化了。福山當然無法預見這種變革，就像海耶克也無法預見一般。數位科技極大化了人民的聲音，強化了我們表述自我以及讓我們得以被聆聽的方式。更有甚者，數位科技導向了永無止境的抱怨。同樣的科技也強化了我們處理現實問題的能力，隨之而來地，也創造了觸手可及的物質利益。科技讓極少數的人，那些科技億萬富翁變得比原本要來得「更好」，而這對民主幾乎不可能有任何好處。但與此同時，這樣的科技也讓一些基本商品得以更為廣泛地流通，特別是因為這種科技往往提供了免費使用的服務。數位科技的發展存在許多缺點，但總體看來，這場數位革命讓自由民主觀念集合的兩端都充分增值：人們得到了更大發言權，也獲得更多的利益。

數位科技帶來的難題在於，在數位時代裡，民主的兩端是否依舊相互支持？它們看來似乎越發地相互矛盾。民主政治最為理想的情境，是人民的聲量強化政治成果，而政治成果也反過來強化聲量。但數位科技解決困難的能力，往往與它賦予我們表述憤怒與沮喪的能力相距甚遠。事實上，有愈來愈多的人利用被強化的聲量，來表達對數位科技解決問題的能力的不滿與憤怒，而這是因為這種解決問題的能力看來只是越發地集中在少數人的手中。不只如此，這也因為數位科技解決問題的能力往往顯得太過遙遠、太過數位，讓這種能力無法與人們日常生活的經驗產生連結。數位科技很有可能拆解了自由民主的觀念集合，因為這個觀念集合認為成果必須要強化人民備受尊重的感受，但數位科技那極有效率的解決問題方式，卻常常讓人們認為不受尊重——讓機器來替你解決問題，很有可能是一種非人化的體驗，而這正是甘地從許多面向上提出的警告。

但現在要去評斷民主政治的數位實驗還言之過早，就如同現在要去評斷中國的資本主義實驗還言之過早一般（雖然這個實驗在中國文明的漫長故事來說顯得晚近）。事態有可能有許多不同的發展，而以人為基礎的輸入與以機械為基礎的輸出之間的距離間隔漸遠，絕不是唯一可能的結局。我們可以找到許多不同的方式來橋接兩者，而這些方式很有可能是科技、政治或兩者兼具，雖然至少就目前看來，民主政治制度似乎不足以縮小兩者間漸行漸遠的差距。從福山出版《歷史之終結與最後一人》以來，儘管世界產生了變化、儘管人與人產生聯繫的方式產生巨變，自由民主的制度結構幾乎驚人地沒有發生任何改變。福山在一九八九年的論點是，自由民主的制度不需要改變，而這就是為什麼自由民主是歷史的終結而不是偶發的政治事件，但這和自由民主自一九八九年迄今沒能發生改變是兩件截然不同的事：這很有可能反而證明了自由民主的制度太過剛硬使得它顯得脆弱，而不是表現了自由民主制度的韌性。自由民主政治裡，那結合民主的成果與民主所賦予人尊重的制度，並沒有跟上數位革命所帶來的變革潛力。這看來幾乎有點像日本社會，自由民主被歷史洪流中的水草絆住了，而水流將持續流動。

與一九九二年的他相比，現在的福山對政治的看法更為悲觀；而即便在一九九二年，他對政治的看法也比他的名聲所顯示的要來得悲觀。福山尤其對美國感到擔憂。在過去的十年裡，他一再警告美國的民主制度可能已經不足以實踐自由民主政治的目的。在觀念的層次上，自由民主的觀念依然沒有真正的對手；然而在實踐上，世界上最主要的民主國家所展現的民主政治，可能會讓人們開始對自由民主感到懷疑。美國的民主比以往都要來得喧鬧，但也正如托克維爾所擔心的，它停滯不前、毫無改變。美國的民主制度沒有變化，但與此同時這個制度也不容任何來自內部或外部的改變。福山用一個詞來形容美國政治，他說美國的民主（democracy）已經成為一種「否決為主」（vetocracy）的政治。在這樣的政治裡，指出事情為什麼不應該發生，遠比應該做些什麼事情改善制度要來得容易許多，而這彰顯的是，美國民主制度中的制衡特質已經成為死路與路障。

這是某種托克維爾式的政治，充斥喧囂、充斥表面波盪，也充斥著爭執衝突。這與日本茶道式的政治截然不同，這種政治滿是動盪、派系紛爭與兩極分化，政治中的每一方都在責怪另一方對國家犯下了糟糕的罪行與不正義的舉止，但在這種動盪之下，政治並沒有運轉，事態也沒有改變。每一方都相互指責對方在醞釀更深層的陰謀，指責對方全然不理解政治應該如何運作，而與此同時，政治持續空轉，事態也不曾變化。如果這就是歷史的終結，那麼這樣的政治看來一點也不安定持久，遲早總會有一方必須要實質做些什麼。政治不可能全然只有喧囂而毫無成果，因此這種政治只會有兩種後果，如果不是最終真的產生了成果，就是自由民主被喧擾全盤淹沒。

在《歷史之終結與最後一人》的結尾，福山提出了另一個令人印象深刻的圖景，他認為這可以幫助我們了解我們今天的處境。他堅持指出，歷史的終結並不意味著人類旅程的結束，也不意味著在未來將不會再有任何新的事物。歷史終結這個詞所代表的，也是福山所論述的，不過是在過往的兩個世紀裡，現代政治基本上都在朝著同一個方向與同一個終點邁進，而這個終點就是現代自由民主國家。他說這就像是在美國西部拓荒時期駛向遠方休息站的馬車一樣。有些馬車會比較早到達目的地，有些比較晚，而有些根本還在遙遠的漫漫長路上。但無論如何，所有的馬車都在朝著目的地前進，最終，「會有夠多的馬車進到休息站，多到讓人們被迫接受，而從頭到尾所有的馬車都共享了同樣的旅程，因為他們只有同樣的一個目的地。」

但還有一個問題：我們到達目的地了，然後呢？我們要停留在目的地還是繼續前行？我們可以決定這就是要長期停留的地方，或可以重新整裝出發前往新的目的地；我們可以決定既然已經到達目的地了，那麼也許我們應該要展開另一趟旅程，哪怕我們並不知道接下來何去何從。旅程必須要持續下去，因為一旦旅程停滯了、一旦這種前進的想法消失，人類的生命也將失去意義。即便我們現在想不到更好的政治觀念，但我們不能否認更好的政治觀念永遠都可能存在於未知的未來裡。只要我們有勇氣去探尋，我們就有可能找到它們。正如福山所說：「歸根究柢，就算我們知道多數的馬車都已經駛進休息站，我們還是無法知道乘坐馬車而來的人們，在片覽休息站的環境後不會對休息站的環境感到不滿，而決定要啟程展開新的、路途更加遙遠的旅程。」

然而，儘管這個圖景令人印象深刻，卻也有點缺乏說服力。我們要怎麼知道我們已經抵達休息站了？福山認為，到了一九九二年（如果不是更早），我們應該要知道我們已經抵達終點；但我們永遠不可能真的知道，因為在現代政治裡，我們依然努力不懈地想知道我們現在究竟處在什麼樣的位置。我們永遠無法一致地相信，既然我們已經安然找到了暫歇之所、已經在此休養生息，也許我們應該鼓起勇氣邁向新的旅程。在還沒有確定我們究竟身處何方的前提下，我們永遠都不會經歷這種認為我們應該繼續前行的時刻。我們所經歷的時刻，永遠只會是停下腳步看看現在究竟身處何方。

目前主導自由民主政治的情緒，是那種極力想要確保事物依然有效運作的情感，因為至少這些事物在過往曾經運作得宜。然而我們並不清楚這些曾經有效的事物究竟出了什麼問題。我們總在努力想要修復，試圖想要確保它們完好，試圖想讓自由民主的觀念集合依舊牢固。這讓我們不太敢嘗試新的事物，因為我們深怕這個集結遠比我們所想的要來得脆弱，而新事物的衝擊可能會讓它分崩離析。這看起來並不像是一個能讓我們稍微休憩而後展開新旅程的休息站，這更像是被危機環繞的棲地，讓我們不願輕易離開。

我們有其他方式來理解歷史的終結。在此我只會舉一個例子。這個例子來自兩本遠比福山的《歷史的終結》還要暢銷的著作。這分別是哈拉瑞的《人類大歷史》（*Sapiens*）與《人類大命運》（*Homo Deus*），而這兩本書提出對歷史終結截然不同的定義。哈拉瑞指出，歷史所指的是人類能動性的故事，而這不會只是一個關乎現代的故事，這是一個延續了至少十萬年的故事。歷史就是人類的所作所為，或人類對世界的所作所為，而從長遠看來，我們可以說人類的歷史蘊含了兩個故事。第一個故事是，有很長的一段時間人類的能動性是被人類的能力所定義，這便是前現代人類經驗的漫長故事。第二個故事則相當晚近，是指近期人類能動性被現代國家與現代企業的人造能動性所強化的故事，而這是一個三百五十年如何抗衡十萬年的故事。

這是從人類能動性發展成人類能動性結合人造能動性的轉變，而這樣的轉變改變了人類生活的情境，創造了一個異常繁榮、有著以人類歷史的標準看來長得難以置信的和平時期，以及極度安全的世界。這也是西方公民在二十世紀末所居住的世界，是福山的世界，也是歷史終結的世界。而哈拉瑞所擔心的，是這樣的世界即將迎來另一波轉變。人類能動性與國家的人造能動性結合後的世界，將會得到人工智慧機器的支持，而一旦人造能動性開始被細緻的人工智慧所塑造，那麼人類能動性的重要性將會減低，成為為機器服務的次要功能。一旦發生了這種情況、一旦機器不再強化我們，反過來變成我們藉由把經驗轉化成機器運作所需的數據點來強化機器，那麼在哈拉瑞看來，歷史將會終結。這是因為如果歷史就是一個關乎人類能動性的故事，那麼隨著人類能動性的意義消散，歷史也將淪為虛無。留下的只會是數據科學（data science）。

我不認為哈拉瑞是對的。即便我們接受哈拉瑞對歷史終結的定義，我也不認為我們來到歷史的終結，這是因為人類能動性要怎麼與國家和企業的人造能動性共存，依然是會影響我們未來的問題。我們還是需要做出實質的政治選擇，尤其在關於人類應該如何藉由在三百年前建造的人造能動者（即政府）來控制人工智慧，並藉由人工智慧來控制或是解放人們。這包含了人工智慧是否應該由國家來主導（像中國模式那樣）、由企業來主導（而這越發像是美國模式），或是由法治官僚來主導（歐盟模式）的問題；這既是政治選擇也是歷史選擇，選擇我們要採取中國、美國或是歐盟的路線，而這也將意味著很不一樣的未來。如果問題是應該由誰來掌握日漸強大的人工智慧的權力，那麼這將會是一個內在於歷史而非外在於歷史的問題，因為這個問題取決於我們與代替我們做出決定的國家之間的關係。

我之所以認為，不論是依照福山或是哈拉瑞的定義，我們都還沒有來到歷史的終結的原因在於，我們依然活在霍布斯式的世界裡。我們依然仰賴國家來保障安全，與此同時也持續地面對應該如何防止國家支配我們的基本問題。誠然，國家越發地與那些科技巨頭企業（Apple、Google、Facebook、微軟、特斯拉、阿里巴巴、百度、華為、騰訊）共存，而這些企業握有連國家也不曾擁有過的權力。國家要怎麼控制這些創造人工智慧的企業？有任何人或任何事物能夠控制人工智慧嗎？這些問題都還是霍布斯式的問題，因為這是關於那些我們創造來服務我們的機器的問題，也是關於這些機器是否在為我們服務，還是變成我們在為他們服務的問題。這些問題也都具備雙重性質，都不可能只有單一解答。國家保護我們免於機器力量的迫害；但國家同時也遺棄我們，讓我們在機器的力量面前顯得脆弱；國家既為我們服務，我們同時也在為國家服務——這是一種霍布斯式的理解，永遠都是兩者同時存在，永遠不是非此即彼，而是兩者並存。

而今我們生活在新冠肺炎大流行的時代。二〇二〇年三月和二〇二〇年四月，我在家中錄製了一系列的講座，而這些講座正是這本書的原型。當時的我被英國這個現代國家的政策閉鎖在家裡。這種封城的閉鎖沒有採取任何壓迫的形式，沒有讓我更加害怕國家的力量，儘管實質讓我更加意識到國家的力量。在這個疫情時代，世界各地的人們都更加意識到他們的國家所擁有的力量，意識到他們的國家依舊握有左右他們命運的力量，哪怕國家都會宣稱這麼做是為了人民的利益與安全（有時的確是如此）。在疫情大流行的時刻，現代國家展現了它們依然是當今世界不可或缺的制度，我們很難想像如果沒有國家這樣的政治存有，我們要怎麼度過疫情。即便不是所有國家都是依照霍布斯的藍圖所建成，這些國家依然是以符合霍布斯想像的方式存在。這些具備非凡權力的國家，是我們賴以確保自身安全的國家、是我們應該感到畏懼的國家、是當我們誤解了國家的本質可能會導致嚴重災害的國家，也是仍舊對我們掌有生殺大權的國家（不論是否在自由民主政體，國家都握有這個權力），但這並不是國家的全貌。從國家的角度看來，我們也握有足以影響它的權力，我們的政治領袖畏懼著我們，如同我們也畏懼他們，正如霍布斯所說，這雙重面向同時存在。

現代國家不只是不可或缺，也是無法避免。我們可以想像一個國家破損的世界，我們知道我們活在一個國家隨時可能失敗的世界，也知道讓國家得以運轉如常的觀念集合有可能會分崩離析。即便福山對馬車與休息站的比喻可能是錯的，即便我們可能根本還沒有走到驛站休息，也還沒能整裝重新出發，且無論我們喜不喜歡這樣，我們很可能還是要繼續這麼前行。現代國家作為這個現代世界不可或缺的制度並非永恆，因為國家也會死亡。在目前看來，國家不可或缺的同時也十分脆弱。我們無法想像一種沒有國家的生活，但很可能終究要面對沒有國家的生活。不過無論如何，至少在現在看來，國家還是具備初始的那種雙重性：既是人性的也是機械的、既是必要的也是可被捨棄的。國家並不是一種存在非此即彼選擇的制度，它兩者兼具，因此問題永遠不會是非國家即我們，或非機器即人性；問題永遠都是國家與我們、機器與人性共存。我們依然活在一個被擬人的人造機器所主導的世界，而這樣的機器就是現代國家，一種最終極的雙重性創造物。我們還沒有來到必須要在國家與我們之間做出終極選擇的時間點。

至少現在還沒走到這一步。

本書的原型為Podcast《談談政治》，相關節目仍可在iTunes與其他平台上聆聽，亦可參閱：https://www.talkingpoliticspodcast.com/history-of-ideas

第1章 湯馬斯・霍布斯論國家：《利維坦》

推薦閱讀版本：

Thomas Hobbes, *Leviathan*, ed. Richard Tuck (Cambridge University Press, 1996)

延伸閱讀：

John Aubrey, 'Thomas Hobbes', in *Brief Lives* (Vintage Classics, 2016)
Richard Tuck, *Hobbes: A Very Short Introduction* (Oxford University Press, 2002)
Noel Malcolm, *Aspects of Hobbes* (Oxford University Press, 2004)

Samantha Frost, *Lessons of a Materialist Thinker: Hobbesian Reflections on Ethics and Politics* (Stanford, 2008)

David Runciman, 'The Sovereign', in *The Oxford Handbook of Hobbes* (Oxford University Press, 2016)

相關影片：

Quentin Skinner, 'What is the State?' (lecture) https://vimeo.com/14979551

Sophie Smith, 'The Nature of Politics' (lecture) https://www.youtube.com/watch?v=si9iG-093aY

第2章 瑪麗・沃斯通克拉夫特論性別政治：《為女權辯護》

推薦閱讀版本：

Mary Wollstonecraft, *A Vindication of the Rights of Men and A Vindication of the Rights of Woman*, ed. Sylvana Tomaselli (Cambridge University Press, 1995)

延伸閱讀：

Edmund Burke, *Revolutionary Writings*, ed. Iain Hampsher-Monk (Cambridge University Press, 2014)

Jane Austen, *Sense and Sensibility* (Penguin Classics, 2012)

Virginia Woolf, 'Mary Wollstonecraft', in *The Common Reader*, vol. 2 (Vintage Books, 2003)

Sylvana Tomaselli, *Wollstonecraft: Philosophy, Passion and Politics* (Princeton University Press, 2020)

相關聆聽節目：

'In Our Time: Mary Wollstonecraft' (podcast) https://www.bbc.co.uk/programmes/b00pg5dr

第3章　班傑明・康斯坦論自由：〈古代人的自由與現代人的自由〉

推薦閱讀版本：

Benjamin Constant, *Political Writings*, ed. Biancamaria Fontana (Cambridge University Press, 1988)

延伸閱讀：

Benjamin Constant, *Adolphe* (Penguin Classics, 1980)

Isaiah Berlin, 'Two Concepts of Liberty', in *Four Essays on Liberty* (Oxford University Press, 1969)

Biancamaria Fontana, *Benjamin Constant and the Post Revolutionary Mind* (Yale University Press, 1991)

Helena Rosenblatt (ed.), *The Cambridge Companion to Constant* (Cambridge University Press, 2009)

相關影片：

Helena Rosenblatt, 'Benjamin Constant, Germaine de Stael, and the Foundations of Liberalism' (lecture) https://www.youtube.com/watch?v=2uu_C6Rho9I

相關聆聽節目：

'In Our Time: Germaine de Staël' (podcast) https://www.bbc.co.uk/programmes/b09drjm1

第4章 艾列希·托克維爾論民主：《論美國的民主》

推薦閱讀版本：

Alexis de Tocqueville, *Democracy in America*, ed. Isaac Kramnick (Penguin Classics, 2003)

延伸閱讀：

Sheldon Wolin, *Tocqueville: Between Two Worlds* (Princeton University Press, 2001)

Cheryl Welch (ed.), *The Cambridge Companion to Tocqueville* (Cambridge University Press, 2006)

Hugh Brogan, *Alexis de Tocqueville* (Profile Books, 2006)

Jon Elster, *Alexis de Tocqueville: The First Social Scientist* (Cambridge University Press, 2009)

相關聆聽節目：

'In Our Time: Tocqueville's Democracy in America' (podcast) https://www.bbc.co.uk/programmes/b09vyw0x

'Talking Politics: the 15th and the 19th amendments' (podcast) https://www.talkingpoliticspodcast.com/blog/2020/212-the-15th-and-the-19th

第5章 馬克思和恩格斯論革命：《共產黨宣言》

推薦閱讀版本：

Karl Marx and Friedrich Engels, *The Communist Manifesto*, ed. Gareth Stedman Jones (Penguin, 2014)

延伸閱讀：

Jonathan Wolf, *Why Read Marx Today?* (Oxford University Press, 2003)

Tristram Hunt, *The Frock-Coated Communist: The Revolutionary Life of Friedrich Engels* (Penguin, 2010)

Gareth Stedman Jones, *Karl Marx: Greatness and Illusion* (Allen Lane, 2016)

Douglas Moggach and Gareth Stedman Jones (eds), *The 1848 Revolutions and European Political*

Thought (Cambridge University Press, 2018)

相關聆聽節目：

'In Our Time: Marx' (podcast) https://www.bbc.co.uk/programmes/p003k9jg

John Lanchester, 'Marx at 193' (LRB/British Museum Lecture) https://soundcloud.com/britishmuseum/john-lanchester-marx-at-193

第6章　甘地論自治：《印度自治》

推薦閱讀版本：

Mohandas Gandhi, '*Hind Swaraj*' *and Other Writings*, ed. Anthony Parel (Cambridge University Press, 2009)

延伸閱讀：

M. K. Gandhi, *An Autobiography* (Penguin, 2001)

Bhikhu Parekh, *Gandhi: A Very Short Introduction* (Oxford University Press, 2001)

E. M. Forster, *The Machine Stops* (Penguin Modern Classics, 2011)

Ramachandra Guha, *Gandhi before India* (Alfred Knopf, 2014)

相關聆聽節目：

'Talking Politics: Gandhi's Politics' (podcast) https://www.talkingpoliticspodcast.com/blog/2018/121-gandhispolitics

第7章 馬克斯・韋伯論領袖：〈政治作為一種志業〉

推薦閱讀版本：

Max Weber, *Political Writings*, ed. Peter Lassmann (Cambridge University Press, 1994)

延伸閱讀：

David Runciman, *The Politics of Good Intentions* (Princeton University Press, 2006)

Joachim Radkau, *Max Weber* (Polity Press, 2009)

Jan-Werner Muller, *Contesting Democracy: Political Ideas in Twentieth-Century Europe* (Yale University Press, 2013)

Nick Pearce, 'Politics as a Vocation in a Post-Democratic Age',*openDemocracy* (2014) https://www.

opendemocracy.net/en/opendemocracyuk/politicsas-vocation-in-post-democratic-age/

相關聆聽節目：

'Talking Politics: The Problem with Political Leaders' (podcast) https://www.talkingpoliticspodcast.com/blog/2019/141-theproblem-with-political-leaders

第8章　弗里德里希・海耶克論市場：《到奴役之路》

推薦閱讀版本：

F. A. Hayek, *The Road to Serfdom* (Routledge Classics, 2001)

延伸閱讀：

Andrew Gamble, *Hayek: The Iron Cage of Liberty* (Polity Press, 1996)

F. A. Hayek, *The Constitution of Liberty* (Routledge Classics, 2006)

Matt Ridley, *The Rational Optimist: How Prosperity Evolves* (Fourth Estate, 2011)

Daniel Stedman Jones, *Masters of the Universe: Hayek, Friedman and the Birth of Neo-Liberal Politics*

(Princeton University Press, 2014)

相關聆聽節目：

'Hayek vs. Keynes' (BBC radio) https://www.bbc.co.uk/programmes/b012wxyg

第9章 漢娜・鄂蘭論行動：《人的條件》

推薦閱讀版本：

Hannah Arendt, *The Human Condition* (Chicago University Press, 2018)

延伸閱讀：

Dana Villa (ed.), *The Cambridge Companion to Hannah Arendt* (Cambridge University Press, 2001)

Elizabeth Young-Bruehl, *Hannah Arendt: For the Love of the World* (Yale University Press, 2004)

Hannah Arendt, *Eichmann in Jerusalem: A Report on the Banality of Evil* (Penguin, 2006)

Paul Mason, *Clear, Bright Future: A Radical Defence of the Human Being* (Allen Lane, 2019)

相關影片：

Hannah Arendt (film) Dir: Margaretha von Trotta (2012)

相關聆聽節目：

'In Our Time: Hannah Arendt' (podcast) https://www.bbc.co.uk/programmes/b08c2ljg

第10章　法蘭茨·法農論暴力：《大地上的苦難者》

推薦閱讀版本：

Frantz Fanon, *The Wretched of the Earth* (Penguin Modern Classics, 2001)

延伸閱讀：

Hannah Arendt, *On Violence* (Harvest Books, 1970)

George Orwell, 'A Hanging' and 'Shooting an Elephant', in *Essays* (Penguin, 2002)

Alice Cherki, *Frantz Fanon: A Portrait* (Cornell University Press, 2006)

Frantz Fanon, *Black Skin, White Masks* (Grove Press, 2008)

相關影片：

The Battle of Algiers (film) Dir: Gillo Pontecorvo (1966)

相關聆聽節目：

'Philosophy Talk: Frantz Fanon and the Violence of Colonialism'(podcast) https://www.philosophytalk.org/shows/frantz-fanon

第11章 凱薩琳・麥金農論性別壓迫：《邁向女性主義國家理論》

推薦閱讀版本：

Catharine A. MacKinnon, *Toward a Feminist Theory of the State* (Harvard University Press, 1991)

延伸閱讀：

Andrea Dworkin, *Pornography: Men Possessing Women* (Putnam, 1981)

Ronald Dworkin, 'Women and Pornography', *New York Review of Books* (October 1992)

Catharine A. MacKinnon, *Butterfly Politics* (Harvard University Press, 2017)

Lori Watson (ed.), 'Symposium on Catharine A. MacKinnon's Toward a Feminist Theory of the State', *Feminist Philosophy Quarterly* 3:2 (2017)

Catharine A. MacKinnon, 'Where #MeToo Came From and Where It's Going' (Atlantic, 2019) https://www.theatlantic.com/ideas/archive/2019/03/catharine-mackinnon-what-metoo-has-changed/585313/

第12章 法蘭西斯・福山論歷史：《歷史的終結與最後一人》

推薦閱讀版本：

Francis Fukuyama, *The End of History and the Last Man*, 20th anniversary edn (Penguin, 2012)

延伸閱讀：

Allan Bloom, *The Closing of the American Mind* (Simon & Schuster, 1987)

Francis Fukuyama, *The Origins of Political Order: From Prehuman Times to the French Revolution* (Profile Books, 2011)

Francis Fukuyama, *Political Order and Decay: From the French Revolution to the Present* (Profile Books, 2014)

Louis Menand, 'Francis Fukuyama Postpones the End of History', *The New Yorker* (September 2018)

相關影片：

‘Democracy: Even the Best Ideas Can Fail’, Intelligence Squared 2014 (video) https://www.youtube.com/watch?v=55LNwkH61AM

‘Francis Fukuyama on the End of History: Munich Security Conference 2020’ (video) https://www.youtube.com/watch?v=YM6p-15fjBg

相關聆聽節目：

‘Talking Politics: Francis Fukuyama’ (podcast) https://play.acast.com/s/talkingpolitics/francisfukuyama

人文

政治哲學的12堂Podcast

現代國家如何成形？民主自由如何誕生？性別平等如何發展？
一探人類文明邁向現代的關鍵時刻

Confronting Leviathan: A History of Ideas

作　　者 — 大衛・朗西曼（David Runciman）
譯　　者 — 陳禹仲
發 行 人 — 王春申
選書顧問 — 林桶法、陳建守
總 編 輯 — 張曉蕊
責任編輯 — 陳怡潔
封面設計 — 張　巖
內頁設計 — 林曉涵
營 業 部 — 張家舜、謝宜華、王建棠
出版發行 — 臺灣商務印書館股份有限公司
23141 新北市新店區民權路 108-3 號 5 樓（同門市地址）
電話：(02)8667-3712　傳真：(02)8667-3709　讀者服務專線：0800056193
郵撥：0000165-1　E-mail：ecptw@cptw.com.tw
網路書店網址：www.cptw.com.tw　Facebook：facebook.com.tw/ecptw

局版北市業字第 993 號
初　　版：2022 年 09 月
印 刷 廠：沈氏藝術印刷股份有限公司
定　　價：新台幣 500 元

國家圖書館出版品預行編目 (CIP) 資料

政治哲學的12堂Podcast：現代國家如何成形?民主自由如何誕生?性別平等如何發展?一探人類文明邁向現代的關鍵時刻/大衛.朗西曼(David Runciman)著；陳禹仲譯. -- 初版. -- 新北市：臺灣商務印書館股份有限公司, 2022.09
384 面；14.8*21 公分. -- (人文)
譯自：Confronting Leviathan：A History of Ideas

ISBN978-957-05-3443-6(平裝)

1.CST: 政治學 2.CST: 政治思想 3.CST: 國際政治

570　　111012419

法律顧問 — 何一芃律師事務所